U0573914

幸福地播种

优秀教师的耕耘之路

马万成　主编

XINGFU

DE

BOZHONG

北京师范大学出版集团
BEIJING NORMAL UNIVERSITY PUBLISHING GROUP
北京师范大学出版社

图书在版编目(CIP)数据

幸福地播种:优秀教师的耕耘之路/马万成主编. —北京:北京师范大学出版社,2021.3
ISBN 978-7-303-26793-4

Ⅰ.①幸… Ⅱ.①马… Ⅲ.①小学—师资队伍建设—研究
Ⅳ.①G625.1

中国版本图书馆 CIP 数据核字(2021)第 015737 号

营 销 中 心 电 话 010-58802135 010-58802786
北师大出版社教师教育分社微信公众号 京师教师教育

XINGFU DE BOZHONG YOUXIU JIAOSHI DE GENGYUN ZHILU
出版发行:北京师范大学出版社 www.bnupg.com
北京市西城区新街口外大街 12-3 号
邮政编码:100088
印 刷:北京京师印务有限公司
经 销:全国新华书店
开 本:710mm×1000 mm 1/16
印 张:15.5
字 数:237 千字
版 次:2021 年 3 月第 1 版
印 次:2021 年 3 月第 1 次印刷
定 价:56.00 元

策划编辑:冯谦益 责任编辑:齐 琳
美术编辑:李向昕 装帧设计:李向昕
责任校对:张亚丽 责任印制:马 洁
封面插图:高天祺

本书编委会

主　编：马万成

副主编：窦丽娜　王　晶　徐　威

编　委：常　娜　党　琦　杜景芝　傅若乔　关　越
　　　　郭宏婧　郭晓华　胡思齐　康琳娜　雷　蕊
　　　　李　丽　李　敏　李秀娟　廖　祎　刘晓京
　　　　卢　丹　毛海岩　南俊红　盛　夏　唐嘉媛
　　　　王　超　王海云　王红梅　王　梅　王婷婷
　　　　王晓佳　王　颖　于　昊　于佼月　张丽丽
　　　　赵春玲　赵志敏　周　静　朱梁岩

幸福是什么？每个人的答案各不相同。身为教师，我们体会着的幸福，就是在学生心中播下一颗种子，这颗种子承载着温暖与爱，承载着未来的梦想，承载着对学习、生活的热爱！

人们总爱用蜡烛来比喻教师，"燃烧自己，照亮他人"。但是，我们认为教师不是在教育中牺牲、燃尽自己，而是在教育中同样获得成长，获得幸福，做幸福的播种者。所以，幸福地播种，既是教师在学生心中播种幸福，也是教师在播种中获得幸福，这种幸福是双向的。

每年，北京市海淀区民族小学都会接待多批来自不同省份的校长、教师团跟岗学习。他们都有一个共同的疑问：为什么民族小学的教师都是那么干劲十足？虽然工作繁忙，但是没有抱怨和懈怠，都是那么积极、向上、热情。民族小学的教师们是怎么做到的？我们无法用一两句话讲清楚，因为这个过程不是一蹴而就的。

在 2003 年左右，学校曾走到了发展的低谷。校园内住了很多户租房户，做小买卖的人进进出出。这种情况导致学校的生源数量少、质量不好。在这种条件下，教师们没有工作的热情，思想涣散，没有教师去研究怎么上好课；学校没有研究学习的氛围，也没有一位骨干教师。新一届领导班子上任后，在学校环境整治、教师队伍建设等方面进行了长达数年的改革。

民族小学关注对教师的精神引领，关注团队的建设，关注提升教师职业幸福感。从淘汰人到培养人，从关注怎么教到引领教师不断学习提升，从单打独斗到团队共同进取，从工作中的同事到成为相互关心的家人。教师们在民族小学找到了归属感，获得了成长的喜悦，感受着教育的幸福。

在学校的引领下，教师们对教师这份职业有了更深刻的思考与感悟，从"对学生负责、对自己负责、对社会负责"三个方面总结、提炼出了民族小学的教师誓词。教师誓词成为每一位教师的精神引领，成为我们教师团队前进的不竭动力。在学校每年的开学典礼上，全体教师都会面向学生和家长郑重宣誓：

我要将全部的智慧与热情投入到教育事业中：

对学生负责：倾注爱心，善待差异；激发兴趣，启迪智慧。

对自己负责：身正为范，为人师表；终身学习，超越自我。

对社会负责：崇尚科学，追求真理；立德树人，培育栋梁。

让每一个孩子都健康成长，让每一个家庭都充满希望。

如今的教师团队朝气蓬勃，对教育充满了热情和激情，在教育的沃土上幸福地耕耘着。2014年9月，民族小学教师团队被光荣地授予了"全国教育系统先进集体"荣誉称号，马万成校长在人民大会堂受到了国家领导人的亲切接见。

从一所濒临撤并的薄弱校发展成为"全国教育系统先进集体"，这10多年的发展之路上，民小人有太多的故事和太多的付出与感动。

教育的过程就是一群不完美的人引领另一个（或另一群）不完美的人追求完美的过程。民族小学的教师们就是用一颗对教育的赤诚之心，在学生心中孕育着幸福的种子，引领他们在成长中获得幸福。

民族小学是有故事、有味道的学校，教师团队是有理想、有教育情怀、对生命充满敬畏与尊重、有温度的团队。

为了比较全面地展现学校教师团队的成长之路，生动地呈现教师团队建设的探索之路，我们将教师们在成长与教育实践中的故事进行了梳理，从教师团队建设，以及教师誓词中对学生负责、对自己负责、对社会负责的几个方面展示民族小学教师团队的教育故事与教育思考。希望您在读完一个个故事之后，可以感受到教师团队的精神面貌，由每个小故事、每一位教师，看到民族小学整个教师团队的影子。我们还从近些年家长和学生写过的感动故事中挑选了一部分作为书的最后一章，从另外一个角度呈现民族小学教师团队在日常工作中，对学生潜移默化的精神滋养，从而全面地为您呈现教育的力量与幸福。

教师在幸福地播种，

播种幸福，

更在收获幸福！

北京市海淀区民族小学校长　马万成

2020年12月1日

目　录
CONTENTS

第一章 在团队中成长

一个人可以走得很快，但一群人能走得更远！团队的力量是无穷的！

民族小学自 2003 年起经历的由弱变强的 10 多年发展历程，正是校领导班子带领全体教师拧成一股绳，不畏艰难，奋发图强的奋斗之路。

"向着目标永不停歇、遇到困难锲而不舍"是民族小学团队的精神，体现了团队的向心力和凝聚力，这种精神、这种力量来自哪里呢？它来源于学校处于艰辛时期，立志要让人看得起的信念、不屈向上的决心，来源于对教育的执着与追求，来源于教师间的信任、尊重和理解！

每一位教师的努力，成就了如今的民族小学；同时，学校也成就了更多的教师！在这里，老教师发挥引领示范作用，青年教师成为自强不息的后浪。教师在团队中都有自己的位置与价值，每个人都在团队中不可或缺。人因被需要而存在，因存在而感到幸福！

这个团队，就是温暖的"家"，教师因温暖而幸福！

面对教师的懈怠，民族小学革新管理模式，形成引领、激励、赏识的教师文化。

教师誓词 坚定信念 >>>>>>>>

一所学校由弱到强的发展过程中，艰辛与奋斗不言而喻，而最核心的动力一定是源自教师团队的觉醒与成长。教师的成长力、学习力就是学校的生产力、竞争力。其中，教师团队的精神引领至关重要，它凝聚着学校教师的智慧与力量，统一着全体教师的思想与认识，并引领着大家朝着共同的目标前进。

从 2009 年开始，学校每年的开学典礼上，都有一个重要的仪式——全体教师宣誓。面对全校学生和一年级新生家长，100 多名教师在校长的带领下郑重宣誓：

我要将全部的智慧与热情投入到教育事业中：

对学生负责：倾注爱心，善待差异；激发兴趣，启迪智慧。

对自己负责：身正为范，为人师表；终身学习，超越自我。

对社会负责：崇尚科学，追求真理；立德树人，培育栋梁。

让每一个孩子都健康成长，让每一个家庭都充满希望。

我还清晰地记得第一次教师宣誓时的场景。宣誓声响彻会场上空，宣誓结束后，会场响起的热烈的掌声，持续了很久。那时，我向台下望去，我看到孩子们眼里都闪着光，后面的家长们都激动地站了起来，作为教师的自豪感油然而生，责任感也更强了。站在台上，我的心情久久不能平静，激动得热泪盈眶。这一字字、一句句的铮铮誓言铭刻于我们的心中，更要落实到日常的教育教学工作中，为办一所人民满意的好学校、为孩子们的幸福成长而不断奋斗。

但是，10 多年前的教师团队可不是这个样子。2003 年，马校长刚来时，学校无论是校园环境、办学水平，还是师资力量都比较差，是海淀区中最薄弱的学校。学校里除了一座教学楼，其他地方几乎都被租了出去。租户们每天出出进进，学校没有学校的样子。一个年级有两三个班，每个班 20 多个学生，很多是非京籍务工人员的子女。周围的居民们不愿把孩子送到这里，他们宁愿租一辆校车，把孩子送到更远的学校上学。

我那时刚大学毕业来到学校成为一名教师。身边的老师们很朴实，工作踏踏实实，但是学校里没有一名骨干教师，也没有更多交流展示的机会。马校长在各个方面开始大刀阔斧地改革。他常常在教师会上表达一个最朴素、最真实的想法：办一所人民满意的好学校。

学校环境不断改善，教师素质的提升也同时进行。马校长要求老师们不能再有得过且过、毫无压力的工作状态，而是应该抓紧时间续上本科，要考英语口语、计算机证书。平时的工作中，要有研究的意识，认真撰写论文。要潜心好好研究如何上好一堂课，要跟上时代的步伐，开展电子备课。老师们最初是不理解的：

"我都 40 多岁了，还要学习电子备课，我这一个字一个字地敲，比手写的都慢！"

"续本科、考英语口语，只能利用周末时间，连休息的时间都没有了！"

"搞研究、写论文，我怎么会呀，那是专家干的事情啊！"

…………

面对老师们最初的不理解，校长不止一次地和老师们说："我这样要求大家学习，是为了学校的长远发展，为了你们自身的提高，更是为了咱们学校每一个孩子得到更好的教育。作为老师，我们不仅教，更要学，教师自己首先要成为终身学习者，这是我们的使命与责任！"

校长还用他自身的经历来现身说法。1981 年，马校长中师(中专)毕业。那时专科师范毕业的老师没有几个人，很多老师都是初中毕业。大家都认为中师毕业就学到头了，已经是高学历了。但是，马校长认为学习一定是永无止境的。他利用周末和寒暑假进修大专和本科，没有一天休息过。那时，他住在海淀树村，每次上课都要骑上好几小时自行车穿过圆明园，走过田地进城里上课，放学后再摸着黑独自一人骑车走过无人的路。到了冬天就更辛苦了，虽然天气寒冷，但是每次回到家，他穿在里边的衣服都被汗湿透了。马校长说，那时的学习经历与收获让他在教学工作中更加轻松，更有底气了。

马校长自我提升的学习经历激励了我们每一位老师。老师们也逐渐忙碌起来。学习、交流、考试……每个周末和假期都在"充电"中度过。渐渐地，老师们通过学力提升的学习、在教学中搞研究写论文、广泛阅读获得了成就感。老师们越来越觉得学习促使自己在课堂中更加有自信了，课堂把控也更加游刃有余了。

作为一名年轻教师，我也没有停下学习的脚步，练毛笔字、练演讲、写论文、写教育日记、广泛阅读。在教师培训会上，我还给老师们讲过一次关于诗词歌赋的内容。学习成为我们教师团队的一个习惯。

2008年的教师节，学校请来了退休老教师们参加庆祝活动。退休教师赵俐是我们都崇敬的老师。她教过的学生大都很有出息，最有名的当属童话大王郑渊洁。

赵俐老师对每一个孩子都倾注了爱心，用欣赏、鼓励的态度与学生相处，关心学生的学习，更关注他们的生活。赵俐老师在教育学生时，总是站在长远发展的角度，思考孩子未来能否拥有幸福的人生，是否能成为栋梁。

"看到贪玩、不学习的男孩子，我就很着急，我希望他们长大之后能在社会中立足，能承担起家庭、社会的责任，所以，我总是想方设法地帮助他们，让他们上进、学本事!"

赵俐老师把自己对教育的思考认识与老师们分享。听了赵俐老师的话，老师们深受启发。马校长当时激动地说："赵俐老师40多年的教育之路不正是我们现在所倡导的教育之路吗？这种对教育的信念和爱的传达，就是我们民族小学每一位老师要学习、传承下去的宝贵财富!"

马校长引领老师们不断学习、自我提升的经历以及赵俐老师带给我们的育人观、价值观的引领，让我们所有的老师对教师这份职业有了更深刻的思考与感悟。在马校长的组织下，干部和老师们一起从"对学生负责、对自己负责、对社会负责"三个方面总结、提炼出了民族小学的教师誓词，成为每一位教师的精神引领，成为我们教师团队前进的不竭动力。

对学生负责：倾注爱心，善待差异；激发兴趣，启迪智慧。

对自己负责：身正为范，为人师表；终身学习，超越自我。

对社会负责：崇尚科学，追求真理；立德树人，培育栋梁。

让每一个孩子都健康成长，让每一个家庭都充满希望。

铿锵有力的誓词振奋人心，体内流淌着教育热血的教师让家长们信任、放心。在教师誓词的引领下，民族小学的教师团队树立了正确的育人观，教师团队不断进取、为人师表、严于律己，对孩子倾注爱心、用心做教育的情怀和对教育的思

考成为民族小学教师的职业追求，并在家长中、社会中形成了良好的口碑。

2014年，民族小学教师团队被授予"全国教育系统先进集体"荣誉称号，这背后源于老师们的拼搏与奋斗、对教育的执着追求，更源于学校艰辛开拓时期的精神引领。

本文作者：窦丽娜

（教学副校长）

树立榜样　精神引领 >>>>>>>>

榜样的力量是无穷的。每个人都应该在心中树立榜样，将榜样立为心中的标杆，向他们看齐，学习榜样的优良品质，而且要经常反思、检视自己的言行，改正不足。这就是孔子讲的"见贤思齐焉，见不贤而内自省也"。学生如此，教师亦如此。

老师　也可以成为明星

当今社会，一提起明星，很多人头脑中会浮现出自己喜欢的影星、歌星、球星……很多孩子看着漂亮的明星，疯狂地追星，这使得家长、老师头疼不已。

2006年的一次校会上，马校长针对老师的这个苦恼，顺势提出了一个新创意：

"我们老师每天辛苦耕耘，能不能让我们老师成为孩子心目中的明星呢？亲其师，信其道。如果那样，教育教学工作就更好做了。不仅如此，我们老师同样也有了自己的榜样和奋斗的目标，这样我们才能有进步。今后，咱们就评选民族小学的明星教师，并作为学校的最高荣誉。"

那什么样的老师才能被评为明星教师呢？我在心里嘀咕着。

经过征求各方意见，我们学校的明星教师标准新鲜出炉了！学校从"学生喜欢、家长满意、同行佩服、领导赏识、自我认同"这几个方面进行评价，得分高的前几位老师将成为民族小学的明星教师。

我好想成为明星教师啊！那时，我感觉自己离这个标准还有很大的距离，于是就严格要求自己，暗暗朝这个方面努力着。

立目标　向榜样学习

2006 年，经过老师、学生和家长们的评分投票，学校第一届明星教师诞生了，她们光荣地站在主席台前，手捧鲜花，是那么的耀眼！数百双眼睛齐刷刷地注视着她们，很多孩子看到有本班老师而欢呼雀跃，并激动地喊着：

"那是我们班杨老师！"

"那是我们班窦老师！"

"我们的徐老师也是明星教师！"

…………

此时此刻，我好羡慕她们啊！窦老师还是位年轻教师，入职短短两年就被评为明星教师，我为什么不行呢？只要付出我也定能做到，我再次立下决心向几位老师学习，也要成为明星教师。

我　梦想成真了

就在自己不断地向这些优秀的老师学习的过程中，我在 2010 年也光荣地被评为了明星教师。我觉得自己很幸福，觉得自己的付出得到了大家的认可，激动得流下了眼泪。当时，我就暗暗下定决心，要继续努力，好好总结，找到自己存在的问题，争取更大的进步。

在后来的几年里，我与家长成为朋友。我用一颗真诚的心与家长沟通，交流孩子情况，不管什么样的孩子，我都会一视同仁，与家长积极配合，教育好每一个孩子。周末了，我也常常和孩子们、家长们一起开展拓展活动。在这些活动与交流中，家长们都把我当成了要好的、无话无谈的朋友。

学校重视传统文化、诗词经典的传承，很早就开展了经典诵读的活动。为了激励孩子们积累、背诵，在我教的两个班都成立了背诵经典的微信群。他们每天都在群里背诵，我都逐个听，并在群中及时表扬，纠正错误。家长们都特别感谢我的付出，说自己的孩子因为老师的一句评价与肯定，积极性更强了。

的确，孩子们在交流展示群中你争我赶，比着赛地背诵。很快，大多数孩子们在二年级时就已经过了经典诵读七级(每级 40 首)，还有 5 个孩子连六年级大哥哥大姐姐们才要过的 12 级都过了，那可是很多长篇的文言文啊！例如，《出师表》《桃花源记》……因为我们班的孩子古诗背得出色，我们班还获得了"民小最高荣誉"奖。孩子们欢呼雀跃，更自信了，更爱我这个班主任了！

民族小学的办学理念是"和而不同，快乐成长"，倡导老师要尊重差异，善待差异，为每个孩子搭建成长的平台，让他们获得成功的体验，从而快乐成长。

我紧跟学校步伐，善于发现孩子优势，为他们搭建展示平台，做最好的自己。我为班里的好几个孩子在学校举办了个人画展、个人写作展，每次个展都会举办个小小的开幕仪式，家长和学生们都参与，特别是校领导们每次都会抽出时间来参加，还在仪式上为小艺术家们、小作家们加油鼓劲。

转眼，2018 年教师节庆祝活动又来临了，今年的明星教师又会有谁呢？我心里琢磨着……颁奖嘉宾在台前宣读颁奖词，伴随着热烈的掌声，有两位优秀的老师已陆续走上红毯，走上了颁奖舞台。

20 多年的时光，她在三尺讲台上，诠释着为人师者的责任和意义。她收获的是学生的爱戴、家长的信任以及老师们的一致好评。一直以来，她大多带的低年级，面对低年级的"小豆包"，她每天不厌其烦地讲述，手把手地训练，"小豆包"们在她的精心呵护下，一天天在成长和进步，学生、家长幸福的微笑是她工作成效的有力见证。她就是——刘晓京老师。

此时雷鸣般的掌声响起，我还不可置信地站在原地发愣，是我吗？真的是我吗？我竟然第二次被评为了明星教师吗？

旁边的王老师握着我的手，激动说："刘老师是您，祝贺，祝贺，您赶紧上台吧!"

我激动的泪花在眼眶里打着转儿,但强忍着没让它掉下来。我像明星一般在大家的瞩目中走上红色的地毯,此时的红毯是那样的鲜红、那样的夺目。

手捧着鲜花站在舞台的中央,我看着台下的领导和各位老师都微笑着望着我,那是送给我最好的祝贺!

我教的学生们也为我高兴,他们的眼睛放着光芒,是那样的骄傲与自豪。一位位明星教师站立台上,一位小主持人手持话筒要采访我们,让我们发表获奖感言。没想到,小姑娘先来到我面前停了下来。

我镇定了一下激动的情绪,没想到一开口,眼泪还是唰的一下落了下来,我哽咽着说:"首先,我要感谢各位领导,感谢各位老师,感谢家长和亲爱的孩子们,感谢你们对我工作的肯定,把这荣誉给了我! 其实,我只是老师们中的一个代表,在民族小学,每一位老师都是那么优秀,把所有的爱都奉献给了孩子们,奉献给了三尺讲台。他们比我更优秀,让我们把热烈的掌声送给所有的老师吧! 我今后一定会更加勤奋工作,不辜负大家对我的认可!"

随后,我深深地鞠了一躬,对民族小学所有的老师表示深深的敬意。

榜样 就在我们身边

截至 2019 年,我们学校明星教师已评了 16 届,每个人都是我学习的榜样!他们的事迹、他们的付出感染着、温暖着所有的人。

她,外表温婉而内心坚韧。从 2005 年第一届明星教师评选至今,已整整 16 届了,她都是活动背后默默无闻的策划与组织者,她为上百位明星教师撰写颁奖词,但却从未想到过自己。她在民族小学工作了 16 年,学校从艰辛时期的坚守与奋斗到如今的腾飞发展,处处都有她的付出与心血,她的喜怒哀乐早已与民小的命运紧紧地连接在了一起。她就是我们最最敬爱的王晶书记。

她坦诚,宽厚,平易近人;她勤奋,自强,工作尽心。学生感受到的是她无微不至的关怀,放学后她会放弃休息时间,辅导学生功课,还给他们准备饼干等食物。在她心里,学校为重,家为轻;学生最重,自己最轻。海淀区世纪杯教学比赛中,她精益求精,反复研磨,从不叫苦喊累,结婚证书都是加班备课的间隙匆匆领取,她的课堂教学沉稳、大气,颇有大师风范——她就是民小语文教学新秀曹亚婷老师。

....

女教师像妈妈一样爱着孩子们，这位中年男老师就像一位父亲：

他是一位如慈父一般的数学老师，与学生亦师亦友。在他的眼中，每个学生都是独具闪光点的个体。他的数学课生动扎实，课下还陪着学生一起锻炼身体。在2018年海淀区的体质监测中，他和学生立下军令状，要为学校取得荣誉。他牺牲了无数个休息时间，请老师、组织学生家长一起参与，训练中有组织、有方法、有胆魄，代表学校最终在海淀区100多所学校中脱颖而出，取得全区第四名、城区第一名的好成绩。这位正能量满满的好老师就是赵小波老师。

....

我们民族小学像这样的优秀老师还有很多很多，明星教师的评选为我们树立了那么多的榜样，他们成为我们教育路上的精神领路人。如今，年轻教师越来越多，我相信，他们在明星教师的引领下，一定都会成为"学生喜欢、家长满意、同行佩服、领导赏识、自我认同"的好老师，他们也会成为民族小学教师团队中那颗璀璨的明星。

本文作者：刘晓京

（语文老师、班主任）

尊重激活　引领成长 >>>>>>>

民族小学的校训为"做最好的我，在我最好的方面"，这不仅仅是对学生说的，也是每一位老师所努力的方向。在学校这片沃土中，老师们被领导赏识、引领、激励着，我们的闪光点与特色都能够在学校中获得一展身手的机会，各得其所，成长着，成熟着，人人都在争做"最好的我"！

在特色课程开发的过程中，我在自己擅长的方面就实现了特色发展。我的热情与智慧被激活，在学校搭建的平台上不断取得更大的收获，实现一步步的成长。这种氛围促使我在工作中更加主动地去思考：我应该做什么，我可以做什么，我还能做什么……工作主动性被调动了起来。

2004年大学毕业后，我来到民族小学工作，担任一年级的语文老师、班主任。那个时候，马校长刚调任来一年，学校正处在艰辛变革的时期。我周围的老师们都按部就班地工作，每天备课、上课、判作业……那时，学校没有一个骨干教师，也没有人想要发展，想要成长、提高，整个团队踏实肯干但缺乏活力。

我是学校中第一批大学本科毕业后入职的青年教师，很受老师们的关注。工作第一周，校长就给了我这个文科毕业生一个展示的机会，让我试着创作一首诗，在教师节庆祝活动中展示。我是个文艺女青年，朗诵、写诗都比较擅长，所以就欣然接受了这个任务。没想到这首诗写得很成功，受到了大家的认可。

一次，校长得知北京市民族教育学会要组建一个藏头诗学习班，各区县民族学校可以派老师参与学习，校长就立刻推荐我这个诗歌爱好者报名参加。我很珍惜校领导给予我这次宝贵的学习机会，利用假期系统地跟着专家老师学习了一段时间。那时，我还兴奋地把自己创作的几首藏头诗通过短信的形式分享给了校领导们，感谢他们对我的培养。

开学后不久，校领导把我叫到了办公室，跟我聊起了天。一听领导聊到了藏头诗，我的话匣子就打开了，滔滔不绝地介绍了藏头诗的有趣之处！校领导一边听一边微笑着点头。

"多好啊，你会写藏头诗，要是带着你们班的孩子一起写藏头诗就更好了！"

"真的吗？我能教孩子们写吗？这太好了！"我兴奋得都坐不住了。

"当然了，我们希望老师们不仅仅教孩子课本上的知识，而且能带着他们学有特长，形成班级特色，你们也成为特色教师，百花齐放多好啊！"

那段时间，我很快就把学过的藏头诗的知识与写法进行了收集、整理，形成了一本稚嫩的、一万多字的小读本。

"太棒了！你很善于思考与实践呀！这么快就编写好了！"校领导不停地肯定着我，"但是，作为给小学生看的学习资料，还可以再生动一点，语言浅显易懂，加上一些可爱的插图，一定会更好的！"

我一下子豁然开朗，思路更清晰了。在校领导的指导下，我又重新整理编写了一本生动的、图文并茂的小读本。就这样，在校领导的激励与引领下，我尝试将"藏头诗"作为特色课程在我们班先开展起来。

那个时候，每天下午，孩子们都在学校有一节托管自习课，我就利用这个时间带着他们学习写藏头诗。兴趣一被激发起来，不管什么时间孩子们都想把自己写的诗拿给我看，问问我写得怎么样。每当这个时候，我都会微笑着接过他们小手中的本儿认真地阅读，并给他们提出修改建议。他们的眼睛就如同会发光的星星，听着我的建议，然后拍着小手说："哇，我马上去改，您的建议真好！"

三四年级的小孩子们对藏头诗产生了浓厚的兴趣，他们用自己手中的笔写出一首首稚嫩的藏头诗，每一首小诗都那么灵动，充满了智慧与情趣。他们用诗来描绘和赞美我们美丽的学校、快乐的学习、幸福的生活、可爱的同学、亲爱的家人，把真挚的情感融入诗句之中，从中还增长了不少的汉语言知识，更收获了无穷的快乐。作为老师，我读起这一首首小诗，成就感满满，别提多骄傲了。

开展了一段时间的课程实践后，校领导遇见我总会问："你们班孩子写的诗怎么样？让我们欣赏欣赏呀！"

我就会得意扬扬地拿来几首小诗与领导们分享，念叨着这首是哪个孩子写的，他想表达什么情感；感觉这首写得也不错，请校领导读读……

"真不错，我建议你把孩子们写的诗收集一下，咱们可以给孩子们出诗集呀！"

一年后，我收集整理了孩子们创编的一两百首小诗，并根据主题进行了分类：新春贺岁篇、美景抒怀篇、温馨祝福篇、赠予亲友篇、美好倡议篇、喜迎奥运篇、喜迎宾客篇。在学校的帮助支持下，编辑成了学生藏头诗作品集。就这样，我一步步被校领导激励着，进步着，越做越觉得有意思、有意义。

特色课程蓬勃发展，在学校获得了更多展示的舞台。2008 年，香港特区的一批师生来到民小交流，我荣幸地承担了做展示课的任务。当时，校领导找到我说，希望给孩子们一个展示的机会，呈现一节香港师生没听过的课——我们的特色藏头诗，让他们也看看我们内地小朋友的文学水平。在教学主任的指导下，我们一遍遍地讨论研究，一次次地对教学设计精雕细琢，让学生在课堂中能够获得更充分交流、更多展示的机会。

当天，我们以"喜迎宾客"为主题，让孩子们现场创作藏头诗。主题明确后，孩子们就一步步地进行构思，还在课堂中进行交流：写诗时要注意押韵，关注平仄，哪个字用得不好，还可以怎么改……孩子们滔滔不绝地讨论着，展示着他们的创作思路。

"老师，作为中华儿女，我们都有一颗爱国之心。我想将'爱我中华'四个字作为所藏之字。而且，我想挑战一下难度，让这四个字在诗中反复三遍。"

"老师，我觉得他这首诗写得挺好的，但是如果把'中华强'改为'华夏昌'就更有意义了！三个字有平仄的变化，读起来更加朗朗上口！"

…………

课堂中掌声不断，听者、参与者都投入了诗的世界之中。孩子们一点都不会因有几十人来听课变得紧张，因为一提到写诗，他们就兴趣盎然，自信满满。课上到最后，孩子还把自己刚刚创作的小诗送给了身边的香港客人。

看，这些藏头诗写得多精彩：

爱我中华

作者：冯璇钰

爱国爱京爱香港，

我心我身我引吭。

中心中肠中无悔，

华文华美华夏昌。

京港友好

作者：杨增增

京华慈母爱，

港湾子孙来。

友谊灌中华，

好情永不衰。

香港真美

作者：王漪彤

香书馨墨满京城，

港胞来临喜相迎。

真心交流传佳话，

美好景色抒真情。

　　来自香港特区的校长激动不已，她不断感叹，没想到内地的小孩子们有这么高的水平，写的藏头诗很有趣，读起来韵律十足，深深地感受到内地小朋友的热情与祝福，这次交流活动太有意义了。

　　这次展示课好评如潮，更让我找到了自己的价值，感受到了成功的喜悦。

　　学校里，有特长适合开设特色课程的教师还有好几位，平时大家并不善于言谈，不善于表现，但是校领导总能发现大家的亮点与特色。校领导手把手地指导我们开发特色课程：如何设计课程纲要，如何编写校本教材。我们一点点地学，一点点地尝试着做。

　　丁彦民老师编写了《泥塑》，郭鑫伟老师编写了《书法》，梁清柱老师编写了《对联》，张宇老师编写了《跆拳道》，李金霞老师编写了《网球》……我们没想到，我们编写的材料经过校领导逐字逐句审核后，最终被设计印刷成了精美的校本课程读本。当拿到读本时，我们都激动极了。从未想过，我们自己也能出课程教材；从未想过，学校领导能够如此激励我们，给我们搭台，给我们更多可施展的机会。

　　学校还提供场地，提供资金支持，购买授课物资，一个个特色课程在学校开展了起来。

　　马校长常说："每一位老师都有自身发展的需求，都有各自的闪光点，学校的发展如何能够与个人的发展处于同一频率之上，让每个在学校工作的老师都各得其所，使自身价值最大化，这是我一直在思考并努力在做的事情。"

　　别小看这一个个特色的小课程，从根本上，不是课程被激活了，而是教师的主动性、发展的意识被激活了。这片土壤充满了"氧气、温度和湿度"，教师们主动成长的愿望被调动起来，就如同雨后春笋般冒尖、成长开来。

　　就这样，我们在学校的引领与激励下，在自己擅长的方面实现了特色发展。我们这些走在前边的老师被学校评为了"特色教师"，我们的课程也被评为了特色校本课程。

　　与此同时，我们在实践探索中，都逐渐形成了一定的成果。学生们的书法、泥塑作品逐渐成熟，在校园中进行了系列的展览，成为了校园文化的一部分。跆拳道队在海淀区比赛中成绩优异，一举获得团体冠军的殊荣……教师的成长发展，最终受益的是学生。我们看到学生的收获与成长，成就感就更加强烈了。

如今，越来越多的老师被这种宽松、主动发展的氛围激发了起来，在学校中越来越活跃，在各个领域、各个学科蓬勃发展起来。邢立刚老师带领足球队两次荣获北京市冠军，赵志敏老师连续多年带领民乐团夺得北京市金奖，网球社团的孩子们受邀走进中网、法网的赛场当球童，书法社团的孩子们举办了多场大型书法作品展……大家都充分发挥潜力，铆足了劲在自己的工作中、在学校的工作中做得更好，做出成绩，为校争光！

本文作者：窦丽娜

（教学副校长）

从淘汰人到培养人 >>>>>>>

还记得那是 2003 年的盛夏，刚刚走出大学校园的我，一毕业就来到了民族小学(那时还叫马甸小学)。虽说是百年老校，但那时的学校正处于最困难的时期，校舍杂乱破旧，生源流失严重，教师队伍涣散，声誉下滑至最低点。幸好这一年马校长上任，并且带领新的领导班子对学校进行了全面改革，这让我看到了学校的希望。

夏明霞和王晶两位主任是当时的教学管理干部，在马校长那句"乱世当用重典"的指引下，大力开展教师队伍建设，制定了健全的教学制度，规范了教学行为，细化了目标要求。

经过一段时间大刀阔斧的教学改革，无论是学校的教学秩序、学生的学习状态，还是教师的精神面貌，都和之前有了巨大的改变，学校的教学质量也在稳步提升中。但在这些成绩的背后，偶尔也能听到一些老师们颇有微词。到底是怎么回事呢？

从"推门课"到"约课"

每位在一线战斗过的老师一定都有同感，当你满怀激情、信心百倍地走上三

尺讲台准备开始一节新课时，最怕的就是教学干部和学校领导拿着听课本推门而入。这种听课形式就是我们俗称的"推门课"。这时的你，即使已经对本课要讲的内容进行了精心的设计及详尽的解读，也仍不免心中慌乱，六神无主。

当时实行"推门课"也是由那时的情况所决定的。那个时候，有的老师上课状态不佳，备课不够认真。教学干部希望通过这种形式使老师们形成严谨、负责的教学态度，把课堂教学质量作为生命线来看待和重视。那时，如果哪位教师的教学质量不理想，就必须末位淘汰。

第一次被领导听"推门课"的那份紧张与无措，我至今还难以忘却。那是一个周一的清晨，阳光透过树叶间的缝隙照射进教室，孩子们在斑驳的光影间静静等待新课的开始。正当我宣布上课，班长大声喊出"起立"的时候，教室的门被轻轻推开，数学教学主管夏主任站在门口向我点头示意。我立刻慌了手脚，一时竟不知是先请学生坐下，还是先请夏主任进班。一阵兵荒马乱后，总算安排好一切，我可以开始这节课的讲授了。整节课上下来，我的眼睛总是忍不住瞟向后排落座的领导，总想从她的面部表情中看出她对我是否满意。我在意她的每一次皱眉、每一次微笑，浑浑噩噩中终于结束了这节课。

一下课我就跑到夏主任身边，局促不安地想听听她对我这节课的评价。夏主任拍了拍我因为紧张而略微颤抖的手，微笑着让我谈自己感觉如何。

"我太紧张了！有的环节忘记了，但我课前真的认真备课了，您看这是我的教案！"

我匆忙打开手中早已准备好的教案本。夏主任安抚地拍拍我的肩，让我先准备下节课，等有空的时候，再好好聊。说完，就走出了教室。

终于熬到了空课的时间，我立刻飞奔到教导处，就这节课向夏主任进行请教。课说完了，但她并没有让我离开的意思，继续说道："经验是慢慢积累出来的，今天的课我看到了你的潜质与努力，这才是难能可贵的。我问过跟你同组、听过你课的老师，她们对你课堂的评价还是很好的，今天为什么这么紧张呢？"

"这是我第一次被听'推门课'，我怕讲不好被您批评……"

"其实我们推出'推门课'制度，不是为了给老师们挑毛病，我们的目的不是淘汰人，而是要培养人，督促大家一起进步，从而提升咱们学校整体的教学质量。"

我懂得了领导们的良苦用心，决心以后更加认真地备课，上好每一节课。从一位新教师的成长来讲，这样严格的管理、规范的制度确实让我受益匪浅，得以在短时间内快速得到成长。初为人师，面对讲台下那一双双充满好奇与渴求的眼睛，一份强烈的责任感在我心中烙下了深深的印记。我精心准备每一节数学课，虚心向每一位老师请教，力求每一节课都能够使学生有所收获、有所提高，同时也希望自己的成长能够快些，再快些……

但是，有的老师却一直对"推门课"有抵触情绪。在那段时间，有的老师甚至研究上了怎么应对"推门课"。真是"上有政策，下有对策"，老师们想到的"招数"也不少！有的老师提前把试卷在讲台桌里准备好，只要领导来听课就拿出卷子让学生做，课自然也听不了了。还有的老师精心准备出一节课，随时等候领导推门。

面对这一局面，学校教学干部很是无奈，认为"推门课"虽然让老师们都意识到了认真备课的重要性，但是对于有些老师，反而让他们把心思放在了怎么应对检查这上面来了。

教学领导找了几位老师进行交流和讨论后提出：要想老师爱学生，学校首先要爱老师。怎么是真正的爱呢？在教学中，让老师们不是提心吊胆地工作，而是真的在课堂实践中有收获、有成长，获得成功的喜悦。随后，教学领导及时调整了工作方案，将"推门课"制度改为"约课"制度，在消除教师的紧张情绪、稳定队伍的同时，将教师的工作重心引导到提升自身素质和教学效果上。"约课"制度就是教学干部提前与老师们约课，确定课题后，帮着老师一起精心备课，然后在课堂中实践，让老师在教学干部的指导下，获得上出一节好课的成就感。

从那以后，老师们的教研主动性提高了。大家经常找教学干部主动约课，下班后还会有老师排队等着一起备课、说课，常常忙到天黑。那时，夏主任和王主任更忙，更累了，但是她们总是说，这样的忙有价值，忙并幸福着。看着老师们上了一节成功的课，老师有成就感，学生收获大，就是教学干部最高兴的事情。

从"作业检查"到"作业展"

教学管理的改革还体现在对学生作业的检查评比上。随着教学管理制度的细化，学校提出学科教学的目标和评定标准，以此作为对教师教学的最基本要求，并在教学过程中加强监督和检查。每个学期，教导处都要对全校学生的作业进行检查，如果发现作业未能及时批阅或出现科学性错误，就要找相应的教师进行谈

话，甚至严肃处理。

那时，我们判作业特别认真，在校时间除了上课、辅导，其他时间都被作业占满了。课间，老师认真批作业，只要有休息时间就赶忙找学生一一改错，甚至中午吃完饭还要盯着学生改错，生怕落下一个错误。学生们忙，老师们忙。有的老师特别在意检的结果与评价，为了获得好的评价，让学生准备两本练习册，一本用来先做一遍，修改涂抹都没有问题；改好后再工整地抄写到另一个本上，让页面干干净净。一旦作业检查，就上交新本。教学干部发现了这些问题，认为这不是作业检查的初衷。

发现问题、及时调整、解决问题一直是这届领导干部的传统。随后，他们及时调整了学生作业的评价方式，将"作业检查"改为"作业展"。每个学期，每个年级都在相应的位置进行以年级为单位的作业交流及展览。作业展的内容分为基础性作业和个性化作业，参观的人员则为本年级的全体师生。每人在参观前都会拿到一张空白的优秀作业评选单，在参观的同时可以将自己认为是优秀作业的作者进行记录，方便日后进行评选。

作业交流平台的搭建为师生提供了相互借鉴、相互学习的机会，评比环节激发了学生自主学习的积极性，交流环节则使他们开阔了眼界，看到了更多、更优秀的作品，同时为自己指引了未来努力的方向。老师们关注的不再是数量是否齐全，批改是否及时这些基础层面，而是探讨更深层次的内容。比如，设计这样的特色作业的初衷是什么，能够培养学生哪些方面的能力，使学生得到何种锻炼与提高等。老师们在工作中逐渐形成了相互学习、不断提升的工作态度。

马校长经常说，现在的民族小学就好像一列高速运行的列车。原来的火车，动力全在车头，正所谓"火车跑得快，全凭车头带"。但是，随着学校的日益发展与壮大，仅靠"车头"的带动，早已无法满足这日新月异的发展与变化。只有将传统的火车转型，将动力系统分置于每一节车厢之中，依靠每一节的动力驱动，才能推动这列车跑得更快、更远……从淘汰人到培养人，就是以培养人为目标，激活每一位教师的主动发展意识。

有人说"多一把尺子衡量，就多一批好学生"，同样，多一把尺子衡量，也会多一批好教师。学校在教学上的管理，从最初注重追求目标和结果，到后来调整为以培养人、打造优秀教师团队为目标，这其中体现了学校"以人为本，鼓励个性发展，提倡'和而不同'"的办学理念。以人的发展为本，减少批评和淘汰，增加激励与培养，为每一位教师搭建成长的平台，将教师作为学校的财富和骄傲，提升教师的自信、自尊与自重，让每一位老师都认为自己有能力成为最棒的一个！

本文作者：常娜

（教学副主任）

小论坛　大舞台 >>>>>>>

著名作家老舍先生曾经说过这样的话："我们最好的思想，最深厚的感情，只能被最美妙的语言表达出来。若是表达不出，谁能知道那思想与感情怎样好呢？这是无可分离的、统一的东西。"是啊，特别是为人师者，口才更是立命之本。

草根论坛　站位高远

同学们，就在昨天，一个惊天动地的好消息传遍了神州大地……

这是 2003 年 10 月 16 日的早晨，这是民族小学国旗下讲话的主席台。随着杨利伟乘"神五"返回地面引起的震动，更令老师们惊讶的是，我全程脱稿演讲，激情满满，感染了在场的每一位老师和同学。以往，老师们还从未在大活动中脱稿演讲过呢！

说到这里，我要将时间调回到一周前。那天，马校长把我叫到办公室，和蔼地问我下一周国旗下讲话准备得怎么样，鼓励我不用稿子、脱稿演讲。

本来等着校长夸奖的我一下愣住了：脱稿演讲，我行吗？校长好像看出了我的顾虑，鼓励我说："我觉得你没问题，希望你能给老师们带个头！咱们老师就得练本领，能脱稿演讲要成为咱们教师的基本素质。"

于是，我就天天下班后在教室里练习。当我脱稿演讲结束时，学生们响起如雷的掌声，同事们纷纷投来崇拜的目光，马校长向我竖起大拇指。我体验到了扔掉稿子自信讲话的成就感与喜悦。

升旗仪式是在周一举行，周二下午的全体教师例会上，校长就结合脱稿演讲这件事，对全体教师提出了希望：人人都要练基本功，要敢于当众脱稿讲话，要善于演讲，做个有底气、有素养的教师。

会上，马校长宣布建立"草根论坛"的校本培训计划，成为每周二教师会的固定板块。全体教师轮流主讲，可以介绍自己最喜欢的一本书，可以讲自己在某一方面的认识与思考，只要内容具有启发性、有学习的价值，对教育有启发就可以。可以制作课件，但是必须脱稿演讲。

听到这些，老师们表现出各种担忧与不安。特别是最后一项要求——"脱稿演讲"，这简直是要了某些人的命！

校长的初衷我们理解，道理我们也懂。说得通俗点，老师就是靠嘴吃饭的，侃侃而谈、妙语连珠的教师深受学生欢迎。"一副好口才"对于老师来说应该是看家本领。学校几位领导的口才都是很棒的，特别是马校长，开会时从来不拿稿子，讲上个把小时绝对没问题，而且还能旁征博引，风趣幽默。但是，领导们见多识广，有深厚的文化积淀，有思想，有高度，有水平，我们老师做得到吗？台下议论纷纷。

马校长面对老师们的困惑与忧虑并没有动摇，而是坚持要把"草根论坛"进行到底，每周二雷打不动。教师全员参与，一个都不能少。特别强调，脱稿！脱稿！一定要做到脱稿！

一石激起千层浪，一场变革突然掀起！"草根论坛"校本培训制度的建立，对我们来说是倏然而至，但是这绝不是马校长心血来潮、一时兴起，而是他经过一段时间的深思熟虑才下的决心。他的目的就是让每一位教师都能提高自己，共同打造一个优秀的团队。为了民族小学教师队伍的成长进步，他每时每刻都在思考，都在行动！我在校长的激发下，已经勇敢地迈出了第一步，体会到了成功的喜悦，所以，我特别理解、支持马校长的决定。

推他一把　得到成长

"草根论坛"进行之初，是先从语文教师开始的，大家都经历过后，感受到脱稿演讲也不是想象中那么困难，而且特别有收获、有成长。

一次，论坛的主讲轮到了刚毕业的张老师来担任。她要讲的主题是"打造阳光心态"，她的课件制作得很精美，看来是很用心地准备了。但是，她显然并没有把要讲的内容背下来，所以手里拿着稿子，时不时地低头看一眼。她越说越紧张，声音颤抖了起来，始终不敢抬头看大家。

校长的脸色已经不对了，果然，他忍不住了，站起来要求张老师把稿子交出来，并提醒必须脱稿演讲。此时，全场教师异常安静，每个人都似乎屏住了呼吸，僵持了很久。小张老师面红耳赤，支支吾吾，后来急得眼泪都出来了。校长见此情景，鼓励她回去再准备，下一次一定能讲好。

接下来的会议继续进行，马校长语重心长地说："老师们别觉得我对你们太严厉，这不是为难大家，这是在帮助你们成才，是为了你们好。今天我不逼你们，明天也许你们就被别人甚至学生瞧不起。也许有人认为小张是体育老师，用得着这么苛求她吗？老师们，口才是每个教师都应过关的，民族小学的教师是一个集体，不能有一块短板！"

校长的话掷地有声，振聋发聩。这一席话永远刻在了我们的心里，影响着民族小学所有的老师。

下一个周二下午，小张再次登台圆满地完成了演讲。尽管她因为彻夜准备，熬得眼下乌青，但她伴着热烈的掌声走下台的时候，笑得那样甜。是的，她战胜了心中的恐惧，战胜了自己，又迈上了一个新台阶。马校长不由站了起来，激动得连连向小张竖起了大拇指。他由衷为又一位青年教师的成长感到喜悦！

一个支点 改变一个队伍

"春天播下一粒种子，就播种了一个希望，夏日会绽放美丽的花朵，金秋会结出累累果实。""草根论坛"建立以来，催生了一棵又一棵青苗。"草根论坛"辐射的光波是广泛的、美好的、强大的。渐渐地，民族小学的每一个教师都拥有了"铁齿铜牙"，随时上台都能侃侃而谈，表现得落落大方。"草根论坛"改变了整支队伍，推动了民族小学教师团队的发展。

记得2019年，我们学校有很多教师参加了海淀区的说课比赛，涉及各个学科，人数之多、范围之广，是学校从来没有过的。在这次说课活动中，凡是参加的老师都获得了优异的成绩。抛开设计和其他因素，教师们过硬的口头表达能力无疑是出彩的、加分的。

成果更是显而易见的。民族小学举办过的每一次活动，参与过的每一次比赛，都会听到专家称赞老师们素质好、水平高……

在这些赞扬、成绩的背后，我们深深体会到了"草根论坛"的发起人、民族小学的领头人——马校长功不可没。如果没有他对教师们的鞭策帮助、指导提携，这支队伍不会这么优秀。

"独木不成林，万紫千红才是春"，民族小学的领导从大局着眼，从小处入手，既关注这个队伍的建设，又对每一个成员悉心培养。"草根论坛"锻炼的不仅仅是教师的口才，还带动了教师个体全方位的综合素质的提高，从而提升了民族小学教师的整体水平。

"落红不是无情物，化作春泥更护花。"学校特别关注教师的成长，助力培养和打造青年教师，引导他们做对他们一生有利的事，做对学校教师专业发展有利的事情。很多时候，马校长会对教师们要求较高，也许当时不被理解，也许教师们会有怨言，但随着时间的推移和成长的体验，青年教师都会懂得校长的良苦用心。

本文作者：王红梅

（语文老师）

说出心中的温暖 >>>>>>>

——感动民小的人和事评选活动

民族小学是温暖的大家庭，是一个有温度、有故事的学校。每天，这里都会发生一个个动人的小故事，或是给人启发，或是让人感动不已，给予我们无穷的力量。这些感动有的来自老师，有的来自家长，有的来自学生，有的也许来自校工……我们需要心怀感恩，将这些感动说出来，将正能量传递给每一个人。民族小学自2010年起，每年岁末都举办"感动民小的人和事"征集评选活动。

1992年我来到马甸小学(2004年更名为民族小学)工作至今，已有28个春秋，我见证了学校日新月异的变化。学校的发展经历了一段低谷，那时老师们的工作状态也不是很积极，缺乏热情。新一届校领导接任后，一直关注教师团队的成长，鼓励老师们学习进修、提高学历、广泛阅读、开阔视野。

经过几年的努力，老师们教学水平提高了，工作热情上来了，工作劲头更足了。工作中，老师们总喜欢聊一聊班里的故事，聊一聊发生在身边的温暖的小故事，体会着做教师的幸福感。校领导听到这些故事后也特别感动，并产生了一个好点子：温暖需要传递、感恩需要表达，我们都应该把心中的感动说出来，这对学生、对老师都是最好的教育啊！

于是，2010年的冬天，第一届"感动民小的人和事"征集评选活动就孕育而生了。活动面向全校学生、家长和老师们征集，当大家把一个个存在心里的感动都分享出来后，我们就被爱与温暖包围了。满满的正能量，满满的感动：

有的老师得知学生没吃早饭，偷偷塞给他一块面包；有的学生看见教室外的水池堵了，伸手去通排水口；有的家长在工作之余来班里为学生们开办了六七场生动有趣的讲座……

学校通过各种途径将这些温暖的故事进行宣传，爱与温暖就在每个人之间继续传递着。下面，我来分享几个温暖的故事吧！

故事1：2013年9月，唐嘉媛老师不小心在学校里摔倒，剧烈的疼痛使她好久没能站起来。但是，她没有选择立即就医，而是继续留在工作岗位上。那天，为了不给学校添麻烦，她忍痛坚持上课。直到下班，才让她的爱人将她送到医院。检查结果——骨折！可想而知，她忍受了多大的伤痛！周日，她的班级有上公开课的任务，为了让学生在课堂上有好的表现，她坚持亲自将学生送到展示课现场，并一直陪在学生身边，默默地站着，没有人注意到她一直把重心放在一只脚上。就这样，从双拐到单拐，直到彻底痊愈，唐老师从来没有迟到早退，完成了所有的教育教学工作，就连学校安排的学习活动她也不请假，坚持参加。她总说，这不是什么大事，她可以坚持。唐嘉媛老师对工作的认真和对学生的负责，让我们在这个寒冬中感到了温暖。

故事2：2013年4月，学校接到了北京市教育委员会关于做好援疆干部、教师选派工作的通知。杨海建老师向学校提出参加支教工作的申请。当时，大家吃了一惊，海建老师的孩子很小，爱人经常加班回不了家，谁来照顾孩子？杨老师却说："这是学校的政治任务，作为一名党员应该冲在前面。虽然家里会有一些困难，但我已经跟家人说好，他们很支持我，困难可以共同克服。"

杨海建老师家在房山，上有年迈的母亲，身体每况愈下，由于神经压迫一条腿，走路很困难；下有 6 岁的女儿，要做眼科的手术。就是这样的情况下，杨海建老师毅然决定去新疆支教。

杨老师在新疆尽职尽责，充分发挥了骨干带头作用。他不仅认真完成教育教学工作，还经常利用业余时间组织新疆的老师们教研，帮助老师们解决教育教学中出现的问题，援助校老师的研究能力得到了提升、研究的意识得到了加强，小组研究带动了学校研究的氛围。他是我们心中的援疆英雄，是我们每一个人学习的榜样。

榜样就在我们的身边，榜样的精神给予我们无限的力量。民族小学的教师集体就是在感动中，在榜样力量的激励下逐渐形成了如今的教育氛围。每位老师都在用心做教育，用爱温暖学生。

令我意想不到的是，我曾做的一件小事也感动了孩子和家长。在学校公众号的宣传新闻中，我读到了家长写的故事真是又惊又喜。这件事过去很久了，我已经快忘记了，但家长却记在了心上。

12 月的一天下午放学后，学生们陆陆续续被家长接走了，只有一铭同学站在那里一动不动，他爸爸还没有来接他。我就陪着他一直等。天气冷了，我帮他把衣领整理了一下，把帽子给他戴好。我看他有些着急了，就弯下腰，轻声地安慰他："一铭，爸爸还没有来接你，别着急啊，耐心等一会儿，爸爸就到了。"

一铭低着头，无奈地点点头。我们又等了一会儿，寒风吹来，我不禁打了个寒战。我给孩子爸爸留了一条微信消息，就对一铭说，还是回班里等吧，一会儿爸爸来了，我们微信联系好，就送他出来。

在班里，一铭和我一起做值日，边做值日边等爸爸来。又大约 10 分钟过去了，我看看手机，没有微信回复，就给孩子爸爸打电话，可是一直没有接听，我想，孩子爸爸一定是在路上急匆匆赶来，不方便接电话吧！天渐渐黑了，我看孩子急得皱着眉头，就赶忙安抚了一下，接着就给孩子妈妈打电话。

"一铭妈妈，孩子爸爸一直没来接孩子，不知道什么情况。您方便来吗？孩子等着急了！"

"真对不起，赵老师，我工作单位离学校太远，我还没有下班，过不去呀！要不然，我再联系一下爸爸，我催他赶紧过去！真对不起！"

我放下电话，告诉一铭不着急，一会儿爸爸肯定就到了，他工作很辛苦，来的路上又堵车，再耐心等等。然后，就给一铭找了一本书，让他通过看书分散一下注意力。

后来，我终于打通了孩子爸爸的电话。

"赵老师，真对不起，我马上到！"

"您别着急，孩子现在在教室里，很安全，您一会儿快到校门口微信我，我再送孩子出去。"

当一铭爸爸到校门口后，我领着孩子走到校门，一铭高兴地跑到爸爸面前，但是又开始小声埋怨地说："您怎么才来呀？让我们等你好长时间。"

孩子爸爸不好意思地说："老师真抱歉啊，今天事儿多，忙着忙着就把接孩子的时间忙忘了。"

我微笑着说："没事，没事，可以理解！您工作太辛苦了！这么冷的天，我不放心孩子一个人等。现在，把孩子交到您手上我就放心了！"

孩子爸爸不停地感谢着我，我连忙嘱咐他们早点回家，路上注意安全，下次再有事来不了，可以提前跟我说，我肯定会陪着孩子的。

就是这样一件小事儿，我并没有放在心上，这也是老师们日常工作中常有的事。但是家长却记在心里，并把这件事儿写了下来，参与了"感动民小的人和事"的征集活动。看到家长的话，我感到温暖、幸福。

我们只是民小团队的一员，似一棵小草扎根于此，生生不息。民小大家庭中的每一分子都用心观察生活，用笔书写身边真实发生的一件件令人感动的事。"感动民小的人和事"这个活动非常有意义，教师团队就在这种温暖的氛围中被感动着，并将正能量传递、将爱在教育中生发。

本文作者：赵春玲

（语文老师、班主任）

"向着目标永不停歇，遇到困难锲而不舍"的团队精神引领团队发展，巨大的合力推动民族小学不断前进，走向卓越！

民小精神成为团队不竭的动力 >>>>>>>>

民族小学的教师队伍就有着这样坚实的民小精神："向着目标永不停歇，遇到困难锲而不舍。"在民小精神的驱动下，民小团队团结一心，相互扶持，不惧挑战，共同成长。

2019 年 7 月 3 日，我们一批新教师刚刚办理完入职手续，负责人事工作的李杨老师热情地带着我们参观民小校园。雕梁画栋的四合院里，榴花静吐，青果初结，竹韵桐影，生机盎然。

"真像漫步在一座花园里！"大家发出阵阵赞叹。李杨老师听到后，兴致勃勃地对大家说起校园美丽的来之不易。

昔日的学校，外围全是凌乱的商户，学校内的房子也多数被出租了，整个学校就像一个杂乱不堪的自由市场。直到 2003 年，马校长来到民族小学任职，带着行政干部们费尽周折与商户解除合同、清退租户；之后又不遗余力地重修围墙，栽花种树，美化学校。10 多年来，马校长带着学校领导班子不畏艰辛，执着探索创新，这才有了现在鸟语花香的校园。

说着说着，李杨老师把我们引进了校史馆。推门而入，墙上一幅幅记载着学校历史变迁的照片映入眼帘。一瞬间，我仿佛置身其中，随着民小人拼搏向前的步伐，见证了这所百年老校再焕生机，"向着目标永不停歇，遇到困难锲而不舍"的民小精神在我心中撒下了种子。

接下来的日子里，作为一名初入民族小学的新教师，我亲身感受着民小教师不服输的性格，近距离领略着民小精神在教师团队中产生的强大动力。

新学期刚开始，海淀区骨干教师"世纪杯"风采大赛也揭开了帷幕。我非常有幸地加入了柴惠贤老师的备课团队，在王梅主任的带领下，与不同年级的许多经验丰富的老师们一起辅助柴老师备战"世纪杯"。

10月初，学校特意请专家牛玉玺老师到校为参赛的老师进行理论指导。会后，老师们陷入了迷茫，对"任务驱动""双线组元""大情境下体现人文主题和语文要素"这些词语都感到特别陌生，本身就是新的教材，加上新的理念，这个挑战对于大家来说是前所未有的。

备课组内交流时，气氛沉重了许多。这时，柴老师鼓励大家：专家是海上的灯塔，而我们的备课核心团队就是船桨，团队里的每一个成员向着目标，团结一心，不断前行，定能成功抵达彼岸。

轻柔的话语传达出柴老师坚定的信念，大家为之一振。之后，大家在工作之余，从理论学习开始，重新建立新的理念，重构教学设计的方向。我们像蚂蚁啃骨头似的让一个个陌生的词语变得熟悉，让那些深奥的理论逐渐与教学实际融合。我们头脑渐渐清晰了：教学设计要关注单元整体，改变传统割裂的教学模式，用真实的学习情境把孩子带进课堂，用活动点燃孩子学习的热情，让学生在学习的过程中不断形成评价并以此来指导自己的学习。这才是改变学生学习方式的根本所在呀！这些理论的学习为我们之后教学设计指明了方向，打下了坚实的基础。

紧接着，老师们发挥所长，各尽其能，分担了查找资料、制作课件、校对教学设计等任务。这样高效的团队协作，不仅减轻参赛老师的工作负担，同时团队中的每一位老师在业务水平、工作态度等方面都得到了提升。经过60多天的充分准备，柴老师在"世纪杯"比赛中不负众望，最终获得了一等奖。

听到这个好消息后，大家欢聚一堂为柴老师庆祝。当时柴老师激动地说道："这个荣誉是属于大家的，是属于学校的。要感谢'向着目标永不停歇，遇到困难锲而不舍'的民小精神，把我们凝聚在一起，才能取得这样好的成绩。"

突然，不知哪位老师提议，让我们齐呼民小精神。听到这句话时，作为语文团队成员的我眼眶突然湿热。当同事们坚定、自豪地喊出民小精神的口号时，我的心被深深地触动了，民小精神在我心中生根发芽。

再看看柴老师泛红的眼眶，作为新人的我明白了，"向着目标永不停歇，遇到困难锲而不舍"的民小精神不仅仅是一句口号，它深植于每个民小人心中。这样坚定的信念让民族小学的教师团队愈发团结，愈发强大。

民小精神，不仅是民小团队在攻克教学难关时的精神动力，还是团队在平时工作中不断进取、精益求精的不竭动力。

每个学期末，民族小学还有一项重要活动：期末汇报总结。每个年级需要一名老师担任汇报人，将这学期语、数、英三科的工作成果，在全校领导和同事面前进行总结汇报。

年级组长张亚楠老师把这个任务交给我时，我害怕极了，因为自己从来没有在这么多领导和老师面前发过言，对数学、英语学科的了解，也只局限在知道他们组织了什么活动，其他的一无所知，这怎么能做好汇报。我慌张地推托，说自己不行。

看着慌张、害怕的我，张老师哈哈大笑，她说："宏婧，你误会了，总结材料怎么会让你一个人来写呢！期末汇报是整个年级组的事情，所有老师都要参与，各科老师会分别整理好发言内容，最后汇总到你那里，由你来汇报。而且，你平时工作沉稳、有条理，汇报工作时就需要这样，你肯定没问题的。如果遇到问题，也别担心，有咱们年级团队在呢！大家一起帮你。"

在张老师的鼓励下，我鼓起勇气接下了这一任务。当天，汇报准备工作就开始了，组里老师各司其职，收集数据、编辑文稿、制作汇报模板，大家干得热火朝天。第二天下午，所有的文字讲稿就汇总到了我手里。然而，问题出现了，讲稿内容太多，梳理起来很吃力，更别提把它们都背下来，烂熟于心了。民族小学可是有老规矩的：上台发言，必须脱稿。

我拿着讲稿，坐在办公桌前唉声叹气。这时，杜老师走了过来，问我是否需要帮助。我把我的困惑说了出来，杜老师笑了笑，表示要和我一起梳理稿子。话刚说完，杜老就把椅子拉到了我的旁边，开始帮我梳理语言、整理思路……下班时间到了，我看杜老师面露疲惫，赶紧让她回家休息。但是，杜老师摆了摆手说："今天的目标就是把稿子梳理清晰，完成了再走。明天你就能开始内化于心了。"

就这样，杜老师陪着我一直整理文稿，直到晚上八点多才结束。我感谢，感动，感激，还有一丝歉意，杜老师拍拍我的肩膀给予我鼓励，并约好了第二天继续完善。此时，我深深地感受到"向着目标永不停歇，遇到困难锲而不舍"的民小精神，已经成为民小老师心中不断前进的动力。

经过两天的努力，我终于可以脱稿汇报了！为了能让我更加从容自信，组内所有老师都来听我汇报，陪我演练。每一次，大家都毫无怨言地牺牲自己的休息时间，耐心地在语气语调、眼神动作的小细节上给我提出好的建议。贾老师还热情地替我准备好了汇报时要穿的服装。最终，通过团队的合力，我们呈现出了一次完美的工作汇报，年级组的工作得到了领导们的肯定和全校老师的称赞。

置身会场时，听着老师们热烈的掌声，我深感团队合作的重要性，正所谓"一个人能走得快，一群人能走得远"。那又是什么让民小团队如此富有激情呢？"向着目标永不停歇，遇到困难锲而不舍"的民小精神就是这不竭的动力源泉吧！因为，只有这样执着进取的信念，才能激励大家勇往直前，才能鼓舞团队携手并进。此时，民小精神已深深植根我心。

本文作者：郭宏婧

（语文老师、班主任）

行政团队　学习型团队 >>>>>>>>

学校非常重视学校行政团队的建设，因为学校的发展离不开优秀的管理团队，这是决定学校未来发展的关键力量，更是学校组织结构中承上启下的要件。

一个团队如果不学习，自认为做得很不错了，那么也就走到了自己心中的抛物线顶端，以后必然是要走下坡路的。

马校长一直强调："学校的行政团队应该是一支'招之即来，来之即战，战之即胜'的学习型团队，这支团队应该是一支富有创新理念、能够以身作则、树立榜样引领、心系学校发展、眼里有人有事的攻坚力量团队，并且能以自身的高标准和发展的眼光发现、引领、带动一批'有思想、想干事、能干事、干好事'的中青年骨干教师投身到不断发展的学校各项建设当中。"

因此，在学校每周一的行政例会中，校长都会把"学习"放在首要位置，团队中的每位成员轮流将政治理论、国家大事以及最新教育文件精神、教育新闻动态、教育发展趋势或是企业管理、人生哲学等好文分享给行政班子成员。大家就此展开思考、讨论、反思、汇报、内化的学习。

这一"学习"环节成为每次行政会的必做项目，坚持了数年，使行政团队中的每一位中层干部都能够开阔视野，感受到马校长的高站位和大格局，感受到校长对干部们的用心培养和殷殷期待。大家对自身角色意识的领悟越来越深，责任感也越来越强，投入度也越来越大。

又一周的行政例会如约而至，我们都聚集在会议室做好了准备，马校长的一番有感而发的话语拉开了会议的序幕："大家有没有注意到校园里的花从每年的2月一直能开到7月，现在石榴花依然在枝头怒放，学校仿佛建在了森林里。这就是一个契机，大教育观下的课堂可以搬到四季如画的校园里，语文老师可以教孩子们写校园美景，数学老师可以带孩子们测量校园，英语老师可以号召孩子们一起做校园双语文化，美术老师可以带孩子们在校园中绘画，科学老师可以带领孩子们观察校园中的植物，音乐老师可以带领孩子们在金秋银杏林里开展音乐会、唱校园等。让学生在学校的'家'中成长。育人目标导向不同，教育的做法就不同，干部们要有这种意识，抓住教育的契机，最大化用好资源，多思考、多付出，变与不变，会产生不一样的教育思想和教育行为。"

大家不约而同地投来了赞许的目光，彼此会意地点点头。

接下来就是每周例会的学习环节了，今天分享的主题是什么呢？大家随着王书记打开电脑屏幕而逐渐清晰起来，原来是观看"日本公司的奇葩规定"视频：老板给员工布置工作，至少要说五遍。这有什么深意呢？我们认真地观看起来。

第一遍老板说："麻烦你帮我做一件事，具体是……"员工明白后转身要走，老板让员工重复一下具体的工作，然后追问："你觉得我让你做这件事的目的是什么？"当员工确实明确了工作目的后，老板继续追问："你觉得做这件事会遇到什么？会有什么意外情况？你向我汇报会遇到什么情况？你会做什么决定？"员工对工作中会面临的问题与解决方法进行了思考并表达了出来。老板最后一次问："如果让你自己做这件事，你有什么更好的想法和建议吗？"

短短两分钟的任务布置，老板和员工对话的视频结束。行政团队的干部们陷入了深思，大家在回顾视频片段中任务交代的方式、两者间的对话内容、同一问题提问的层次性、员工理解任务的深刻度……

按照以往惯例，每一个学习任务分享过后，是大家结合自己的工作谈感想、体验和收获的时刻。经过思考，大家纷纷亮出自己的想法和观点。

丁校长负责办公室工作，他说：

我觉得主要是信息要对称，因为这是逻辑引导，是思维层次的递进。管理这个问题，无非是布置工作和接受工作两个方面。千万不要陷入这样一个误区，那就是"我以为"。双方都"我以为"对方是这么想的。这里就突出了沟通的必要性和事后的改进。联想到自己的工作，首先要保持不断的学习和具有反思的意识，多吸收，兼容并蓄。管理者一定要善于培养人。一定要清醒地认识到，自己在培养人的同时，也是在被培养。这是一个共同成长的问题。对于办公室的工作来说，要有为学校整体工作服务的意识。在这个意义上讲，我们必须有全局观。办公室团队一起边干边学，边干边改，多发现问题并及时总结，大家一起传帮带，一起学习感受民族小学的优秀传统，一起传承民族小学的优秀内涵，一起互相传递正能量。

接着，管理后勤工作的王校长说道：

学校后勤工作比较繁杂，重复性工作较多。很多工作看似简单，但要做好，有很多细节需要注意。比如在调整学生课桌椅的时候，如何布置任务，怎么完成，怎么检查，就有很多注意事项。首先，明确时间，在不影响学生学习期间完成任务。其次，怎么完成，是全班普调，还是个别对待。最后，调整的顺序。这些都需要细致安排。在开展工作时，要耐心地做好前期的准备工作，把核查也作为一项重要内容，提高责任意识，减少重复性劳动，节约成本。再有就是要发挥每个人的主观能动性，集思广益。目标结果明确，检查严谨，征求好的工作方法和形式，共同确定工作方法。这样每个人都是在自己认可的工作方式下完成任务，就调动了积极性和主观能动性，再加上及时的肯定、表扬、鼓励，就能够很好地完成各种任务。

主抓教学管理工作的窦校长说：

管理是一门艺术，更是一种培养人的工作。视频中干部在布置工作时让员工说五遍，其实就是教给员工做事的方法。目的就是明确任务；形成共同的愿景与目标；教会他们该如何做，有工作的预设；给予员工一定的自主权利，调动积极性，把领导想做的事情变成对方想做的事。换句话说，就是让对方明白工作内容是什么，为什么，应该怎么做，还可以怎样做。干部们教给老师们的是一种从工作全局考虑的思维方式。想得周全，做事效率才高。在我们的教学工作中是同样的道理，老师引领孩子们学习，不能只教知识，而忽略思维的培养。老师们更重要的就是做到教会学生思维，教会他们方法。民族小学的育人目标就是为未来社

会培养合格公民，为学生幸福的人生奠基。这就要求我们，培养学生要关注学生一生的发展，而我们将这种思维方式与方法教给学生，就是对他们一生的学习，终身的学习与成长负责任。

············

听到大家的感想，我陷入了反思，这时，马校长让我来谈谈收获与感想。我结合自己的工作说道：

通过学习，我了解了这是一种既严格又智慧的管理方式。领导者的决策往往决定着企业的发展态势和未来走向。往往一个企业中角色的站位不同，责任心和使命感的肩负程度也不同，考虑问题的角度也不同，思考问题的全面性也不同。管理者做事要讲方法，重互动，在交流过程中体现了对员工的培养。通过五遍不同目的地重述同一工作（交代任务、重复一遍、讲目的、工作中预测会遇到的意外、何时汇报、自己的决定、更好的想法建议），给员工进步的空间、发展的平台，教会其思考做事的方法，善于帮助下属抓住重点，充分发挥员工的潜能和职能作用。结合自己所做的学科教学管理工作，应该学习这种智慧管理方法，调动老师们的智慧和我共情做事，充分考虑做事情的全面性，并预见在做事过程中可能会遇到的问题和困难，引导老师们预见并寻求解决问题的办法。学做智慧引领者，引领英语老师们共同成为智者，打造智慧英语教师团队，更好地助力学生成长。

马校长听完我的发言说道：

我们见证了你从一线老师到班主任到英语主管发展的过程，眼界不同了，考虑问题的角度不同了，做事的方式就不同了，希望你把英语团队带得更加出色。

是的，英语老师、班主任、英语学科主管，这些工作的调整，使我从教师到管理者，角色上发生了转型，现在进入学校行政团队，也是在不断的学习中进步成长。

不断的学习让我越发深刻地感受到马校长对行政干部们长远的培养与智慧的管理，希望打造学习型行政团队。对干部们寄予厚望，号召干部们要想在前，干在前，不断学习、提升、完善自我，眼里有人有事，做学习型干部，要做"有思想的办学，有温度的教育"。

在马校长的引领和指导下，行政团队成员拧成一股绳，劲儿往一处使，大家都对校长心存感激，努力创新实践，不断超越自我，团结协作地工作着，取得了累累硕果。

因为，我们心中始终有底，

因为，在我们的背后，

有马校长，

他是我们最有力的坚强后盾！

本文作者：党琦

（英语学科主管）

年级组管理模式 >>>>>>>

学校以往实行的学科组制管理模式，以学科为本位对教师的办公室进行分配，缺少了不同学科教师之间的沟通。后来，学校提出了"年级组管理"的模式，打破了同一学科教师在同一办公室的限制，将各个学科教师融合到一个办公室中，促进了同年级组不同学科教师之间的交流，促进了学科融合，增强了教师间的合作，凝聚了互帮互助、互享互学的团队精神。

通力合作 共同育人

年级组长李颖老师教老师们在日常工作中养成随笔记录的好习惯，记录平时的工作，记录开展的活动，记录生活的随笔，让我们各学科教师都养成会观察、善思考的工作习惯；同时通过定期在组内分享教育故事，让我们从不同学科、不同视角全面认识学生，相互学习，做更好的教育。

我工作第一年记录最多的就是小松的成长故事。小松很聪明，很上进，就是脾气有点小暴躁，还有些爱哭。还记得学前培训的第一天，大家在一起练习端正坐姿，其他组的小朋友做得都特别好，陆续得到了我的表扬，而小松那一组有个小朋友总是东张西望，我本想引导他坐好后再表扬这一组的。谁想，小松见到自己的组迟迟没有被表扬，突然起身，攥起小拳头，边哭边走到那个没有坐端正的

小朋友身旁，用手指着他大声喊道："都怪你！都怪你！我们组还没有被表扬！都怪你！"

小松这一举动吸引了全班同学的目光，我赶紧快步走到他的身旁，蹲下身子，握住他的双手。见他情绪依然特别激动，只好请年级组里这节没有课的老师先帮忙带他到办公室冷静一会儿，我继续带着其他孩子上课。

下课后，我第一时间与同组的老师们讲述了小松的情况，并请教各位老师应该用什么样的方式来引导小松。老师们纷纷说出了自己的看法：

"因为小组没有受到表扬，就大喊大哭，指责别人，行为上确实有些激进了。但从孩子练习坐姿的表现来说，应该还是个比较上进、肯努力的孩子。"

"孩子是很想得到表扬的。可以先多发现孩子的闪光点，肯定孩子的努力，同时慢慢引导他现在是小学生了，生活在一个集体中要懂得相互帮助，看看孩子的变化。"

"对，先看看鼓励赞扬的效果，如果孩子确实有所好转，还可以再尝试引导他成为别人的榜样。把他对别人的这种不满、指责情绪，转为自己做得好可以有能力去帮助同学也做好的热情，培养他助人为乐的品质。"

…………

看到老师们这么毫无保留地帮我分析问题、商量对策，我的眼眶不禁湿润了，深深地感受到了年级组的温暖和互帮互助的团队精神，心中满满的感激和感动。随后，不管是哪个学科的老师在我们班上课，都会特别关注小松的变化，适时给予他肯定和赞扬，帮助小松更快地融入集体生活中，学会包容和帮助他人。

在老师们的共同努力下，小松有了很大的变化，不会因为不顺心意就号啕大哭了，也不会因为没有受到表扬就直接去责怪同学了。现在的他，心中满满装着班级、老师和同学，是深受大家喜爱的"小明星"呢！

在年级组内，我们不再只是关注自己班的孩子，全年级 400 多个孩子都是我们自己的学生。哪个孩子没有自信心、哪个孩子淘气需要规范行为、哪个孩子爱哭闹，我们年级组的老师们心中都清清楚楚。比如，某个平时胆小的孩子在科学课上积极发言了，科学老师就会在办公室里眉飞色舞地告诉所有老师，仿佛是自己的孩子一样。不管哪个老师在楼道里看到这个孩子，都会摸摸他的头夸赞："孩子，听说你在科学课上发言特别精彩，真棒，为你点赞！"

一个年级 400 多个孩子得到的是 20 多个老师共同的关注、共同的爱！

全员参与　汇报成果

期末考试结束，学校还有一项重要的活动：在全体教师会上，年级组要汇报展示一年的工作成果与收获。在准备阶段，年级主任李颖老师首先是把这一学期的工作汇报分成几个主题，然后根据老师们的学科教学、个人能力优势，将大家平均分在各个主题的小组中，让大家各显所长，合作完成。

那一年，正好由我来汇报学科教学与期末成绩这一主题，同组的还有一位数学老师、一位英语老师和一位体育老师。

我们不仅仅局限在自己学科的总结，而是一起将各学科工作进行梳理，在相互了解各班教学工作、各学科工作的同时，深入相互学习到了很多教学小妙招。

看图写话，教孩子先把四要素标注在旁边。孩子写完后，让他们手指着自己写的话，对照着要素一个一个找，找到一个就在要素上画个钩，都找齐了，句子也就完整了。这学期落实的这个方法，期末考试看图写话这块的失分率明显降低了许多。

在做数学解决问题这类题时，不仅要教会孩子审题的方法，边读题边圈画题目中的重点信息，尤其要看清题目中提出了几个数学问题，还要教会孩子将所求得的答案带回到原题中去检验的检查能力。把孩子这两点学习习惯培养好，成绩肯定差不了。

　　…………

虽然学科不同，但是很多方法是相通的，这对我们的启发很大。一次汇报总结，更是一次难得的学习机会。在排练汇报阶段，我们各学科老师一起练，相互提建议：

汇报的时候，手不要总伸起来，重点部分用手指一下就可以，不然总是抬手放手的显得有些慌乱。注意表情，不要总是看屏幕，应该看着观众，有眼神的交流。

教学特色是咱们这块的重点，题目可以再重读突出一些，提示老师们要讲重要内容了。

　　…………

准备了一学期的汇报工作，终于要开始了。我们不仅结合数据、鲜活的事例向全校老师汇报了这一学期在教育教学、班级管理、特色活动、项目制等工作方面的开展情况与取得成绩，还结合了学生学段的年龄特点以及老师们自身的才能，在汇报形式上有所创新。那天，我们年级组的汇报精彩纷呈，亮点鲜明，得到了全校老师的称赞。

现在，年级组的老师们在完成本职工作的基础上，都会问问其他老师是否需要帮助，互帮互助的团队精神愈发体现出来了；教育教学上有难题，各科老师也会纷纷讨论，一起想办法解决，对工作更加尽心尽力、热情高涨了……

我想，这就是年级组部管理模式的积极作用吧！让老师们在跨学科的年级组中工作，增加了各个学科老师之间的交流和沟通，让老师们切身感受到年级组的温暖，体会到"只要民小团队在，一切困难不存在"。试问，身处在这样和谐、温暖、满满正能量的工作环境中，老师们怎能不快速提高？学校又怎能不飞速发展？

本文作者：廖祎

（语文老师、年级主任）

项目制模式助力教师成长 >>>>>>>>

项目制在企业的管理中运用最多，它是以项目的策划到实施的全过程为工作核心，以目标的实际完成情况作为考核内容，根据考核结果对项目负责人及项目团队予以评价和奖惩的一种管理模式。2018 年年初，学校创新地引入了这种模式，将其运用在教师培养上，让业务骨干教师有机会承担项目，并在项目中充分发挥协调、组织等职能，从而真正让业务骨干教师在一线工作中起到引领示范作用。项目制的运用取得了令人满意的效果，教师们也在这个模式的助力下，收获了成长。

接手项目，小试牛刀

我是一名语文老师，在平时的教学工作中经常带领学生排课本剧、开读书交流会，开展了一些阅读活动。学校领导得知后，希望我能把阅读活动推广到全校，让全校的老师和学生都受益。于是，我接到了人生中的第一个项目。我很兴奋，立刻撰写项目计划书，从学校图书馆的建设管理到学校阅读活动安排等一应俱全。马校长看到这份计划书，连连点头并鼓励我，想法不错，一定要让民族小学的学生和老师都读起来。

"阅读这件事，可不仅是你一个人的事，也不仅仅是语文老师的事。咱们民族小学的老师、学生都得参与进来。一个项目的实施完成光靠自己是完成不了的。你是项目负责人，要想办法调动学校的老师、家长，一起加入进来，共同合作完成这个项目。"

还要指挥家长和其他老师，特别是如何去管理、调动学校里的老教师，让我这个年轻教师，心里开始打鼓。

马校长看出了我心中的疑虑，便拿起一支签字笔，半开玩笑地对我说，这支笔就当是给我给的"尚方宝剑"，鼓励我大胆去干，他全力支持我。

听了马校长的话，我立刻信心百倍地投入阅读项目工作中去。首先组建了团队，成立项目组，邀请每个年级一位语文老师加入。在学校教师例会上，马校长宣布了阅读项目的成立，并特别强调了每天的午读和周四下午的阅读时间要专时专用，校领导会和我们项目组一起进行监督检查工作。这让我又吃了一颗"定心丸"，对阅读项目更加有信心了。

正式立项之后，根据项目计划，各项工作有条不紊地开展。每天午饭后都能看到班级里无论老师还是学生，都会手捧一本书认真地阅读，校园里的阅读之风开始影响每一个人。

项目深入，钻研书单

学校里的阅读风气算是真正营造起来了，阅读项目管理解决了让老师和学生开始读书的问题。但是随着项目的深入开展，新的问题不断展现。例如，解决了老师和学生"我要读"的问题后，最需要解决就是"读什么"的问题。市面上的图书鱼龙混杂，纷杂繁多，老师们也会根据自己的教学经验给大家推荐一些书目，但各年级的书单不统一，有时一些图书还会重复出现，指导性不强。显然需要一份更加符合学生、老师需求的科学的书单。于是，项目组便开始制作一份从一年级到六年级，包括精读书和选读书在内的优质书单。

我和另外 5 位老师进行了分工，每位老师参考各类推荐书单初选了一些适合本年级看的书。对于书单的制定，大家都非常谨慎，在茫茫书海中挑选哪本书、挑选哪个版本都会再三地推敲。有时定不下来，我们就亲自去书店一本本地比较、讨论。有的老师特意帮我们联系了在出版社或阅读机构工作的家长帮忙推荐图书，群策群力。学校领导也经常关注我们的进度和遇到的困难，还安排项目组的老师去听取专家的阅读讲座。书单制定的工作烦琐且过程漫长，项目组的老师们编了一首打油诗来激励自己。

定制书单不简单，六位老师齐忙活。

四份参考来对照，咨询接力奇想国。

线上线下三讨论，小禾悠贝帮纠错。

往返书店七八次，工作人员认识我。

主任每月都催稿，不敢草率只能拖。

统编出台指方向，一次讲座有突破。

深度逐年要提高，中外文史全包括。

书单一百八十本，师生共读有收获。

终于，4 个月之后，民族小学的书单夺目而出。这份书单包括 60 本精读书和 120 本选读书，每一本书都详细到书名、作者、推荐版本，并附上了封面图片。这样既方便家长购买，也方便教师统一进行阅读指导。

搭建舞台，展示成果

转眼，阅读项目运行已经两年有余。老师和孩子们经过两年的深度参与和认真阅读，收获巨大。他们已经不仅仅停留在读的层面，很多学生已经开始写诗歌、写散文……将阅读的成果进行了转化和输出。马校长在肯定阅读项目运行成果的同时，又提出了一个让我们为之振奋的建议：学生写了这么好的文章，一定要给他们展示的机会啊。你们可以组织学生作品朗诵会，做成校级展示活动，不仅展示学生作品，也展示一下老师的作品。

阅读项目组成立以来，经常开展年级性的阅读活动，但校级活动还是头一次开展，项目组的老师们备感压力。这时校领导、学科主任和全体语文老师共同参加了展示活动的筹备动员会，大家一起承担这项任务，让项目的运行获得了更多的力量和支持。

展示活动包括了民族小学作品集和汇报演出两部分。郭老师和孙老师牵头负责作品集，要从6个年级的学生、家长、老师的几千份作品中挑选优质稿件，并在不到一个月的时间内整理成书。几位老师的辛苦不言而喻。

汇报演出的总指挥是我，每个节目都由各班的语文老师负责排练，每次彩排结束都是我收到电话、微信最多的时候：

我们班这次哪个地方有问题，我带孩子们再练练。

戴戴的语气不到位，我回去辅导一下。

演出当天穿什么？我让孩子们提前准备好。

⋯⋯⋯⋯⋯

主持人王海云老师所在班级有位家长是专门从事演出服装租赁和化妆行业的，听说学校的汇报展示活动，便主动提出免费提供主持人服装和化妆。就这样，老师、家长、学生以及学校领导，帮助项目组化解了一个又一个问题。此时，马校长的话又回响在我耳边："光靠自己是完成不了的。你是项目负责人，要想办法调动学校的老师、家长一起加入进来，共同完成这个项目。"

作为民族小学的一分子，老师们全部自发地参与并竭尽所能。

正式演出的日子终于到来了。诗歌朗诵、情景剧、相声⋯⋯一个个精彩的原创节目引得台下观众掌声不断，不仅学生们喜欢，特邀的家长和外校老师也赞叹民族小学的孩子们写得好，演得更好，这场演出绝对是"春晚水平"。帷幕落下的一刻，我知道，所有的努力和辛苦都是值得的，项目制的意义也是在此，牵头、合作、共赢、分享、收获。

至今，阅读项目已经历时两年。这两年在领导的支持下，项目组的老师们一起完成了很多既有意义又有意思的事，同时也获得了一些成绩：

2018年5月，参加"季羡林读书小大使活动"，网络直播点击量总计180万次，荣获"最佳组织奖"。

2018年12月，在学区组织的"阅读争霸赛"中，由我带领3名五年级学生参赛，取得了冠军。

2018—2020年，连续两年被评为北京市"书香校园"，并有8个班被评为"书香班级"。

项目制给每一位业务骨干教师搭建了展示才华的舞台，激发了业务骨干教师的潜能。在项目制运行的具体过程中，负责人不断学习、反思和成长；在项目推动的过程中，涌现出了一批批优秀的项目和负责教师。例如，负责开展多学科融合主题实践项目组的于昊老师，负责开展学科教研项目的科技组团队的李艳红老师，还有负责青年教师硬笔书法练习项目的袁博老师……一个个项目在民小落地，生根，发芽，开花，无不基于民小这片肥沃的土壤。

本文作者：唐嘉媛

（语文老师）

一节课带动一个团队的成长 >>>>>>>>

在民族小学，流传着这样一句话——"只要民小团队在，一切困难不存在"，强大的团队是每一位老师迎接挑战、不断成长的力量源泉。拿语文团队来说，几年来，语文团队出色地完成了各项任务：多次在全国教学研讨会上做观摩课，在市、区的教学比赛中屡获佳绩……这都和学校倡导的"抓住一切机会练队伍"的理念分不开。

一位教师的背后是一个团队

每次承担教学基本功比赛或观摩课活动，我们认为不仅仅是承担授课任务的老师从中获得锻炼，更应该是团队整体提升的好机会。所以，不管是比赛还是观摩活动，我都会带领语文团队的老师们一起参与其中，在备课、研课的过程中，每一位老师在业务水平、工作态度、团队精神等方面都获得提升。

海淀区"世纪杯"教学大赛是含金量极高的赛事，因为要经过学区级、区级的层层选拔，可谓强手如林。我们民族小学教师队伍非常年轻，没有名师、没有市级骨干。选拔出参加"世纪杯"比赛的老师虽然有潜力，但是没有任何大赛经验。刚开始备课时感觉力不从心，无从下手。正在我们一筹莫展之时，马校长提出要组建备课"核心团队"的建议：队伍年轻是我们的劣势，单独比拼我们不一定赢。

但是我们可以依靠强大的团队！团队齐心协力来备赛，既可以弥补我们参赛教师年轻、没有经验的不足，又可以利用这次比赛的契机，促进团队业务素养的整体提升。

校长这番话真是点醒了我。是呀！除了我和参赛教师，还有那么多教师呢！我们同时发力，共同研究，成绩差不了。其他教师全程参与备赛的过程，不就是在提高成长吗?! 一节课可以带动一个团队共同成长！我一下就信心十足了。

参赛的亚婷老师特别肯钻研，是那种"不用扬鞭自奋蹄"的老师，对参赛机会特别珍惜，在备课、磨课的过程中精益求精，不怕吃苦。我自己长期在高年级任教，对低年级的教学还真没有太大把握，所以在组建备课核心团队时，除了召集经验丰富、业务能力强的老师，还把经常在低年级执教的老师和年轻的老师都吸收进来，集众家所长，教学相长。

备课核心团队的老师们帮助亚婷一起收集资料，完成单元分析、教材分析、学情分析等文案工作。因为老师们对文本的解读到位、对教学设计的理念熟悉，听试讲时就能发现亮点、找到问题。老师们很有心，随时把研究过程中的启发和收获应用到日常教学中，感受到了共同深入研究的甜头。

柴惠贤老师在参加海淀区骨干教师"世纪杯"风采展示活动中，曾深有感触地说："专家是海上的灯塔，而我们的备课核心团队就是船桨，团队里的每一个成员向着目标，团结一心，不断前行。"

助力柴老师备赛时，我们根据不同时期的工作重点，根据每个人的特长，随时转换队形，历经三次分工重组，组建了备课核心团队。

第一次是9月底，我们分成四组，每组由一名经验丰富的中年教师带着一名青年教师进行一个单元的分析，中年教师指明方向，青年教师吸纳和学习。

第二次是比赛课题抽签刚完毕，我们根据每位老师的特点进行分工：杨奕老师思维缜密，由她做纵向的教材梳理；陈坤老师经验丰富，负责最重要的教材分析等。

第三次，我们是根据老师的特长去分工：电脑水平高的老师制作课件，心细的老师去校对教学设计，等等。

每次分工各尽其能，拆解了工作的任务，大大减轻了参赛老师的负担，充分发挥核心团队老师的作用，同时也是在推动每个人的成长。

严就是爱，该"勒"的必须"勒"

每位上过公开课、参加过教学大赛的老师都会有这样的体会：每一节精彩的课堂教学背后都凝结了很多人的智慧，有很多人挥洒了泪水和汗水。一节好课的研磨需要思考、琢磨，还要反复试讲磨课，需要付出大量时间和精力！而学校的教学任务和班级管理工作不能不做，大量的备课是在晚上进行的。每天的工作时间是无限延长的，凌晨才休息是很正常的。

一个个灯火通明的夜晚，当别人卸去一身的疲劳享受休闲时光时，核心团队的老师们和参赛选手还在电话里讨论教学策略，不断修改、研磨教学设计，真是恨不得一天有48小时！

于昊老师在参加海淀区"世纪杯"比赛时，因为双胞胎儿子还小，在家没办法静心备课，晚上就找个咖啡店备课，凌晨两点在车上眯了三小时就算睡觉了，第二天接着战斗。那时最大的愿望是比赛完睡上三天。

看到老师这样，其实我们很心疼，但是，"不经历风雨，怎能见彩虹，没有人能随随便便成功"！这个时候，严就是爱！

亚婷老师在核心团队老师的帮助下，成功晋级到了区级比赛。区级比赛和学区比赛不同：学区比赛时是说课，而区级比赛要进行课堂教学。说课更多的是说对教材的理解，说设计的思路及设计意图，上课就要看老师与学生的互动及课堂上学生的生成。亚婷最大的问题是语气太平，缺少感染力。对于这么努力的老师，直言不讳地指出她的问题是需要勇气的，因为我怕伤到她。

马校长看出了我的犹豫，在一次总结汇报后，校长婉转地提醒我亚婷的不足。想到长痛不如短痛，我狠下心来，直截了当地对亚婷老师说："作为语文老师，你如果连自己都打动不了，拿什么打动学生呢?"她愣了愣，半天没说话，回过神来，并没有反驳我什么，而是一个劲地问我："练语气有什么好办法?"唉！哪有好办法，只有笨办法呀！

我带着团队的老师一起看她上课的录像，找问题；然后，团队的老师们扮演学生，你一言我一语地对课。有一次，面对我们"刁难"的回答，她不知所措，我有些急了，声音不由自主地大了起来。她吓了一跳，苦笑着安抚我说："姐姐，温柔点!"我这才发觉自己刚才过于严厉了。就在这样的磨砺和严格要求下，她不仅在语气、语调上有了飞跃，对课堂的驾驭能力也增强了，更重要的是培养了自信心。其他年轻老师也在这样磨砺的过程中，明白了课堂中教师语言表达的重要性，并在自己的课堂中不断磨炼提高。

现在年轻老师们的课，都是那么生动有趣，又不失沉稳大气。北京市基教研中心到学校进行视导时，老师们的课得到了市教研员的一致赞誉。一位参与听课的来自重庆的教研员追着青年老师要联系方式，想今后向他们请教。看着青年教师们的成长和自信，我非常欣慰。

作为一名教学干部，当年轻老师们熠熠闪光的时候，我就觉得骄傲，我为自己帮助年轻老师树立进取精神而骄傲。

经验可以汲取，关爱也可以传递

在我们的团队中，不仅青年教师在老教师身上汲取教学经验，老师之间的"和谐、关爱"也在传递、传承。大家知道我有甲亢，不能太累。每次去化验，大夫都说，别有太大压力。其实，比赛应该有很大压力，但是我却能轻装上阵，源于校领导的关爱。备赛"启航杯""世纪杯"期间，校领导们一看见我就说："别太累了，注意身体！语文团队很有战斗力啊！"

这鼓励的话语不仅给予我无穷力量，更是给老师们极大的信心。这种关爱是能够传递的，校领导给予我关爱与鼓励，我也会把这份关爱与鼓励传递给老师们。比如，于昊老师在参加比赛前很没有信心，我就经常鼓励他，并且还经常自我鼓励："咱们的教学设计绝了，鼓掌！"于是，团队里的掌声响起。

总这样鼓励，于昊老师的自信心就慢慢建立起来了。有了自信，就有了气场，课感出来了，水平自然就提高了！于昊老师在两次区级比赛中，都经过了层层选拔，最终获得区级特等奖。

这种关爱在团队中传递，廖祎老师参加"启航杯"比赛时，朱梁岩老师就帮助她看班、批改作业……第二年，朱梁岩老师参加比赛，廖祎老师也竭尽全力指导、配合她进行微格练习……民族小学的团队中，关爱在传递、在传承！

"只要民小团队在，一切困难不存在"，民族小学老师间的和谐、互助，形成巨大的合力。这巨大的力量，推动民族小学不断前进，走向卓越！

本文作者：王梅

（教学主任）

从这里"启航" >>>>>>>

这里，就是民族小学。这里，有民族小学教师团队。

在这里，我从初为人师、懵懵懂懂，到得到帮助，不断积淀，再到后来独挑大任，走向更高的讲台，实现一名合格教师的完美"启航"。常听到这样一句话："一个人能走多远，要看他与谁同行；一个人有多优秀，要看他由谁指点；一个人有多成功，要看他有谁相伴!"民小教师团队，就是我成长征程中的引航人和助推者。

这一切，都要从我刚入职不久参加的一次北京市"启航杯"新任教师基本功展示比赛说起。至今，浓缩在 15 分钟基本功展示中的点点滴滴，以及成就这 15 分钟展示背后的一切，都让我记忆犹新，永生难忘。

风里雨里，我都陪你

"风雨无阻，朝夕相伴；指明方向，艰难与共"——在"启航杯"比赛任务的准备阶段，王梅主任站在我的身边，用这 16 个字诠释了民小优秀教师及其团队的精神内涵。

王老师的主要工作都在南校区，而我则在北校区。为了指导我备课，她每天都要南北两个校区不停切换。除此之外，每周王老师还要陪同我前往海淀教师进修学校参加培训。早出晚归自不必说，艳阳高照、风雨交加也仍不能阻挡王老师陪伴我的脚步。说实话，作为一个刚入职的教师，面对北京市语文特级教师和各个专家，我根本就无法理解他们所讲的内容。虽然耳朵在认真地听，手里不停地记，可我的思路还是跟不上。每当这个时候，王老师总是耐心地安抚我，让我别着急，回去慢慢研究。

于是，无论多晚，王老师都会帮我把专家讲到的理论梳理出来，并转化成我能接受的语言，逐条讲解，一步一步地带着我备课。她为我架起了理论与实践的桥梁，让我在尽可能短的时间内掌握这些理论，并运用到我的课程实践中。无论是节假日还是个人休息时间，只要王老师对我所准备的竞赛课有了新的想法和思路，就会立刻与我沟通。当我们就某个问题的思考遇到了困难，停步不前时，王老师便会向专家和语文组的其他老师请教、求助。

"累了明天再弄""多喝水""早点儿休息，别熬太晚"……这是她对我说的最多的话。工作中不断地帮我出谋划策，生活上贴心地帮我解压。就是这样的王老师，即便自己身体不舒服，也要坚持指导我备课。这就是民小教师的样子，这就是民小的力量。我当以王老师为榜样，努力做一名这样的好老师。

滴水成海，团队给我力量

语文团队，给我力量。参加过第一届"启航杯"的廖祎老师成了我的"小老师"，她把自己的经验全部传授给我，给了我最专业的指导。"注意你的手势""说话语调要抑扬顿挫才行""课件的字号调整一下""文件拷贝到两个优盘上，多准备几根粉笔，教具装在袋子里，教学设计多印两份""穿的衣服熨烫整齐""我们再捋一遍"……就这样，小廖老师事无巨细、一遍又一遍地叮嘱我。从学校到团建的酒店，再到比赛的现场，一路走来给我很大的支持和帮助。

美术书法团队，帮我精益求精。针对低年级的识字课，图文结合的方式比较容易让孩子接受。可是在制作教具时，却难倒了我这个语文教师。这时，美术组的韩旭老师立刻响应我的求助，从设计、修改，直至最终制作出一个完美的提示牌，无论是备课还是看自习时，韩老师每次都二话不说，总会拿起笔尽快帮我修改完成。书法组李乐老师主动指导我的板书设计。有一次，我借用书法教室练课。树梢的"梢"字右边怎么写都写不好，李老师在办公之余，从字的结构到精细的小笔画一步步指导我书写。还有板书的整体设计，每一处细节都帮我力求完美。

年级组鼎力相助。参加比赛和班级管理对于我来说是个两难问题。说实话，我很担心参加比赛影响班级管理和两个班的教学工作。就在这时，学校领导和年级组雪中送炭，帮我化解困难。他们给予班级格外的关注，崔艳主任和陈红育主任随时都会到班里照看；班级管理和教学有贾锁云老师、汪红老师和我的师傅刘晓京老师以及年级其他老师的协助。他们的鼎力相助让我能够全身心地投入后期的备课当中。

站在巨人的肩上，飞得更高

如果说民族小学是个巨人，我便是那站在巨人肩上快速成长、即将启航的幸

幸福地播种——优秀教师的耕耘之路

运儿。民族小学有着 100 多年的历史根基，有着马校长带领学校教师"白手起家、艰苦创业"的奋斗历程，更有着如今先进的教育思想、深厚的育人理念、宽阔的发展平台、优秀的教师团队……这一切，都让我这个新任教师，在沃土中快速生根、发芽，茁壮成长。"和而不同，快乐成长"，让我知道了教育的真谛，兼容并包，和谐共长，给孩子快乐的童年；"做最好的自己，在我最好的方面"，让我明白了每一个孩子都有他独特的长处，教师的任务就要帮助孩子们找到闪光点，发扬光大；"像办大学一样办小校"，让孩子们见识多、眼界广，给孩子们包容和自由；"培养未来社会幸福的合格公民"，教育不只着眼于眼前，而要将孩子的一生的幸福生活作为教育目标……带着民小的这些精神财富，我能够更加深刻地理解课程和课堂教学，将这些融入课堂，15 分钟的展示顿时增添了光彩，生动了起来。

学校的人文关怀给了我坚定前行的力量。教学主任、任课教师、年级组，乃至学校领导团队都在倾力相助，像家人一样给我温暖。马校长的高站位引领，学校的高平台搭建，这些绝对是民族小学教师得天独厚的优势。背靠强大的团队支持，面临一切的困难都不再惧怕。就像我们老师常说的：

只要民小团队在，一切困难不存在。

自我成长，完美"启航"

打磨一节课不仅是打磨课的内容，更是磨炼人的意志品质。在"启航杯"之前的一段日子里，我的状态非常不好，时常从梦中惊醒，怀疑自己，否定自己。看到朋友圈里的同学们生活状态很好、工作也很顺利，我打心底里羡慕，久而久之变得很不自信，不愿意表达自己。后来甚至有了焦虑、抑郁症状。

直到复试临近，我依然状态低迷。但是经过这两个月的打磨，每天跟着王梅主任备课，每周要去进修学校找专家磨课，见的人多了，听到的建议多了，学习到的就更加丰富。一来二去自己也开始尝试用专家的视角去想这个问题，慢慢地学会了将自己的输入变成输出，也敢于表达自己了。同时，学校专门请来的专家为我们进行教学指导。就这样，在专家的引领和学校团队的反复打磨之下，我对自己的课有了不一样的认识。我有了自己的目标，学会了如何去备课、如何进行课堂教学……我把从专家和学校优秀教师身上学习到的知识转化成自己的课堂实践，在这个过程中教学能力也得到了提升。团队的关怀与帮助时时刻刻包围在我身边，这些都让我慢慢地恢复了自信，走出了困顿。

此外，我端正了做事的态度。教育教学是一件严谨的事情，每一个细节都会决定成败。从教学设计到说课再到微格展示，每个细节都要一丝不苟。教学设计的质量直接关系到这节课的水平，好的设计不仅仅是思路清晰，更重要的是文本的规范。标题的格式、标点的使用、语言精准，这些都体现了一名教师的治学严谨，体现了教学设计的高水平。

后来的比赛，一定是圆满完成的。我，也实现了自己教师生涯中一次重要的"启航"。民族小学，是我成长发展的根基；民族小学的教师团队，给我以成长发展的力量。

在这里，我会继续成长，向着目标，永不停歇；遇到困难，锲而不舍。

在这里，我将继续"启航"。

本文作者：朱梁岩

（语文老师、班主任）

第二章　对学生负责

爱是教育的起点，也是教育的终点。

教师的作用不仅是传道授业解惑，更重要的是要用爱感化学生，用心呵护学生，用人格魅力影响学生，塑造学生健全的人格。教师要因材施教，蹲下来从孩子的立场和角度去看问题，真正用爱心温暖他们的心灵。我们要宽容善待特殊的、犯了错的孩子，给予他们更多的耐心和爱心，给予他们正向的引领和帮助，教导他们做善良有爱的人。用爱育人，这是对生命的敬畏，对灵魂的尊重。

"启其蒙而引其趣"，教师要关注学生的生命感知，激发他们对学习的热爱与追求，给予他们人生以智慧的启迪。遵循规律，顺应自然，这就是教育的智慧！

每一位教师都是播种者，我们将一粒粒幸福的种子播种在学生心中，学生因今天的教育而在未来拥有幸福的人生，便是播种者最大的幸福！

第一节　倾注爱心　善待差异 >>>>>>>

学生的发展是存在差异的，我们应当尊重、理解、宽容、欣赏这种不同，努力创建和谐的课堂环境，让学生感受成长带给自己的快乐。

关注孩子一生的成长 >>>>>>>

"教孩子六年，要想孩子的六十年。合格的教师不仅仅要教眼前的书，更重要的是育未来的人。"这是学校一直以来秉承的理念。关注孩子一生的成长，是我们每一名教师所有工作的出发点。为孩子未来的成长奠基，是我们夯实眼前每一项教育工作的目标。

🦋 老师，我把字全写到格里了！

初见小梓，是一年级入学前的面试，当时恰巧我的笔掉到地上，还没等我站起来，他已经迅速跑过来帮我捡起，双手拿着放到桌子上，并且礼貌地说："老师，您的笔。"这个忽闪着一双大眼睛、彬彬有礼的小男孩给我留下了很深的印象。巧合的是，他分到了我的班上。

在课堂上，小梓时而睁大眼睛看着老师讲解，时而侧耳倾听同学发言，时而又凝眉深思……那认真劲儿，甭提多专注了。但是，开始书写的时候出现了问题，他的字总是越到田字格外。刚开始，我只是简单地认为是孩子练习书写不久，还不习惯，于是鼓励他可以慢一点写，努力把字写进田字格。孩子很认真地回去重写，但还是没有起色。一次、两次……我悄悄观察他写字，发现他的态度特别端正，每个字要认真观察范字好几次，而且写得不满意都要擦了重新写，可想，孩子交上来的作业不知是经过多少次的修改才呈现在我面前的。看着他甩着发酸的小手，我特别心疼："孩子，咱一个字看好了再写，慢一点儿，争取一次把它写好，好吗？"

我开始帮他想办法。

"老师，我怕写不好，多看几遍，有时候刚看完，又忘了怎么写了，所以总得看。"孩子有些懊恼，我也急在心里。我与家长沟通孩子的情况，家长告诉我，孩子在家写字也是这样，而且记性还不好，背诵、听写前边刚记住，一会儿就又忘了，他们也很头疼。

了解了孩子的情况，我也很迷惘：这么聪明懂事的孩子怎么会出现这样的问题呢？是孩子内心着急焦虑所引发的，还是有其他的原因？我开始翻阅专业书籍、上网查阅资料，终于发现小梓的情况跟他视觉记忆、空间和运动处理能力等不足有关。这种情况在儿童时期比较常见，后期随着大脑发育，大部分情况会缓解或消失。针对这种情况，可以从心身两方面进行调节，如有针对性的书写练习和书法鉴赏可以帮助自我纠正。

了解了这些信息，我便给小梓制定了特殊的作业：别的孩子写三个生字并各组一个词，他只需要写一个生字组一个词语就可以，但是要求一定要先观察记住这个字，或者记住其中的一部分再书写，不能看一笔写一笔。这样，作业量减少了，孩子的心理负担也减轻了，可以把更多的注意力放在观察字形、提高鉴赏能力和对字形的整体把握上。然后我又和家长沟通，在家里书写也按照这个要求进行，家长监督提醒。

每周三下午，全校有一小时的书法练习时间。我通常会选取优秀作品进行表扬。有一天，我正在寻找优秀作品，眼睛的余光发现小梓正在偷偷地看我。我意识到：像小梓这样字写得不好，但态度积极认真的孩子，也需要肯定和表扬。于是，我对全班同学说："今天，大家书写都很认真，所以老师准备从书写效果和书写态度两方面进行评价。不仅要表扬书写漂亮的同学，还要看看哪些同学在书写态度上能够成为同学们学习的小榜样。"

5分钟过去了，小梓依然腰板挺直，端端正正地坐在那里认真练习。我把他认真书写的样子拍照传到了家长群，当天晚上，他的家长就给我打电话："王老师，孩子今天特别兴奋，一回家就告诉我他今天被评为书写小榜样了！在家练字的兴趣非常高，该休息了还要再写几个字。"

经过一段时间的练习，小梓努力克服自己的心理障碍，字一点一点地在往格里跑。第二学期快结束的一天，小梓拿着作业本找我面批，还神秘地对我说："老师，您仔细看看我的作业，跟以前有什么不一样吗？"

我低下头，一个字一个字认真地判着，突然发现，今天的字没有一个出格的。

我欣喜地望着他："孩子，咱成功了！"

"是的，老师，我把字全写到格里了！"小梓高兴地跳了起来。

小梓的故事让我懂得，作为教育者，我们应该努力创设宽松的环境，准备更多的尺度，特别要注重评价学生在自己起点上的进步程度，甚至专门为特殊的学生量身定制一些特殊的尺度，让他们有更多的表现机会，获得属于他们的成功。

老师，我一定会按时完成作业的！

看到作业，大脑就"停止运转"，而一谈到别的事情大脑立刻恢复工作，这样的学生几乎每个班级里都会或多或少地存在。他们是需要老师特殊关照的，老师只有帮助他们改善这个问题，他们未来学习之路的障碍才会被扫除。

刚入学时，小徐并没有引起我特别的关注。他是班级足球队的一员，在一次足球训练之后，队员们有的主动帮着收拾器材，有的在家长提醒下去做，只有小徐一下子扑到了妈妈的怀里撒起娇来，妈妈也在一个劲儿地哄着，全然看不到其他孩子在忙着收拾。当时我就想：孩子有点娇惯，得找个机会和家长沟通下。

接下来，小徐出现了上课发呆、不写作业的现象。

"孩子，作业怎么没有完成呀？是不是有不会做的题？"他低着头不出声，我接着说："有什么困难和老师聊聊，看看老师能不能帮你解决。"

过了一会儿，他小声嘟哝了一句："就是不想写，太累了！"

听到孩子的话，我笑了笑，给他举了这样的例子：

孩子，如果老师不想上课，同学们就无法学习；医生不想看病，生病的人就会更痛苦；食堂师傅如果不想做饭，小朋友中午就得饿肚子；足球运动员不想踢足球，那就会输掉比赛……你看，每个人都有自己该做的事情，而不只是想做的事情。只有把该做的事情做好了，才有本事去做想做的事情。我们是小学生，做作业就是我们该做的事情，你说对不对呀？

"哎呀，我知道，可是写作业太累了，妈妈还总是唠叨，没意思。"孩子非常沮丧。

于是，我又尝试与家长沟通，家长也意识到以前太溺爱孩子了，现在要严格要求，但是孩子又听不进去了，为此爸爸和妈妈的夫妻关系还变得非常紧张。多次交流之后，我给了他们这样的建议：第一，对孩子的教育急不来，要循序渐进；

第二，孩子的生活陪伴、学习陪伴以及做家务，分工进行不互相干扰；第三，意见分歧时停止争论，更要避免在孩子面前争吵，冷静下来找到理由说服对方。

小徐的家长由于工作的原因，放学不能按时接孩子，只能把孩子放到托管班。但在托管班效率极低，作业都需要回家再做，每天弄到很晚，家长累，孩子烦。正好临近期末，我告诉家长，最近先别把孩子送到托管班，可以让他在学校，我来陪着他，慢慢培养孩子的自律能力。

小徐有一个优点，特别喜欢看书。开始的时候，我只是让他看看书，每天留下一点时间我们交流一下书里的内容。后来我让他用笔写一写自己的感受，写得精彩时会得到奖励。当他不那么讨厌写字的时候，我试着把作业分成几部分，让他一点一点地完成。开始是 5 分钟的任务，后来变成 10 分钟、15 分钟。在不知不觉中，他能很轻松地完成作业了。期末考试，语文得了 90 多分。他开心地一会儿看看自己的试卷，一会儿又看看同桌的试卷，再也不是以往发了作业就噘嘴、皱眉的样子。放学了，他看到妈妈的那一刻依然是扑到妈妈怀里，但这次是要告诉妈妈好消息。妈妈也没有像以往那样沉浸在对孩子的无限夸奖中。她笑着对小徐说："孩子，你现在应该对老师说点什么吧？""谢谢老师！我一定会按时完成作业的！"

这句话中，包含了孩子的感恩之心，更有他坚定承诺的决心。

我国著名教育家蔡元培先生曾说："教育者，养成人格之事业也；教育者，非为过去，非为现在，而专为将来。"民小教师做到的正是"教育专为将来"的事业，秉承这一点，我们义无反顾。

本文作者：王海云

（语文老师、班主任）

信任和期待的教育力量 >>>>>>>>

当学生犯错误时，教师应该如何面对和引导呢？是批评惩罚，还是耐心地给予期待和信任呢？不同的选择和做法，会将学生引向不同的方向。民族小学一直倡导教师要怀有一颗仁爱之心，面对犯错的孩子，少一些惩罚与批评，多一些引导与期待，让学生学会对自己的行为负责，学会自律。因为，对于小孩子来说，自尊心、自信心是一种巨大的自我教育力量。有了它，学生就能够自己教育自己。

二年级时，我的班上转来了一个胖乎乎、可爱的小男孩，名叫玖阳。他不善言辞，但是很爱读书。在班里，很少听到他说话、发言。作为班主任，我格外关注他，想办法让他融入班级，鼓励其他学生找他聊天。

但是，小玖阳常常请假，不是病假，就是事假，要不就是不打招呼，一天都不来。一周五天的课，他能请四天假。人们常说"三天打鱼两天晒网"，小玖阳是"一天打鱼四天晒网"。那段时间，我每天早晨都要做的一件事，就是给玖阳妈妈打电话，了解玖阳因为什么原因没有来学校。电话那头，玖阳妈妈总是对我表示歉意，但也总是有各种请假理由：

卢老师，玖阳昨天跟我出去参加活动，回来太晚了。今天他起不来床，我就想让他睡醒再说，所以今天就不去了！

玖阳今天有些发烧，我们请两天病假，给您添麻烦了！

⋯⋯⋯⋯⋯

自从转学来，因为玖阳按时来上学的次数太少了，所以就连担任我们班科任课的老师哪天见到了他，还要惊奇地问我："卢老师，这个学生叫什么？我怎么没有印象，完全没见过他呀！"

每当这个时候，我都哭笑不得，心里很不是滋味。看着可爱的孩子就这样被耽误了、荒废了，实在于心不忍。所以，我约了玖阳妈妈来聊聊，希望具体了解孩子的情况，并能建议玖阳妈妈让玖阳按时到校学习。

玖阳妈妈温文尔雅，有良好的修养，对孩子的未来也有一定的期望。由于玖阳从小身体弱，家里人都对孩子宠爱有加。孩子提出的任何要求，家长都不忍心拒绝。当提到孩子不能按时到校上课的事，妈妈也表示惭愧，觉得做得不对，并答应以后会再严格些，督促玖阳按时到校。

在妈妈的要求下，玖阳来的次数比以往多了，但仍然缺勤严重。遇到小测试，还处在未能达标的状态。

在变化不明显的情况下，我找到马校长，希望他能指点一下我，帮我找到教育的好方法。马校长了解情况后告诉我，对这个孩子，我们一定要负起教育的责任来。不仅仅要教育孩子，更要教育引导家长。马校长让我把玖阳妈妈约来，要亲自和她谈谈。

就这样，玖阳和妈妈在一天放学后来到了校长办公室。刚进到办公室，孩子和妈妈都有些紧张，担心校长会严厉地批评他们。母子二人拘谨地坐在沙发上，不敢抬头。可是马校长笑容可掬，并没有想象中的眉头紧锁。

马校长先了解了玖阳妈妈的家庭和工作情况，然后语重心长地说："您的家人对孩子未来的期望值还是挺高的。我了解到，玖阳这个孩子特别聪明，爱读书。好好培养，未来肯定错不了。小学阶段，培养良好的习惯是最重要的。孩子拥有了好习惯，未来的学习和生活才会更加轻松。现在，孩子不想来上课就请假，作业也不写，您想过未来怎么办了吗？"

玖阳妈妈不好意思地说："您说得太对了，学习习惯和学习的态度非常重要。但是，每当他早晨起不来床的时候，我就心疼，想着不去就不去吧！我心硬不起来。"

校长语重心长地继续说道："您一定希望孩子长大了能独立，能很好地适应这个社会，过得幸福。但是，如果想在未来的社会中立足，规则意识、与人交往的能力、自律的能力非常重要。孩子的未来必须依靠他自己。现在您是心疼孩子，可实际上是在害孩子。"

马校长没有单纯地批评孩子不来上学的事，而是一直关注孩子的长远发展。玖阳妈妈感动极了，表示一定会配合学校对孩子进行教育引导。

随后，马校长又和蔼亲切地和玖阳聊起了天："玖阳，你以后能早点起床吗？我建议你，前一天晚上早点睡，再给自己上个闹钟。这样，在保证足够睡眠的前提下，你早晨起床就会精神十足的，一天都充满力量。"

玖阳听到校长不仅没批评他，还这样关心他，给他出主意，感动地使劲点头，表示不再迟到了。

校长笑着鼓励道："好孩子，男子汉说到就得做到。我相信你！我也特别理解你，有的时候难免身体不舒服或确实起不来床。从现在到期末考试还有一个月，我允许你再有两次请假的机会！"

玖阳一听这话，都不敢相信自己的耳朵了。他没想到，校长竟然这么理解他，从他的角度考虑，还允许他再有两次请假的机会。

校长看出了他的惊讶，继续笑着说："但是，你要上课认真听讲，按时完成作业。期末时，我会向卢老师询问你的期末成绩，只要及格了，而且信守了咱们的承诺，我就在全校的结业式上给你发奖！"

玖阳感动地向马校长保证一定会努力，绝不让马校长失望。

我内心对校长无比钦佩，他慈爱的眼神、信任期待的话语，仿佛给予了孩子不竭的动力。面对问题，校长不是惩罚学生，而是培养学生对自己的行为负责，信守承诺。这就是教育的最高境界了！

从那天起，玖阳果然像变了一个人似的。他不再迟到，每天上课认真听讲，努力把每一项作业做好。有一天他发烧了，还依然坚持来到学校，因为他不想失信。我连哄带劝地才让他安心回家休息。

就这样，很快就到了期末。玖阳没再请过一次假，期末考试成绩也比以往进步了一大截。

马校长得知玖阳实现了自己当初的承诺无比欣慰，特地给玖阳准备了一张奖状和一份奖品。结业式上，校长专门为玖阳颁发了一个特别大奖，授予他"守信自律小榜样"的荣誉称号。

玖阳从未想过自己不但没有被批评，而且通过自己的努力还成了大家的小榜样。当校长向大家讲完他的故事后，玖阳伴着全校师生热烈的掌声走上了领奖台。从校长手里接过奖状和奖品后，他挺拔站好，向校长敬了一个大大的队礼。

站在台下的我感动得热泪盈眶。一个孩子因为校长和老师对他的信任与期待而彻底改变，这就是教育的巨大力量。

第二个学期开学后，玖阳更加积极上进了。中午时，他会主动跑到食堂给全班同学领酸奶。爱读书的他主动申请在学生讲堂时间给大家讲科技、讲历史。他学习的热情被彻底激活了，老师们都觉得玖阳就像变了一个人似的。

不仅如此，玖阳还利用假期，和妈妈到偏远贫困地区的学校与小朋友们交流。当得知小伙伴们没有书看，更没有图书馆，他用自己的压岁钱为小伙伴们建立一个小书吧。那里的小孩子们特别激动，由衷地感谢这位小朋友，并给书吧起名为"玖阳书吧"！

如今，玖阳马上就要毕业了。他对母校、对老师充满了眷恋与不舍。2020年新冠肺炎疫情，阻断了孩子们返校的步伐。玖阳妈妈告诉我，因为他家就在学校旁，站在阳台就能看到学校的全貌。玖阳总爱站在窗前，向学校望去，一望就是很久。有时，还忍不住走到校门口，向校园里凝望。他是多么盼望能早日返校啊！

2020年6月1日那天，北京市六年级的孩子终于可以返校上课了。玖阳妈妈哭笑不得地告诉我，玖阳激动地上了好几个闹钟。凌晨4点多就起床了，5点多就要背着书包往出走。妈妈劝了半天，早上6点多，他终于按捺不住激动的心情来到校门口等候。学校规定8点才能进校。玖阳就在门外等了将近2小时。可以返校那段时间，他永远是第一个到校的孩子。老师们都为此感叹，玖阳这个孩子真是爱学校。

毕业时，玖阳妈妈这样写道：

民族小学的老师就是孩子们人生中的光，用耐心和包容陪伴着玖阳度过了人生中最关键的六年。如果没有老师们的包容、期待与鼓励，我真无法想象现在的玖阳是否会如此乐观，如此阳光，如此自信、自律。未来，孩子终会因这份温暖的光让自己的人生更幸福，更完整！真心感恩民小，感恩老师们！

本文作者：卢丹

（数学老师、年级主任）

爱要让学生知道 >>>>>>>

选择教育行业的我们，肯定是对孩子们充满了爱，这点毋庸置疑。但是，我们真的懂得如何去爱孩子吗？教师爱孩子的方式有很多，如果方式不当，并不能让孩子们从中感受到爱，那教育肯定也是事倍功半，收效甚微。到底如何去爱孩子，才能走进孩子们的心灵，达成更好的教育成效呢？在民小这个大家庭里，我找到了答案。

2019年6月，我休完产假刚回到学校，当时我所在的年级有一个班在下学期没有合适的班主任，校领导打算安排我接任这个班的班主任兼英语教师。

"婷婷啊，我想请你帮个忙。你也知道这个班没有合适的班主任，我觉得你合适，你每天都笑容满满，孩子们肯定喜欢你，不知道你愿不愿意？"

"我没问题，只是……"

听到这个消息的时候，我内心又喜又忧。喜的是，学校安排我接班，是对我的肯定与欣赏；忧的是，听说这班的学生比较淘气。校领导可能看出了我的担忧。

"没关系，你要对自己有信心，我觉得你肯定能带好。而且咱们有那么多优秀的教师，有什么问题，你尽管找他们帮忙。"校长哈哈大笑。

我长舒一口气，也暗自下决心要带好这个班。

刚接手这个班时，班里的一个女生引起了我的注意。这个女生叫彤彤，身材高高大大的，很有"大姐大"的范儿，可是看得出来班里的孩子都不喜欢她。刚开学没多久，她就跟别人发生了好几次矛盾，甚至还顶撞任课老师；上课也心不在焉，从来都是低头忙活自己的事情。每位任课老师提到她都是连声叹息。通过向之前教过她的老师了解，我才知道，彤彤的父母在她很小的时候就离婚了，并且各自重新组建了家庭，她现在和年迈的姥爷生活在一起，只有周末才能见到自己的妈妈。通过观察，我发现，彤彤非常缺少安全感，也不知道如何正确地和同学相处，经常跟同学说不了几句话就发生口角甚至动手。了解了情况之后，我就一直琢磨如何帮助这个孩子。

有一次，我正在上课，彤彤突然大叫了一句："你干吗，别烦我！""怎么回事？"我面露愠色。

接下来，同学们七嘴八舌地说了起来。"王老师，您别搭理她，她就这样。""王老师，您别生气，她就喜欢跟同学吵架，以前还敢跟老师顶嘴呢！"……

看到彤彤低下了头，我制止了正在议论的同学，继续将话题引到了课本中。

下课后，我将彤彤请到了办公室中。她显得有点局促不安，手放在裤子口袋旁，不停地动来动去。我给她搬了一个小凳子，示意她坐下，让她说说上课时发生了什么事。

"没事儿，王老师，就是李华总是招惹我，我实在受不了了。"她低着头说。

"哦，这样啊！如果他总是打扰你上课，你确实该说。但是咱们下次注意点场合！回头我也提醒一下李华。对了，彤彤，我这周五请你妈妈来学校一趟，咱们一起谈谈你的学习，好吗？"我轻轻拍了拍她的肩膀。

"我妈怀孕了，她不会来的。"她突然哽咽了。

"怎么了？彤彤，有什么不开心的事儿吗？如果你愿意，可以跟老师说说。"我给她递了一张纸巾。

　　她一边擦眼泪，一边将自己家庭的情况一五一十地说了出来。

　　"孩子，你要知道你是妈妈怀胎十月遭受了很大的痛苦生出来的，你是她身上掉下来的一块肉啊！王老师也是妈妈，特别懂妈妈对孩子的感情。你放心，妈妈绝不会因为又有宝宝了，而减少对你的爱。妈妈很爱你。"我动容地说道。

　　她似懂非懂地点点头。

　　我们班有一面心愿墙，孩子们可以用便利贴写上自己的心愿贴在墙上。有一天放学后，我去看了看孩子们的心愿。孩子们的心愿可真是多种多样、五花八门啊！就在这时候，我在角落里看到了一行小小的字："我想让妈妈来陪我一个月。"我心里一颤，眼睛有点发酸，我知道这是彤彤写的，彤彤的妈妈住在离学校几十公里远的地方，平时很少能来看彤彤，而且她现在怀有身孕，对彤彤的关注自然也就少了很多。我想自己得赶快跟彤彤的妈妈聊一聊，帮助彤彤实现这个心愿。

　　从那以后，我经常跟彤彤的妈妈在电话里沟通，也竭力邀请她来学校。终于在一个周五，彤彤的妈妈过来了。在我和她聊天的时候，彤彤来了。

　　"王老师，我肚子疼。"她抱着肚子，眉头紧皱。

　　"怎么了，彤彤？要不要去医院？"彤彤的妈妈急切地问道。

　　"彤彤妈妈，您在这里坐一会儿，我跟彤彤说句话。"我微笑地说道。

　　我把彤彤拉出了办公室，挤眉弄眼地说道："小样儿，装的吧？想提前跟妈妈走是不是？"

　　"王老师，您也太神了！那您答应不？"她可怜巴巴地拉着我的衣角。

　　"当然了，我给你保密，不过以后有什么心事、不高兴的事，都要跟我说，我永远都会帮助你的！你答应不？"

　　"好嘞！没问题，王老师万岁！"

　　我张开双臂，给了她一个大大的拥抱。那次，她笑了，笑得那么开心！

　　从那以后，彤彤跟换了一个人似的，课堂上不再做小动作，而是坐得端端正正地听讲，时不时还会举手发言。虽然有时候也会走神，但只要我多看她一会儿，她就会立刻回过神。虽然偶尔跟同学也会发生一些小矛盾，但每次都会自己先承认错误。班里同学都觉得彤彤变化很大；在期末总评时，还给她评了进步奖。领奖时，彤彤眼睛里闪着泪花，给大家深深地鞠了一个躬。

我能感受到这孩子现在真正把我当作了知心姐姐，有什么开心或者不开心的事情都喜欢跟我分享，性格也变得开朗了很多。我想正是感受到了我的爱，彤彤才会有如此大的转变吧！

　　马校长说过，"教育的成功与否在于教育者能否走进孩子们的心灵"，走进孩子们心灵的大前提就是让孩子们感受到教师的爱。让学生感受到爱的第一点就是尊重和倾听。教师应该给予孩子无条件的尊重。马斯洛的需要层次理论将人的需要分为了五个层次，即生理需要、安全需要、归属与爱的需要、尊重的需要和自我实现的需要。每个人都有获得尊重的需要，尊重的需要包括自尊以及他人的尊重。尊重孩子，赋予他们价值感，这样他们才愿意打开心扉，愿意畅所欲言地沟通。在跟孩子沟通时，教师更应该扮演一个倾听者的角色。认真去倾听孩子的心声，给予孩子机会表达自己的感受，才能了解孩子的心理特点，深入走进孩子的心灵，理解他们的精神世界。孩子的心灵之窗被打开后，与教师的精神距离也会越来越近。让孩子感受到爱的第二点就是要会换位思考，设身处地为孩子着想，急孩子所急，想孩子所想。孩子将自己的所思所想告诉教师后，教师一定要给予回应，无论是言语上的回应还是行动上的回应，都能让孩子真切感受到教师的爱。第三点是学会用欣赏的眼光看待孩子。每一个孩子都有自身的闪光点，教师应善于发现并挖掘每个孩子的闪光点，并给予孩子机会和展示的平台。民族小学特别善于给孩子提供展示的平台。小到孩子们每节课课前五分钟的演讲，大到校级、区级乃至全国的竞赛与展示，老师们都极力做到民族小学校训里说的那样，让孩子们"做最好的我，在我最好的方面"！

　　孩子的眼里能分辨出真诚与敷衍。所以，爱他们，我们必须是认真的。用一颗真心去对待孩子，用一颗心去碰撞另一颗心，让孩子切身感受到我们的爱，我们的教育会更有魔力！

本文作者：王婷婷

（英语老师）

赏识学生， 给予其不断前进的动力 >>>>>>>

2019 年我荣幸地加入民小教师团队，在学校"和而不同，快乐成长"的理念影响下，我更深地领悟到：学生的发展是存在差异的，我们应当尊重、理解、宽容、欣赏这种不同，努力创建一种和谐的课堂环境，让学生感受成长带给自己的快乐。因此，我在教育教学的工作中，结合学生的不同发展需求，给予他们赏识与鼓励，让孩子们眼里有光，心中有梦！

亲其师，信其道——信任是赏识的前提

作为六年级语文老师的我，初次走进新班的教室，同学们向我投来了新奇的目光。经过简单的自我介绍后，同学们都对我有了进一步的了解。而我也诚挚地邀请大家来说一说。

"同学们，我们每个人的姓名都寄托着父母的美好愿望，谁愿意来给大家说一说，让老师和大家了解你更多一分？"

这时，小马同学勇敢地举手，大方地走向了讲台，自信满满地说道："家父姓马，祖籍甘肃，愿我牢记自己为马姓甘肃之根。另外，父母也期待我为人严肃，做事扎实，所以为我起了这个名。"

听到这里，台下的同学们露出了惊异的神情，朝夕相处五年，还是第一次听到小马这样义正词严地介绍自己，也不禁对他名字的美好寓意感到好奇。

"同学们，大家都知道小马是甘肃人吗？小马，你的父母真是用心良苦，也希望你能够不负所望。走到哪里都不忘故乡，做一个重情重义的人。看，小马介绍得多好，还表达出了双层的内涵，其他同学谁愿意也来说说？"

小马的嘴角浮起了一丝骄傲的微笑，看得出他十分满意刚才的表现。

有了小马的前阵，许多同学都来了兴致，觉得这是个有趣的话题，也就陆陆续续地介绍了起来。

"'四月维夏，六月徂暑'，这是《诗经》里的诗句，因为我出生在四月，所以我叫作维夏。"

"'立我烝民，莫匪尔极'，我的父母对我的期望很高，他们希望我安定天下百

姓，无人不受恩赏，所以我的名字是立我。"

"古语有云：修身齐家治国平天下。爸爸妈妈希望我能够先修身齐家，所以我叫修齐。"

随着同学的讲述，我就将对应的文字板书在了黑板上，请他们带着同学们读一读，大家仿佛重新认识般快乐。

在这样轻松愉快的学习氛围里，学生的主动性得以发挥，真正成了课堂的主人。老师给予学生的平等尊重，使学生建立了自信，个性特长得以施展。同伴安静的倾听、老师细致的点拨，也促成了学生的精彩绽放。在这样彼此信任，坦诚交流的互动中，学生们的潜能会如雨后春笋一般长势喜人。

春风化雨，润物无声——关爱是赏识的灵魂

有了这次交流的良好基础，我们在语文课堂上便不再生疏。在学习《故宫博物院》这篇课文时，我安排同学们为家人设计参观路线图，小组推荐出优秀作品，展示给全班同学看。小组合作的环节，每个组都围成一团，口若悬河地交流，以推举出最具代表性的作品。唯有小马所在的这一组，居然争吵了起来，两个同学的声音越喊越大，把其他同学的目光都吸引了过去。

我急忙叫停了小组合作，安抚着两个同学回到了座位。耐心询问后得知，两位同学的设计都很出彩，组员们从内容的丰富、经历的补充和介绍的顺序考虑，推举了小越进行展示，而小马同学却并不让步，最终两位同学产生了争吵。

听后，我真是哭笑不得。我征求同学们的意见，可否增加一个展示机会，同学们大方地同意了。可是小马一边高举着右手，一边默默地流泪，无论我怎么邀请他发言，他都保持着不动。这无声的抗议，竟持续了一节课。我心里明白小马觉得伤了自尊心，他在用举手向老师和同学们宣告他渴望展示的决心，用眼泪表达蒙受委屈的痛苦。

课下，我主动找到了小马，看他的情绪并未平复，就转移着话题跟他聊起了喜欢的作家。他一开始爱答不理的样子，情绪还是无法调整。但当我列出几位著名的作家后，他斩钉截铁地选择了鲁迅。我好奇地问小马为什么喜欢鲁迅，他眼里还闪烁着泪光："我觉得鲁迅是一位战士！"

我接着询问他是否知道鲁迅经历了什么。小马将他知道的知识一一罗列给我：

"家道中落、遭人冷眼、日本求学、弃医从文、发表小说、民主战士……"

"是啊，小马，你也是一个有梦想的年轻人！在你成长的过程中，还会像鲁迅一样经历许多的磨难，怎么能够轻言放弃呢？老师希望你敢于做出改变，让自己成熟起来。"

此时，我看到小马的状态平静了许多。我再次诚挚地邀请他，把为家人设计的故宫博物院参观路线图录成视频展现给大家。他犹豫了一会儿，终于同意了。第二天，我和同学们看到了视频中身穿长衫，手拿扇子，犹如说书先生的小马，他一边介绍着故宫悠久的历史知识，一边手指着路线图说明位置，一边风趣地指引着家人游览的方向。播放结束，同学们响起了热烈的掌声，这是对他精彩表现的肯定，也是对他突破自我的祝贺。

在教育学生的时候，老师一定要明确方向，教学成绩固然重要，但是学生的心灵成长更重要。在学生的成长经历波折的时刻，老师要尝试走进他的内心世界，给予他正面的引导和激励，帮助他重新建立起奋发向上的动力。在老师和同学们真诚的关爱中，相信他终能与自己和解，重新找回出发时的方向，信心满满地迈上崭新的前程。

精诚所至，金石为开——期待是赏识的动力

在此后的日子里，小马同学与我不仅在课堂互动中多了许多默契，在习作的交流中也不乏佳作产生。每周，小马同学都会认真完成我布置的小练笔，后面还会惊喜地附一份诗词古文。当读到"《浣溪沙·某日随笔》'时常不忆清山水，不知何年何月泪，只见萝花梁上飞。长阳古城金龙在，不是曾年一露台，难道杏坛从不来？'"我感受着他情感的起伏变化，真诚地点评道："清新的文笔，细腻的情感。小马，你的诗词里满是对物是人非的慨叹，又饱含了对世事变迁的疑惑。"

当读到《长阳图题诗》"一轮金戈三五日，北望赤马艮道驰。君心无语奸臣话，前路走过不旺时。天新西建反面位，阿伦戴尔幕唐非。江南又望晋阳府，安西不伴靖南宅。国公无权季子渝，周王不倒成都驹。千年未变京师里，崇和一定驾乾坤"，我沉浸在他诗文的传奇世界里，认真地写下评语："小马，你的诗文豪迈悲凉，义重情深，展现了复杂的矛盾冲突，宣泄了壮志未酬的悲愤。"

无论何时发下习作，小马总是第一时间打开，品读着我的评语，与我心灵对话。在这一次次无声的激励中，他对习作的热情越发强烈。学校"一枝一叶总关情"的征文投稿活动中，我总能收到他一篇篇的原创作品。语文课梳理阅读方法，他又即兴创作打油诗语惊四座。口语交际课上的辩论，他也提前写好辩论稿找我把关。

小说这一单元的结束课上，我向同学们发出了倡议——可以尝试创作小说。

"老师，我们班的云熙一直在写，电子版都有两千字了，我真的读过。"

"老师，雨麟也在写，他的太爷爷是老红军，他写的可是真人真事！"

听了同学们的介绍，我真是喜出望外："咱们班真是卧虎藏龙啊，笔耕不辍定有收获的！学过了小说单元的知识，相信同学们朝着专业作家的目标又迈进了一步。加油，我和同学们都很期待看到你的佳作哦！"

下课后，我留意到小马一脸的落寞。是啊，班级里强手如林，小说又非他擅长的。一切皆在不言中，我尝试着启发他："小马，星空不会因为一颗星星的存在而流光溢彩，也不会因为一颗星星的缺席就黯然失色。你就是你，与众不同，独一无二，想一想，你的作品怎样以书的形式呈现呢？"

"我写的文章，没有小说那么长，除非……"

"对，想到了就去做，需要帮助，随时找我。"

我们心照不宣的约定，令小马的作品得以全新亮相。毕业典礼后，我收到了小马发来的短消息，他终于印制了自己的诗歌集，并包装成礼物托人带给我，我的心中充溢着欣喜与感动。小马，真的好似一匹千里马，一直守望着属于他的伯乐，祝福他今后前程似锦，才华尽展。

我手写我心，小马的进步和飞跃，令我们都很惊讶！所以，老师要努力放大学生的长处，做他崭新道路上的陪伴者，倾听、激励和鼓舞。同时不断提出新的期望，引领他走向特长发展，获得成功的体验，享受身心的愉悦，实现自身独特的存在价值。

赏识教育是生命的教育、爱的教育。它充满了人情味，充满了生命力。无论学生有着怎样的个性差异和发展需求，他们的本性都有一点是共通的、普遍的，那就是他们强烈希望得到他人的尊重、鼓励和赞美。只要我们能够真正赏识学生，给予他们不断前进的动力，那么学生心灵的苗圃就会阳光明媚，春色满园，学生

个性的幼苗就会一派生机，苗壮成长！

本文作者：郭晓华

（语文老师、班主任）

因材施教，"他"的变化上了焦点访谈 >>>>>>>

每个学生都有不同的成长环境，入小学后，要在同一个班级里学会和同学友好相处，慢慢适应新的集体生活，这需要一个过程。当我们遇到一个这样的孩子：新入学不久，几乎打遍全班同学，不会和同学相处，遇到问题不知怎样解决，无法融入集体，我们该怎样帮助他成长呢？

民族小学教师誓词中写道：对学生负责，倾注爱心，善待差异。作为教育工作者，我们要给"每一粒小种子"提供最适合的土壤、空气、阳光和水分，让他们有机会长成最好的自己。

2017 年 9 月，我担任一年级班主任。开学不久的一天，我的班"炸锅了"，一个孩子慌慌张张地跑到办公室带着哭腔对我说："李老师，您快去班级吧，咱班已经开始'大战'啦！"

啊，刚入学才几天的"小豆包"，谁有这么大的能耐，居然挑起"大战"？我一边想着，一边安慰着这个快要哭的小姑娘。

来到教室，我被眼前的场景惊呆了。胆小的孩子躲到一边，小源同学拿着空餐盘挥舞着，盘里的饭菜已经撒在了地上，他的小脸涨得通红，嘴里不停地喊着："谁都不能欺负我！"

他的身边站着一个叫佳程的男生，看到我来了，赶快跑过来告诉我，小源打饭回座位时，不按着班级的约定从教室前面公共通道走，非要从他座位后面挤过去。他没同意，小源就打人，还把餐盘里的食物都撒在地上了。

接着，同学们七嘴八舌地说着小源的不是，多数同学都说被小源打过。我先让孩子们回到自己的座位坐好，并安排两名同学打扫地面的食物，接着走向小源平静地问他心里的想法。

孩子委屈地告诉我：他不想和同学打架，打完饭回座位时想从佳程座位后面过去，因为穿过佳程的座位就到他的座位了，特别近，所以没从教室前边再绕路，佳程就是不让他过，才动手的。

"你有没有想过老师为什么让同学走公共通道？什么是班级约定？你从佳程座位那儿走有可能会出现什么样的问题？"我严肃地对他说。

孩子沉默了一会儿小声说："同学们按着要求走不会互相撞到，打饭更安全。从同学座位后面挤会影响到同学，同学也不会同意。"

"同学们打饭时按着要求的路线走是班级的约定，大家都应该遵守，你只想着自己方便了，考虑到同学的感受了吗？如果你和佳程换位想想，你会同意吗？"看到小家伙在那儿摇头，我接着问他，这件事该怎么解决合适，孩子看着我一脸茫然。我告诉他没遵守班级约定并且还动手是不对的，要向同学道歉。

接着，我了解了刚才同学们反映的小源打人的事，开学不到一个月，几乎全班同学都被他打过，从教二十多年的我还是第一次遇到这样的孩子。这是怎么回事呢？了解原因后，我分析造成这种情况主要有两个原因：一是小源顽皮，有时跑、跳不小心碰到同学，同学以为小源故意打他们；另一个原因是小源想和同学玩，直接用自己喜欢的方式"骑大马""开火车"等方式和同学玩，同学不接受，致使同学认为小源打他们。我冷静地理清这些原因，思考着面对这样的孩子怎么办。目前几乎全班同学都不喜欢他，不愿和他玩。于是，我决定先帮着小源解决他在班级里所面对的困境。

小源面对几乎全班同学都在"告状"，有的同学甚至在说讨厌他时，呆呆地站在那里，并不知自己错在哪里，迷茫的眼神中透着无助。我走近小源，俯下身子，有些心疼地摸摸他的头，语重心长地对他说："李老师知道你想和同学玩，知道你碰到同学不是故意的，但是你的这些行为已经伤害到同学了，同学很不喜欢，你应该向同学道歉，得到大家的原谅，同学才会接受和帮助你，对吗？"

孩子点点头，于是一一向同学道歉。接着，我告诉小源及全班同学，当自己不小心碰到同学时，一定要立刻向同学道歉，并关心同学是否有事；当自己想用喜欢的方式和同学玩时，要先和同学商量，征求同学的同意再玩。每个人要学会换位思考。

看着那些"告状"的孩子有的在点头，有的小嘴嘟囔着似乎不愿接受小源，我接着说："我们班是一个温暖的大家庭，李老师爱你们每一个人，希望你们和睦相处。每个人都会犯错，都是在犯错中不断成长的。当你犯错的时候是希望得到同学的原谅、帮助，还是孤立、不理你呀？"

此时，全班孩子毫不犹豫地都回答：希望得到原谅！我告诉孩子们，小源也和大家一样，希望得到同学的原谅，他不是故意碰到对方的，但是他不知道怎样做。小源想用自己喜欢的方式和每一个同学玩，他以为大家也会喜欢，可没想到伤害到大家了，他心里肯定很内疚，希望得到同学们的原谅与帮助。随后，我问孩子们是否愿意原谅小源，帮助他改变。孩子们异口同声地表示愿意。

小源看看我和同学，泪水已夺眶而出。

让孩子学会道歉，学会理解，学会宽容，学会帮助。小源从原来的孤立无援，到被全班同学原谅接受；从同学们不喜欢他，到全班同学愿意伸出热情的手帮助他，改变他。

解决了孩子所面临的班级处境后，我想起小源妈妈曾经说过的话："李老师，我家孩子今天没有被同学欺负吧？"

孩子的成长环境是怎样的？他的家长为什么会问这样的话？我要走进孩子的家庭，了解孩子的成长环境。马校长常说，家校配合，才能帮助孩子更好更快地成长。

经过家访，我了解到：小源得到家长的百般疼爱，甚至有些溺爱。爸爸和妈妈疼爱的方式不同，对孩子在某些方面的教育不一致时就当着孩子面争吵，致使孩子有时不知所措。针对这些情况我耐心地和家长沟通其中的害处：爸妈意见不一，孩子会感到茫然，不知怎样做，这对孩子一点好处都没有。而且爸妈争吵对孩子成长不利，家长的不和睦会让孩子感到因为自己才致使爸妈争吵，孩子不安的情绪会愈发严重。所以，在教育孩子有分歧时，当着孩子的面一定要一致，不同意见两人私下再沟通，达成一致。

为了让他们放心，孩子在学校不会被同学欺负，我还表明：我们班是一个团结友爱的大家庭，孩子进入新集体需要慢慢适应，快速融入集体，多为集体做事，关心同学，热爱班级。家长不应该担心孩子在集体里受到别人的欺负，而应该关心孩子在集体里帮助同学了吗，今天和小朋友相处愉快吗，为集体做事了吗。家长逐渐改变关注点，孩子才能更快融入集体，快乐成长。

家长认同了我的说法，决定回家后慢慢改变对孩子的教育。

我们都知道想让一个孩子改变，这要有一个过程，其间需要老师的耐心、集体的爱心和家校共同的合作。小源在这样一个有爱的集体中慢慢成长，慢慢改变。当他不是故意碰到同学时，他会向同学道歉，并关心同学；有时，小源想和同学玩，他会和同学商量，沟通后再愉快玩耍。

有一天早上，小源带了一大袋子面巾纸走到我跟前对我说："李老师，昨天佳程在课间鼻子流血，用了教室里好多纸，我想咱班肯定缺面巾纸了，我今天带来这袋纸给班级同学用，用完我再带。"

有一次，一名同学因课外班上课，放学做不了值日，小源主动帮忙。还有一次我嗓子沙哑，第二天小源给我带了润喉片……看着眼前这个淘气、善良、细心的小家伙，我心里有说不出的感动。

2019年7月，学校向各班征集孩子成长中的典型素材，小源的成长故事被央视记者看中，就这样他的故事登上了焦点访谈。我、小源和家长一起讲述了孩子的成长经历，孩子和家长特别感动于这个温暖的班级，感动于老师同学对孩子的包容与帮助。镜头中，我们班的孩子都跟记者阿姨说，小源进步可大了，大家都愿意跟他做朋友。这次上镜的经历让小源更加阳光、自信了，也更加激励了小源不断进步！

2020年，因疫情的影响，孩子们只能居家学习，白天小源自己在家既要上网课完成作业，还要照顾几乎瘫痪在床的爷爷。孩子在自己的学期小结中写道：

在这个特殊的学期里，李老师知道了我自己在家，经常给我打电话，帮助我消除自己在家的寂寞和无助。我非常期待周二的线上小组讨论，因为在讨论中我非常活跃地跟大家聊天，同学们也都很关心我。我在一个友爱的班级里，感觉非常温暖……

现在的小源热爱集体，关心他人，变得更懂事、更独立，作为班主任我备感欣慰！

每个孩子都是不一样的，都有各自的小问题，更有不同的闪光点，老师一定要因材施教。对于像小源这样的孩子，一定不能孤立。老师要用满满的爱温暖他们，用足够的耐心引导他们；对于他们过分的调皮，可以用班规约束他们的不当行为，用集体的力量改变他们。在这样的环境中，像小源这样的孩子一定会健康快乐地成长！

本文作者：李丽

（语文老师、班主任）

你是那颗独特的星 >>>>>>>

在民族小学，所有的孩子，"和而不同，快乐成长"。他们每一个人都是老师心目中一颗光亮的星，各有各的光芒。而你，是那颗独特的星，光芒四溢，照亮了我，照亮了我的教育之路。

老师，你讨厌！

这天，放学铃声响起，我像往常一样准备组织学生放学。突然，路路对我大喊道："老师，你讨厌！"

我霎时间被这句话惊到了。我并没有批评路路，也没有做任何举动，他为什么会突然说这样一句话？我努力镇静自己，把他叫到身边。路路看着我，放下手中的书，站了起来。他像个不倒翁似的踮着脚尖，手指着我的书架，嘴里说着："那里！"说着便走过来要翻动我的书架。

"你要找什么呢？"

他不作答，自顾自地要翻动我身后的书架。

"你把卷子给我！"他指着我的胸口说。

"你要什么卷子？"

"我要我的补考卷子！你把它给我。"他一边说一边拉着我的手不放，并且一个劲儿地把我往教室拽。

原来，他是要拿回那张练习卷。因为他错过了我们约定的时间，所以没有拿到第二次补考的卷子。这天放学他突然旧事重提，要求我必须把试卷给他。他嘴里不停地喊着："老师你不给我卷子。"路路的情绪非常激动，根本听不进去我的劝解，最后只能通过与他的家长进行沟通来解决。

在班里，路路是个执着、刻板、稍微有点教条的孩子。我只能通过讲道理、就事论事地摆事实进行沟通。往往双方都会陷入据理力争的紧张局面。久而久之，我和路路的关系非常僵。在我眼中，他处处都有问题，卫生、吃饭、上课、看书……都做不好。同学吃饭，他看书，同学看书，他吃饭，总是和同学们的步调不一致。而在他眼中，我处处为难他，就连多一份试卷都不愿意给他。

我心里明白，必须重视并立即解决与路路沟通的问题，否则会对孩子产生极其不好的影响。但是，该怎么做呢？

老师，我们一起读书

人们常说"亲其师，信其道"。要想让学生愿意信服老师的话，老师就应该主动亲近他。当教师与孩子的内心真正亲近了，教师的教导，孩子自然而然就愿意听了。可是他奇怪的举动——像个不倒翁、重复别人的话、偶发性大声吼叫等不守规矩的行为，这些都让我必须对他"另眼相看"。他似乎也感觉到了我的感受，所以总是说"老师，讨厌""老师讨厌我"。要想解决问题，必须要知道根源。父母是孩子的第一责任人，所以我从父母入手进行深入沟通。第一次和路路爸爸聊孩子的在校表现，当我问到孩子在家的表现时，路路爸爸说有时候比这个严重。我再追问原因时，他显然不愿意回答。第一次约谈，以失败告终。不久，我展开了第二次约谈。这次趁着妈妈来接孩子的时候，我和孩子妈妈聊。但是她支支吾吾，一脸尴尬的微笑，也回避了问题。又经过多次交流之后，爸爸终于说出了真正的原因：孩子是阿斯伯格倾向性人格，他读不懂人的表情，没有规矩意识。他没有身体界限，会攻击他人，也会抱住他人。他的父母对此也深感无助。

得知孩子的情况后我立刻查阅资料。"自我中心、行为幼稚、刻板固执、不善交流、聪明奇怪"是有据可查的，专业人士的建议是：对于阿斯伯格综合征孩子的问题行为，应该区别对待。于是，经过不断的学习和思考，我开始尝试着对他的教育方式做出调整和改变，决定不再用同一把尺子去要求他。

路路是个爱看书的孩子。无论何时何地，只要有书他就能安静下来。经过多次观察发现，他喜欢在午读时间坐在同学的旁边一起看书。有的时候他会找同一个人，有的时候他会找自己感兴趣的书。总之，不管什么时候他都喜欢自己的旁边有人。所以每次的午读时间，只要我在班里，都会和他坐在一起读书。刚开始，他对于这件事情没什么反应，后来他在阅读过程中开始关注我的感受，会确定我已经读完了再翻页。久而久之，他愿意把自己喜欢的书主动分享给我，还会跟我讲他在书中看到的内容。就这样，书成了我们俩的好朋友。

老师，我今天多少分？

路路的规则意识很差。他经常会在楼道内奔跑并大叫，会莫名地站在讲台上说"星球爆战"的故事，还会把脚伸到过道并且脱掉鞋子。面对这些扰乱课堂，而且可能出现危险的行为，我邀请路路爸爸和路路一起坐下来，协商讨论如何慢慢改正。最后，我们商量决定，家校同步对每天的日常表现通过评分奖励进行约束。每天的日常表现满分为 100 分，由本人自评、同学监督、老师反馈、家长回家奖罚组成。我把路路的每日得分写在他的记事本上，详细记录扣分的理由或是值得肯定的地方。他会把记事本给父母看，并相应地在积分板上做记录。经过一段时间的坚持，路路每天放学前总会问我："老师，我今天多少分？"

"自己说一下表现。"我会反问他。

"在楼道大喊一次，扣分……"他转动着眼睛仔细地回想，"总共 90 分吧？"

"今天收拾书本很快，卫生也收拾干净了，加 2 分，92 分。"

"谢谢老师!"

一听这话，他高兴极了，冲我鞠了一躬，便连忙去站队。

他喜欢画画，画得到处都是。他的课桌上、书的空白处，甚至黑板上都有他的画作。通过与妈妈聊天，得知路路从小就喜欢"涂鸦"，家里的墙壁都是他的"画布"。于是，我就送给路路一个素描本，专门让他来画自己的作品。有一天，他把自己的"画册"给我看。我们俩一起讨论，给他的每幅作品都起了个名字，并写了下来。回到家里，路路兴奋地把画本拿给妈妈看。妈妈非常感动，也愿意更加积极地配合我的工作。

虽然都是点滴小事，但对于我来说，是我对教育的理解逐步深入，是我作为一名教师的逐步成长。我改变自己对路路的态度和教育方法，发现了他的善良纯真，发现了他的坦诚正直。他虽然有时候还会大喊大叫，但一定是事出有因。等他冷静下来后，会把事情的始末讲清楚，包括是他先动手打人的以及打在了什么位置等，他都不隐瞒。在事实面前，他不会只说利己的话。这是属于路路独特的光芒，照亮了我，照亮了班级里的同学们，也照亮了他自己。

老师是最棒的人！

有一天课间休息，他走到我身边，慢慢靠近我，对我说："老师是这个世界上最好的人。"

我很是惊喜，就问他为什么这么说。

他很严肃地说："我们都不是一个姓的，你还要管我，教我。无缘无故的，谁会这样做呢？"

听完他说的这番话，我内心无限感慨，激动地把他抱在怀里，并学着他每天对我说的："来，抱抱。"

现在，他总会靠近我说："老师是最棒的人！不会打人，不会骂人，就这样教我。"

每天放学，他还如往常一样，走到我的身边说："朱老师，抱抱！"

现在的我，真切地感受到，教育是一项必须充满爱的事业，必须要发自内心地爱孩子，这样才可以走进孩子的内心。路路是我心中一颗独特的星星，他用他独特的光芒告诉我，他会爱，懂爱，也需要爱。

著名的语文特级教师于漪老师说过："对待孩子应当丹心一片，是全心全意，还是半心半意，还是三心二意，学生心中一清二楚，没有爱就没有教育，只有把真爱播撒到学生的心中，学生心中才有老师的位置。"

作为一名教师，我们都需要认真思考教育的根本问题：培养什么样的人、怎样培养人。我们要清楚地认识到教育是对人进行培养，而人与人之间是存在差异的，所以在教育的过程当中我们应当关注到每一颗星星独特的光芒，善待差异，因材施教。

本文作者：朱梁岩

（语文老师、班主任）

社团是有温度的"家" >>>>>>>

社团不能仅仅是学生长本领、训练技能的地方，更应该是他们心驰神往的团队，是一个有凝聚力、有爱、有温度的"家"。所以，教师不能把着眼点仅放在对学生的技术训练上，更要倾注爱心，将心与心贴得更近，让学生以及家长都获得归属感，形成团队意识。未来的路，我们才能走得更坚定有力、走得更远。

2011年刚刚毕业的我，带着对教师职业的无限憧憬来到了民族小学。我对一切工作都充满了期待与好奇。除了上体育课，我还想充分利用自己的专业特长，建立一支健美操社团。学校对此非常支持，给予了场地与时间的支持。面对这一全新开设的社团，我的经验还不足，但是凭着满腔的热情，我便全心全意投入社团组建的工作中来。经过招募选拔、组建团队，很快就开展起了专项训练。

记得有一次，我们体育组的李老师在观看了训练后，问我社团有什么规划和想法。我认真地思考了一会儿，说："我觉得练习健美操对孩子们的基础体育课是一个很好的补充，可以调动孩子们的积极性，丰富他们的锻炼形式。我今后想在授课内容和形式上多下功夫，让那些对健美操感兴趣的孩子们掌握更多的健美操技能！"

李老师拍了拍我的肩膀给予我鼓励，但又给我提了建议："在社团里，孩子们因为相同的兴趣聚在一起，训练很苦，怎么让这么小的孩子坚持下来？除了兴趣外，咱们还要付出更多的关心和热情，让孩子们喜欢你，喜欢来训练，与家长成为朋友！"

李老师的话给了我很大启发。我一直是用体育课堂教学的思路来管理社团，忽略了学生社团工作在师生感情维系、家校交流互动上的重要作用。

的确，在平时的社团训练中，不会受到40分钟授课时间的限制，也少了一些课堂上的拘谨，大家围绕着共同的兴趣爱好可以更有效、更直接地相互学习、相互交流。同时，与学校的体育课相比，家长们的参与度更高。训练都是在放学后，家长们在接孩子时可以走进校园，清楚地看到孩子们的每一点进步，也有机会和我面对面地交流。社团活动为老师、学生、家长搭建了一个稳定的互动平台！

后来，我改变了社团工作的管理思路，在做好健美操基本教学与练习的基础上，时刻注意抓住每一个与学生和家长深度交流、增进情感的机会，把工作做得有温度，让孩子们把社团当作他们一下课就迫不及待想要来的"家"。

我每周都会开展一节开放课，家长们可以在旁边全程观看训练，我在休息时间，随时可以与家长交流。孩子们学习训练之后，我会鼓励孩子们上传自己的练习视频，并一一进行点评、鼓励。学生们对健美操的学习热情得到了极大的提高。

"康老师，这是我的分解动作视频，您看看有没有什么注意和改进的地方！"

"洋洋的动作太标准了，我一直对着你的视频练习呢！"

"我觉得你的面部表情和仪态可以再加强一下，康老师说过，自信的小姑娘更好看！"

…………

大家经常就这样你一言我一语地讨论着，训练热情高涨。

随着和孩子们的接触增多，我慢慢地熟悉了每个学生的特点和习惯，有的孩子比较内向，平时沉默寡言，我就主动地和他们多接触，多交流，积极地鼓励他们表达想法，展示自己；有的孩子基本功较好，但总是急于表现个人，忽略了健美操的团队协调与配合，我就在充分肯定他们自身优点的同时，通过聊天讲故事的形式给他们提出建议，帮着他们逐步建立团结协作的意识；还有的孩子理解能力很强，但身体的协调性不够，我就单独和他们联系，充分利用课后的时间进行一对一的针对性指导，帮他们加强练习，掌握动作要领。

在社团训练的过程中，我不再把他们简单地当作授课对象，而是把他们看成自己的"小"朋友。每次训练结束，我都会让大家围坐在一起，一边拉伸放松，一边聊天，偶尔我还会拿出提前准备好的饮料和小零食，用这样的方式消除孩子们训练的疲惫。我喜欢笑，所以孩子们特别愿意跟我聊天，说我就像个大姐姐。有的孩子和我分享她遇到的开心事儿，有的孩子和我诉说最近碰上的烦恼。

在这个温暖的大家庭里，训练内容不再枯燥，孩子们的嘴边时常挂着微笑，大家把彼此的爱转化为了锻炼的动力。每次90分钟的训练结束，孩子们都是依依不舍地离开体育馆。在这里有辛勤的汗水，也有愉悦的欢笑，很多时候我们不再是简单的师生关系，更多地像朋友一样，互相关心、互相帮助，其乐融融。到了周末，我们经常相约一起，去公园野餐，去郊外爬山，去奥森公园跑步……

通过学生，我和家长们也逐渐拉近了距离，相互信任，相互配合，为了孩子们的健康成长，共同努力。

一次，我组织健美操社团的学生参加区级小学生健美操比赛。临近比赛的时候，我得了重感冒，头晕眼花，实在无法工作。可是比赛的日子眼看就要到了，我虽然心急如焚，但却只能在家躺着，没有力气开展准备工作。没想到，在得知消息后，孩子们和家长纷纷行动了起来，一方面不断关心我的病情，安慰我好好休养，另一方面迅速开始了准备工作。

"康老师您放心，有我们呢！"

"康老师您好好养病，我们几个家长已经商量好了，参赛的准备工作肯定顺利完成！"

孩子们也发来了语音：

"康老师，您放心，我们肯定好好表现，把我们训练时最好的状态表现出来！"

"康老师，您这段时间带我们训练太辛苦啦，您放心，我们会努力的！"

…………

看着微信群里大家的留言和讨论，我早已泪如泉涌。那天，孩子们格外懂事，不用爸爸妈妈操一点心。家长们也特别给力，晓洁的妈妈仔细核对每件服装的尺码和颜色；雪晴的妈妈早早准备好了化妆品，与其他几位家长在比赛当天为孩子们化上了最美的妆容；爸爸们更是齐心协力，做好后勤保障工作，有的研究行程路线，有的准备了专业摄影器材，还有的提前买好了早餐和水……

那天，孩子们圆满完成了比赛任务。赛后，大家第一时间与病床上的我视频连线，分享着比赛的经历和喜悦。看着孩子们的笑脸，听着他们叽叽喳喳报告好消息，我强忍着眼泪，除了感动、感谢，竟再也找不出其他的词语。

有了爱、有了"家"的温暖，社团中的你我他就会拧成一股绳，迎难而上、勇于担当。老师即使再辛苦，体味到的都是甜甜的味道。

本文作者：康琳娜

（教学副主任）

孩子犯错了　怒火中烧还是冷静引导？ >>>>>>>

教师要有一颗宽容的心，允许学生犯错，给他们成长的空间。这颗宽容的心中一定要盛满对学生真挚的爱，而这爱需要让学生感受得到。当学生行为不当时，要有这样的教育智慧：动恼，不如动脑；表现出好的性情，更有益于孕育教育与成长的机缘。到底应该怎么做，才能让学生感受到老师的爱呢？我在民族小学找到了答案。

2019 年 9 月，我和班里 42 名天真无邪的孩子一起走进了民族小学。工作不到一个月，我遇到了一个大难题，班里出现了一颗"不定时炸弹"。正正，一个性格腼腆的男孩子，酷爱看书，平时不太与老师、同学交流。可是，但凡其他同学不小心碰到了他，或是起身时碰到他的桌椅，他的情绪就仿佛突然爆炸一般，异常激动，甚至还会动手推打同学。

作为班主任，我一次次地告诉正正："动手打人是不对的，有问题可以说出来解决，不然大家都会不喜欢你。"正正的父母对孩子行为习惯的培养非常重视，了解孩子在班里的激动行为后，他们也积极配合我的工作，在家里通过表扬、奖励的方法，正面引导孩子和班里的每个同学友好相处。每次犯错后，正正也会保证不再有下一次。然而，现实中同样的状况还在反复上演，连任课老师也都发愁。作为班主任的我，很是着急。

这时，周雪莲老师了解到正正的情况后，主动来找我和我一起分析，给我提出建议，帮我找寻解决办法。

"小郭啊，即使他的做法有错，也不要一味地批评指责。"

"周老师，正正在班里这么蛮横，如果我不批评他，其他学生一定会效仿的，到时候班级纪律就更差了！"

"学生犯了错，咱们老师一定不能急，首先心态要从容，要学会倾听，给学生留出改正错误的时间，给学生留出自我教育的时间。"

然后，周老师给我讲了发生在她班里的一件事：一次体育课，一个小女孩在校园的树坑里小便。周老师得知后便把她叫到身边了解情况。原来上课的时候，二楼女厕有后勤叔叔在做清洁，小女孩实在憋不住了，就在树坑里小便了。周老

师听后，首先表扬了小女孩有性别意识，知道自我保护。然后，又和小女孩一起探讨：要是在野外或者没有卫生间的地方，这种方式完全没有问题，但是学校是所有小朋友读书学习的公共场合，选择这样的方式就不太合适了。所以，下次再遇到这种情况，可以换种解决办法，比如说去一层女厕所，或者告诉老师或者同学，帮忙想想办法。小女孩听完周老师的话，先前紧张的心情放松了，开心地说知道以后该怎么做了，还保证以后一定不会在树坑里小便了。

周老师的做法，从关爱、理解学生的角度出发，不仅保护了学生的自尊心，还使学生意识到解决问题的方法有很多，要学会用最合适的方法解决问题。这个案例引起了我的反思，在对待正正的问题上，我是不是缺乏耐心、急于求成？是不是应该找个机会倾听孩子内心的想法？答案是肯定的。我应该向周老师学习，对待学生的错误不要着急，多站在学生的角度考虑问题，用爱和宽容孕育教育与成长的机缘。

一天中午，我和学生们在教室安静地午读，正正突然大喊起来，说前面的女同学碰了他的桌子。同时，右手高高举起，小拳头紧紧攥着，嘴里喘着粗气，冲着他前面的女生示威。

周围的学生也乱了起来，七嘴八舌地叫着，说正正要打人了！我一边让大家先安静下来，一边快步走到正正面前，用手轻轻握住他的小拳头，拍了拍他的手背，温柔地看着他，并没有说话。没一会儿，他慢慢平静下来，低下了头。

我依然拉着正正的小手，站在他身旁，问前面的女生刚才是怎么回事儿。这时，我感到手中的小手动了动。

原来，坐在正正前面的女生弯腰捡橡皮的时候，挪动了自己的椅子，正好撞到了正正的桌子。

我问正正，并晃了晃他的小手。他点点头，没有说话。我告诉正正，女同学不小心碰到了他的桌子，并没有伤害他。然后问他，为什么这么生气啊。

正正没有说话，依然低着头。我向其他孩子比了个噤声的手势，耐心地等着他的回答。或许是周围的安静让正正感到奇怪，他偷偷看了我一眼，脸有些红了。

"正正，你能告诉老师，为什么要对同学挥起小拳头吗？"我又轻声问了一遍。

突然，正正哭出声来，委屈地说道："他们总是在我桌子旁走来走去，吵得我不能好好看书，还总是弄歪我摆好的桌子。太过分啦！"

"原来，是有同学打扰到了正正看书。大家是不是应该多考虑考虑他人，在不影响他人的前提下做自己的事儿呢？如果是故意影响他人的话，那就更不应该了。"我的表情严肃起来。这时，有几个孩子不好意思地低下了头。

接下来，我问正正，有人打扰他看书肯定是错误的，但动手打同学，这样的行为对不对呢？正正看着我，摇了摇头。

"就像班级公约里说的，沟通是一种解决问题的方法。有同学做了让你不舒服的事情，你有没有告诉他不要这样做？"

"我说了，可他们还这样，太烦了，我才……"正正着急地说。

"打人是解决不了问题的，反而会让大家误会你。你自己解决不了的问题，可以找老师帮忙啊，对不对？"

正正点点头，主动拉住我的手，说："以后我不打他们了，我会告诉他们别来吵我，要是不听就告诉老师。"

"好，老师一定帮助你。可是，你之前的行为伤害了大家，该怎么办呢？"我看着正正，认真地说。

正正赶忙鞠躬向同学们赔礼道歉，同学们原谅了他。

这时，我又走到教室前面，告诉全班同学，以后遇到问题，都可以来找老师，老师很高兴帮助大家。同时，老师也希望同学之间都能成为朋友，互相帮助，团结友爱。孩子们都高兴地鼓掌表示同意。

看着露出笑脸的正正，我心中的大石落地了，顿时轻松了很多。课后，我拨通了家长的电话，把刚才的情况与家长进行了沟通。家长非常感激，同时也表示会与孩子多多沟通，多站在孩子的角度考虑问题。

从那以后，正正喜欢亲近我了，每天总要和我说说自己的心里话。他的性格也变得活泼开朗了，上课时积极举手回答问题，下课还会和同学分享他的阅读收获，好多同学都很佩服他。虽然偶尔还会有一些小摩擦，但他开始学着和对方讲道理，如果自己做错了就会主动道歉。这对正正来说，是很大的进步。

正正的故事，让我深刻地感受到，学生会发生这样积极的改变，正是因为他感受了老师对他的关爱与理解，老师在用爱去倾听他的内心，用宽容去守候他的成长。湖北特级教师左昌伦先生在《教育是一种生命关怀》一书中写道：教育绝不是一种简单的技术行为，而是一种深切的生命关怀。这种关怀，既是对学生自然生命的关怀，也是对学生精神生命的关怀。

这一点正与我们学校的办学理念相契合。我们不但要做有思想的学校，更要做有温度的教育、有爱的教育。爱可以化解一切，爱可以融化孩子心中所有的坚冰。我想，未来的为师之路，因为有爱，将会是一条充满鸟语花香、和风细雨的光明之路。

本文作者：郭宏婧

（语文老师、班主任）

陪伴学生在"家"中成长 >>>>>>>

教室，不仅是学生学习的地方，更是学生生活的一片空间。正如苏霍姆林斯基所说："我们的教育应当使每一面墙都会说话。"对教室进行布置和美化，使其成为无声的教育资源，感染学生，熏陶学生，让教室真正成为学生的学习乐园、温馨港湾、幸福家园。

2018年秋天，我担任一年级班主任。当时，学校提出建议：一年级的孩子年龄尚小，面对陌生环境容易焦虑甚至害怕。一年级的老师一定要关注孩子的身心，给他们创造一个温馨的环境，让孩子们坐在教室里就像在家一样，充满温暖与安全感。

大家都喜欢家的整洁、温馨，家里有沙发、有茶几，有书架、有玩具，可是教室里只有讲桌座椅，外加几面空荡荡的墙壁，到底怎样才能做到把班级布置得像"家"一样呢？我百思不得其解，索性漫步在校园里，呼吸一下新鲜空气寻找灵感。

美丽的校园我的家

初秋的校园，环境异常美丽。凉风微起，树叶开始变得金黄。银杏树的黄叶，一片片飘舞，慢慢地落到地上。操场边的石榴树上，挂满了又大又红的石榴，像一个个小灯笼一样。远处的葡廊边，海棠结出了一个个小果子，一眼望去，红彤彤的一片，煞是好看！颗颗石榴，点点海棠，丝丝金黄，将校园点缀得多么美丽啊！

和乐壁上，"和而不同，快乐成长"八个字刚劲有力，给每一个进入校园的人以奋发而安定的力量；七彩乐园旁边，同笼的鸡兔总是能吸引孩子们的无限兴趣；踏入教学楼，楼梯上一步一景，或者是"静以修身，俭以养德"等名人话语，或者是学生的一幅幅充满创意的作品，拐角处的"三气精神"更是无时无刻不滋养着过往的人……

温馨而不失进取，自由而不失典雅，校园环境是这么的优美、舒心，何不从学校里吸取灵感来设计和布置教室呢？墙壁、门、黑板报、书架……平凡的事物，只要倾注了爱心，精心构思，教室就能变得整洁、温馨、和谐，成为孩子们"家"一样的存在。

一间明亮整洁的教室

教室的整体环境每时每刻都在影响着学生，把教室收拾得干净、明亮、整洁，这是关键的第一步。

我们的教室在一楼，由于窗外树木的遮挡，看上去阴沉沉的。经历了一个假期，地面积了一层厚厚的灰尘，一张张桌子也不光亮了。开学前几天，我全副武装，准备全天清扫教室。我先把桌子摆放整齐，拿起扫帚清扫地面。然后抹桌子，抹好桌子后，将新书整齐地放在每个课桌的左上角。做好这些工作，我开始打造细节：摆放桌椅，整理书架。我还在黑板上写上"欢迎同学们"几个大字，用几朵美丽的小花点缀着，非常漂亮。明亮、整洁的教室里，一排排整齐的桌椅，一本本崭新的书本，它们似乎欢笑着，等待着孩子们迈进一年级的大门。

看着教室由旧貌换上新颜，变得宽敞、整洁，我的心里美滋滋的。都说良好的开端是成功的一半，这样的劳作虽辛苦，却很有价值。

我的教室我设计

慢慢地，孩子们开始适应学校生活，他们在教室里学习、玩耍、吃饭、阅读，教室已经成了他们最熟悉、最安心的地方。前门上贴着"入室即静，入座即学"的标语，教室内的墙壁上张贴着孩子们的书法绘画等精彩作品，窗台上也摆着一盆

盆茂密的绿植。但是环顾教室，还是觉得似乎缺少了什么。到底是少了什么呢？

开学不久，学校发起了制作"班旗代表我的心"活动，我才恍然大悟，原来班旗、班徽、班级口号，这些才是一个班级的核心啊！它代表着独属于这个班级的文化。

之前我带"小蜜蜂班"的时候，以蜜蜂为班旗元素，寓意勤奋，采得百花方能酿蜜甜；带"小蚂蚁班"的时候，则是以团结一致为班级口号，班旗的设计凸显团结起来力量大……如果依照往常，这次的班旗设计我就会自己出个设计稿，找美术老师指导一下，就确定下来了。但是这一次，我想让孩子们来主导班旗的设计，由他们来装点我们的教室。

周五的班会课上，我走进教室，和孩子们宣布了班旗设计的事。果不其然，孩子们的反应异常踊跃。

"老师，我想把班徽设计成手拉手的样子！"小然迫不及待地说。

"我觉得设计成火炬也行啊，星星火炬、代代相传嘛！"安安举手说。

…………

孩子们你一言我一语，你一个创意我一个想法，说得不亦乐乎。因此，我把这项任务布置成周末作业，让孩子们用画笔设计想象中的班徽，说出蕴含的寓意，然后在班级里进行投票。经过孩子们一系列的投票和讨论，同同设计的班旗获得了大家的一致赞赏：一棵欣欣向荣的小树，在向着阳光苗壮成长，象征着朝气蓬勃的孩子们。茂密的树冠上，一只小手紧密相牵，寓意着孩子们团结一致、奋发向上。

就这样，在班级后墙上最中间的位置，张贴上孩子们共同涂色制作的班旗。每次孩子们经过，都会投去喜悦的目光，教室里的氛围也更加团结而温馨了。

班级就是我的家

开学已经两个多月了。一天早上，我刚踏进教室，嘉嘉就兴奋地跑过来跟我说："老师，今天是我的生日。我想邀请同学们和我一起过生日！"我心中一愣：是啊，在小学阶段的第一个生日，如果能有同学们和自己一起度过，那一定非常难忘！既然班级就是我的家，何不在教室里一起庆祝呢？当天，我就联系了嘉嘉妈妈和其他几位家长志愿者，共同商量这件事。

"老师，不如我们每隔一段时间就给孩子们集中过生日吧！"

"是啊，在班集体的大家庭中过生日，这样美好的回忆，孩子们一定很喜欢！"

"我们还可以在教室里布置一面生日墙，这样孩子们就能看到彼此的生日了。"

"这个主意好，就这样决定了！"

说干就干！放学后，好几位家长志愿者留了下来。他们有的用气球和拉花布置教室，有的打印同学们的姓名签和生日牌，还有的用彩纸剪了叶子和枝干的造型。不一会儿，一棵漂亮的生日树就制作完成了。粗壮的枝干上写着班级的名字，12 根枝条代表着 12 个月，上面挂着孩子们的生日卡。

"祝你生日快乐，祝你生日快乐……"

班级的第一次生日会在欢声笑语中进行。黑板上是大大的祝福，墙壁上是美美的生日树，还有老师们祝贺的话语和同学们一声声真诚的祝福，如潺潺的流水倾入心田，给人带来温暖，带来幸福。

孩子们在教室里学习、生活、成长，让教室里的每一面墙都会说话，每一处细节都透着温馨与舒适，不断地陶冶学生的心灵。愿积极向上、温馨和睦的教室像一本无字的书，像一位良师益友，滋润着每一位学生健康、苗壮地成长！

本文作者：王晓佳

（语文老师、班主任）

第二节　激发兴趣　启迪智慧 >>>>>>>>

引导学生从"学会"转变到"会学"，激活学生的思维、启迪智慧，提升人格比教他们多少知识更重要。

善于"示弱"　给学生更多的机会 >>>>>>>

陶行知先生说，教师"要教你的学生教你怎样去教他。如果你不肯向你的学生虚心请教，你便不知道他的环境，不知道他的能力，不知道他的需要；那么，你

有天大的本事也不能教导他"。教师和学生之间需要良好的师生关系，教师要看到学生身上的潜力，并引导他们最大化地施展自己的才能。那么如何让孩子得到更多的锻炼，收获更多的成长呢？教师如何为学生提供更广阔的平台、更多的机会？在实际工作中，如何优化自己的工作模式呢？在马校长讲述的这个故事里，我找到了答案。

一棵树的启示

夏日的操场围墙边，一排法桐树郁郁葱葱，树冠上洒满了金色的阳光，宽阔的树叶在微风中轻盈地摇曳。孩子们欢乐地追逐嬉戏，悠闲自在地聊天讨论……这是他们最高兴、最放松、最自在的时刻。美丽的校园和可爱的孩子们构成了一幅美丽的画卷。

关于这些法桐树，马校长给我们讲了这样一个故事。前几年进行绿化围墙的时候，学校移栽了这些法桐树。这些小树当时都是一样的生长状态，2 米多高，直径三四厘米。年复一年，小树苗慢慢地长大了，现在一看，竟都有十几米高，直径也有 20 多厘米了。可唯独有一棵树，不但没长高，上半截反而枯死了，和其他树的生长情况完全不一样。

马校长问大家，为什么偏偏只有这棵树和其他的树不一样？老师们都开始琢磨，分析起影响小树生长的原因，"是照顾的原因吗?""是不是水分不足?""会不会是这棵树有蛀虫，所以才影响生长了?"大家从这棵小树身上分析着原因，但似乎都不是那个正确的答案。

"不是咱们学校工人师傅照顾的原因，我们都是一样地在照顾每一棵树，也和这棵小树自身没有关系。如果你仔细观察，就会发现在墙外还有一棵大树，这棵大树就像一把大伞一样罩在这棵小树上面，这棵小树根本得不到阳光雨露的滋润。也就是说，它被过度地'呵护'了，自己没有条件，更没有能力长大。"

听完马校长的话，老师们恍然大悟。原来这棵小树长得不好，不是因为照顾得太少，而是被照顾得太多！

"这个故事有没有给大家什么启示？想想我们的日常工作，大树就是我们老师自己，这个小树就像孩子一样，我们想让孩子进步，那是否给了他们足够的空间去施展，去展示？

"大家都知道，在家里，如果家长帮孩子把任何事都安排好，衣来伸手饭来张口，那就会影响孩子的自理能力，以为是对孩子好，其实是影响了他们获得独立生活的能力。"

"校长，我明白您的意思了。做老师也要给学生机会，向学生示弱，有时候如果对学生们说出'老师不擅长这个，你来试试'这样的话，或许更能激发他们承担责任的动力呢！"

"你说的很对，在学校里，我们做老师的也要学会示弱，不做给孩子遮风挡雨的大伞，让他们自己去经历，自己去感受，这样才是真的为了他们好。"

马校长的一席话让我联想到了日常生活和教育教学中的种种误区，心中顿时豁然开朗。

是啊！我们都知道在平时生活中，过多的呵护会导致孩子过分的依赖，生活能力差。孩子就是个小树，我们希望他早日长大，能够承担更大的责任，就要给他自主生长的合适环境和土壤。作为老师，要学会示弱。孔子说："三人行，必有我师焉。"即使是小学阶段的孩子，身上的闪光点也有值得老师学习的地方。比如，在我们学校里，有的孩子小小年纪就已经接触编程，成为计算机方面的小专家，还有早早通过乐器十级考试的音乐达人，更有擅长各种体育运动的小行家。

这些都值得老师去学习，去请教。

创新教育模式，让学生做班级的主人

过去，老师是班级内唯一的大家长，班里的每一件事都要插手，事无巨细，甚至连黑板报和班级文化也都自己承包了。班里经常听到"今天该哪一组值日了""这位同学，快去帮忙把咱班黑板擦干净"这样的话。老师不停地催促、代办，学生没有树立主人翁意识，缺乏积极性和主动性，能力发展也有限。但现在，老师们都在主动探索新的教育模式、教育方法。班级内开始尝试项目制的管理方法，根据学生的特长和兴趣爱好形成一个个部门，让他们来负责日常的班级事务，学生的积极性被调动了起来，每个人的特长都得到了充分发展。

"老师，我们音乐部想组织一次音乐沙龙，让班里会乐器的同学进行展示，您看可以吗？"

"好啊，那你们需要设计一份计划书，需要老师给予哪些支持，老师一定全力

配合支持!"

"老师,那计划书我们都需要写什么呢?"

"孩子们你们看,一份计划,至少要说明活动时间、场地、内容,是否需要准备道具、服装;如果要宣传,是否组织同学进行拍照;等等,这些都是我们开展活动需要考虑的细节呢!"

"好的老师,我们明白了,我们这就开始准备!"

慢慢地,孩子们学会了制订计划,学会了组织实施,班级内开展的活动也越来越多。每个部门的组长还会定期组织沟通,分享各自的经验与教训,不断优化部门开展的活动,孩子们的能力得到了提高。

"大家好,今天班会时间由学习部负责,我们将和同学们一起进行猜字谜的活动。"

"大家好,下周的班会时间体育部将组织大家进行接力跑,请同学们提前准备好适合运动的服装。"

"下面进行一下本周卫生总结,我们做得好的地方有……下周卫生部将着重检查……"

老师再也不用分散更多精力去处理班级的琐事,孩子们真正成了班级的小主人。班级内的卫生情况由卫生部负责,孩子们把每一块卫生区都安排得井井有条,再也不用老师去提醒了;同学们的体育锻炼由体育部组织,长跑接力、跳绳竞赛等有意思的体育活动此起彼伏;音乐部的同学们会组织音乐会,开展主题班会讲解音乐知识,邀请老师同学共同感受音乐之美;学习部的同学带领大家一起定期开展阅读沙龙、猜字谜等活动。每一项活动都是那么有意义和有意思,从策划方案到组织协调实施,都由学生牵头完成。

在班级管理中,老师尝试向学生"示弱",学会向学生"示弱",每个孩子在班中都有自己的一项工作,班级内并没有出现无人管理、乱成一团的现象,反而是井然有序。老师优化了自己的工作模式,把更多的精力放在研究探索如何为学生提供更好的实践机会上。学生们也在这些活动中学到了组织活动和处理事务的经验,学会了如何与他人沟通,增强了责任心和团队意识,整体能力得到了很大的锻炼与提升。

以生为本，让学生成为课堂的主角

在教学中教师也要学会"示弱"。教师教学的目的是让孩子成长，而不是展示自己的才华。过多地讲解代替了学生的思考，学生没有带着未知的问题去探究性学习，久而久之，便会打消探究欲望，缺乏主动思考，不会形成探究学习的品质和能力，更不会体验到探究学习带来的快乐。同时，孩子的学习兴趣也不会长久地保持。

马校长常说："要让孩子站在课堂的中心，让他们自信地表达自己的观点，施展自己的才能。老师要做的就是为学生提供更广阔的平台。"

校长的话提示我要在自己的课堂中做出改变。老师主动让自己退到后面，不再为学生过度地讲解每一个知识点，把话语权还给学生，让他们动起来，积极主动地参与合作、主动学习。

这样，一节课也不再是属于老师一个人的表演，学生真正成为课堂的主角，主动去探索、发挥和展示。慢慢地，越来越多的孩子举起他们的小手，主动分享，孩子们边拿着粉笔在黑板上写着自己的想法，边和小组内的同学讨论。

"同学们，我是这样想的……"

"下面我和大家分享一下我的思路，我认为是这样的……"

"我想为他补充一下……"

这样的情景出现在课堂上的次数越来越多了，教师不耻下问，学生放下包袱。学生展示的机会多了，收获的也就多了。教师与学生同台活动，以活动为平台拉近师生之间的距离，也更容易让学生对老师敞开心扉。学会"示弱"，主动降低教师的"威严感"，既表现出老师的亲近与随和，也给了学生更多的展示机会。

德国教育学家第斯多惠说过，"教学艺术的本质不在于传授本领，而在于激励、唤醒、鼓舞"。教师适时地"示弱"，是智慧，是勇气，让孩子感受到他们与老师的平等关系，感受到教师对他们的爱，引导学生更主动、更积极。这道理说得简单，但它需要教师"弱"得有技巧，教师示弱不是真的"弱"，而是工作智慧的体现，这需要教师掌握多样的教育教学方法和锤炼教育的智慧，需要教师有更高层次、更高瞻远瞩的教育思想。所以，信任孩子、善于"示弱"、敢于放手的老师才是真正聪明、负责的老师。

本文作者：雷蕊

（英语老师）

引领学生走入书籍的海洋 >>>>>>>

立身首要立学，立学要以读书为本。阅读不仅可以拓宽孩子的视野，提高语文能力，还可以丰富学生的人文素养，塑造良好的品质和健康的人格。阅读能够把学生带到精神的远方，教会孩子们热爱生活、关注生命。民族小学将阅读作为全校师生每天的必修课，教师不是教教材，而是用书载着学生走向广阔的世界。学校、班级组织开展了很多丰富多彩的阅读活动，如今，浓浓的书香溢满民小校园。

有这样一位老师，从一年级就开始带着学生不断阅读；有这样一个班级，通过阅读成为学校顶尖的"明星班级"，掀起了民族小学阅读的热潮——这就是马文君老师和她的 2012 级"书香 5 班"。

小荷才露尖尖角

2012 年 9 月的阳光，温柔地洒下恩泽。一群懵懵无知的孩子，第一次迈进了民族小学的大门，也走入了书籍的海洋。

马老师在班级门口迎接刚刚入学的学生，讲台桌上放着很多书，绘本、童话、成语故事……每个孩子走进教室，马老师都会微笑着摸摸他的头，告诉他从讲台桌上挑一本书到座位上看。开学第一课，马老师讲了三个故事：《三余读书》《韦编三绝》《学富五车》。

"同学们，我们读故事不仅是因为它有意思，更要明白其中的道理。这三个故事告诉我们，我们应该好好利用空闲时间来读书，一本好书值得我们反复阅读，我们还要读很多书，做有知识、有素养的人。"

从此，在马老师的引导下，30 多个稚嫩的孩子与书结下了不解之缘，快乐地在书海徜徉。每一天，马老师都在课上陪着孩子们看书。发现不会阅读的孩子后，她就会坐在两个孩子的中间，手指着书上的文字，小声地慢慢地读给他们听。一天、两天、一个月、两个月……这个班的孩子们逐渐都会读书，甚至开始了独立的阅读。

有一次刚下体育课，马文君老师想让学生在屋里凉快凉快再上课。学生说："静心的最好办法是看书。老师，要不这样，这节课您别上了，我们挺热的，让我们看会儿书吧。"

马老师立刻就同意了这个学生的提议。

她带班就像放风筝一样，学生们想看就看，想写就写，想聊就聊，他们的姿态永远自由，但是风筝线永远在马老师手上，不会偏离方向。

马老师为了增加学生的阅读量，就压缩了语文课本的学习时间。一年级时，她的班几乎没有语文作业，代替作业的就是阅读。可是，一年级上半学期的期末考试成绩一出来，马老师心里就打鼓了——全班成绩年级倒数第一。

那天，她的心情特别低落，但是马校长找到她，没有批评，而是为她打气："培养阅读习惯是需要大量时间的，这样学习书本上的知识时间就会少。听说你们班的成绩最近不太好。不过，没事！小马！坚持自己的想法，不要放弃，我们支持你！"

得到了校领导的鼓励与支持，马老师特别感动，就将自己的做法坚持了下来。大量的阅读促使这个班的学生认字量不断增加，语文素养不断提升，从一年级下半学期开始，他们班的考试成绩就不断攀升，后来一直稳居年级第一。

马老师要求学生们不懂就问，还定期举办阅读分享会。从绘本、童话到儿童版的中外名著，学生们从书中汲取营养，获得快乐。渐渐地，他们已经可以找出书中的精彩片段，并踊跃地表达自己的想法。为了鼓励学生们多读书，激发学生们的阅读兴趣，马老师特意邀请校领导也来参加班级的阅读分享会，校长听了学生们的发言特别高兴，夸奖学生们爱读书、会读书，还给5班命名"书香5班"。得到校领导的肯定后，孩子们的阅读兴趣更加浓厚了。

随着阅读深度的进阶，马老师开始鼓励学生们把自己的奇思妙想写成文字，一篇篇日记、散文，甚至还有诗歌就这样诞生了。在"书香5班"小小的一方文学乐土中，孩子们写下了这样的美文：

风儿与风铃挽着手，音符轻轻流淌，小雨滴落在荷叶上。大自然的点滴被我们留在铅笔印迹中，成为美好的回忆。

腹有诗书气自华

马老师带着"书香5班"的学生们广泛阅读，每年平均阅读书籍超过百本。随着年级的增高，同学们在文学旅途中越走越远，渐渐发现了属于自己的星辰大海。穿梭在书籍的海洋中，深入浅出，让学生们有了更深的情怀，更多的积淀。

一个积攒了四年的梦想，终于在这一刻喷薄而出——学生们要写一本属于自己的小说！写入学第一刻萌生的师生、同学情谊，写校园的日常生活，写对未来无限的憧憬。马老师非常支持这个想法，除了完成每天的教学工作，还要拿出很多时间和精力指导学生写小说，修改学生的作品。

经过三个月的不懈努力，学生们写出3本小说，《秘密时光会议录》《校园梦境》《城市中的鹦鹉》，共12万字。拿到成书时，马老师和孩子们高兴得抱在一起。

学校领导听说学生们出书了，专门让5班将作品给学校的老师们传阅，并叮嘱图书馆开辟一块"学生原创作品区"，把这3本书放在最显眼的位置。

"书香5班"的学生们每周在图书馆上阅读课的时候，都能看到自己的作品，读书、写作的热情一发不可收拾。"读书破万卷，下笔如有神"，书读得多了，学生们的写作水平不断攀升，属于自己的一本本原创小说相继问世。

五年级时，学生们又创作了7本小说，共计42万字！未来科技、梦回古代……一个个新颖的创意让"书香5班"每个学生的童年多彩而缤纷。

最是书香能致远

六年级，马老师和学生们共读《茶馆》《雷雨》，一些学生因此爱上了写剧本，一个个个性鲜明的人物形象跃然纸上。2017年年底，学生们自编、自导、自演的原创校园剧《蝶变》在全校公演，掀起了全校排演课本剧的热潮。

"书香5班"的学生们读《三国》、看《水浒》、背《论语》、阅《左传》……马老师启发学生读古文，这种蕴含在中国人文化基因中的古朴之美，点燃了学生们对历史的崇敬，帮助学生们明辨是非，更让学生们有了一种身为中华儿女的骄傲感！一些学生开始尝试写文言日记，用文言谱写生活点滴，用文言勾勒山川大河，用文言描绘动人故事。

忆　奕

作者：刘浩然

今赴弈赛。制于四十人为一组而取其六，共二日而弈九局。

首弈，吾战之过猛，攻而不守，遂算误，险负之。次弈，吾心有余悸，故惧战，守而不攻。溃。思之，吾应戒躁，敢战，握攻守之度，方可胜之。再弈，吾攻守有方，进退自如。故而大胜。余战皆胜之。名至三甲。

此弈赛收获颇丰。敌不甚强，而胜与溃皆吾之心矣。

观象有感

作者：夏宁元

暑至，临渤海之滨，宿戴河之畔。午操驾帆之技，夜习国文之业。

一日，师曰："雷雨将至，不可驶船。"

晨，碧空万里，有些许丝状卷云。阳光正射，冰折射而使日周现七色圆环，此称之"晕"。古人曾有云："日晕则雨，月晕则风。"见"晕"之机，甚少。但青天碧海衬七彩之晕，心旷神怡，美不胜收，何以有雷雨之至？

小憩片刻，互见东方之际，"白云升远岫摇曳入晴空"之景。须臾，白云见长，渐浓，似乘风而起，变幻万千，似山，似水，似龙，似万马齐奔。景随意变，即见即逝，正所谓"虚虚复空空，瞬息天地中"。顷刻间浓云翻滚，气势如虹，晴空渐退，云满天际。又过几息雷雨降世，雷鸣中不禁感叹："天地之变，真无常焉。"

雨后，天甚为蓝，海甚为碧，又出七彩之虹。

盛暑之下，天象变幻快也，人孰难料也。天象如此，观人亦如此。境变人变，境不变人亦可变。

升旗仪式上，"书香5班"诵读展示自己的古文作品，民族小学又掀起了读古文、写古文的热潮。

"书香5班"的原创作品集，在民族小学每个班级的图书角都可以找到，是学生们借阅最多、最受欢迎的读物。

临近毕业，马老师牵头在六年级组织了一场辩论争霸赛。"书香5班"在赛场上唇枪舌剑，一路过关斩将杀进决赛；选手们在辩论中侃侃而谈，滔滔不绝，6年

的阅读积淀，不仅增长了他们的知识，也让他们更具人文素养，更加自信。

马老师说，她在期末阶段从来没让学生大量复习或是停课复习。从一年级到毕业，阅读一天都没停过。期末考试前两天，他们还在阅读和写作，期末考试成绩，他们班也总是名列前茅。

马老师和她的"书香5班"，成了民族小学一道独特的风景线。他们品中外名著，他们悟古今经典，他们撰小说、编剧本、书文言。他们能够畅游书海，为自己插上想象的翅膀，收获一份沉甸甸的馈赠，收获"悦"读带来的成长与幸福。

民族小学把读书当成每天的必修课，把"书香5班"当成全校阅读的榜样。为了激发学生的阅读兴趣，校领导每学期都会邀请作家、专家进校园，为学生进行阅读指导。同时，还会安排丰富的读书活动，给予学生充足的阅读交流空间。

春天，立人书院内玉兰、海棠开花了，学生便在这里举办读书会。

夏天，校园里绿树成荫，在藤萝架下、在花园边处处都可以寻到长椅、秋千椅，坐在这里阅读是孩子们最喜欢的事情。

图书馆、立人书院、走廊内、教室里处处都可以拿到书阅读，学生浸润在书的海洋里，享受着阅读的乐趣。

学校还成立了海棠读书社团，为学生搭建展示的舞台。如此丰富的阅读生活，使学生们有了浓厚的读书兴趣，在阅读中增加了人文积淀，提升了语文综合能力。

兴趣是一粒种子，马老师为"书香5班"播下了阅读的种子，"书香5班"在收获之际，又给全校师生播种了阅读的种子。"书香5班"的学生已经毕业，但一个又一个书香班级播种与收获的故事还在继续着……

本文作者：唐嘉媛

（语文老师）

我和我的小诗人班 >>>>>>>

学校一直倡导教师要把教育的眼光开阔起来，要从成绩的泥潭中抽身出来，关注学生学习兴趣的培养，关注学生的个性发展。这就需要教师用发展的眼光欣赏每一个孩子。这种欣赏是发自内心的，是一种关爱生命、尊重生命、激发兴趣、启迪智慧的动力基础。

作为语文老师，我不希望看到孩子们疲于应对沉重的课业，而是希望他们成为眼中有光、心中有爱，拥有幸福人生的孩子。怎样培养他们拥有一双发现生活的眼睛、一颗热爱生活的心呢？班内的一个小女孩给了我灵动的光。

小"领头羊"的启示

2013 年 1 月 16 日，期末考试结束了，我所教的一年级的"小豆包"们终于长舒了一口气，还有一节课就可以放学了。由于所有主科老师都要集中到一起批阅期末试卷，所以我的班就交由王老师负责看管。王老师让孩子们放松一下，只要安静，不影响课堂秩序，随便干什么都可以，可以读书、画画。

正在我判卷子的时候，"嘀嘀"，手机来了几条信息。我忙碌、紧张地批阅着试卷，并没有打算仔细看，只是瞟了一眼屏幕。没想到，这一眼竟让我不禁兴奋起来，王老师发来了四首有趣的小诗，都出自我们班谭雨墨之手。

谭雨墨是一位个头不高，总是喜欢眯着眼睛笑的小姑娘。她突然冒出了写诗的念头，而且一气呵成写了四首。一年级的小娃娃愿意用诗歌来表达情感，这是多么令人欣慰的事情呀！

> 老师长发好飘逸，
> 光滑顺直又美丽。
> 每天飘进教室里，
> 天天飘进我心里。

雨墨这首诗写的是我，读着小诗，我的眼睛都湿润了。虽然语言稚嫩，诗里夹杂着拼音，甚至还有错字，但是却注满了她纯真美好的心灵。

孩子们学习语文，不仅仅是会认字、会写字、增长知识，更应该善于用语言文字描绘出美好的生活、表达内心丰富的情感。我想，如果其他学生也能像雨墨一样有诗心，那该多好！于是，我暗下决心一定要在这方面引导孩子，激发他们的创作热情。

第二天，我在全班学生面前朗读了雨墨的诗，并告诉大家，每个人都可以是优秀的小诗人。没想到，接下来的几天，很多同学都争着把自己写的稚嫩的小诗

交给我。看着他们兴奋扬起的小脸、闪着光芒的眼睛，我无比幸福。我在班里一一朗读了他们的诗。忽然发现，我对每一首的重视与赞赏都具有神奇的力量，仿佛给孩子们注入了不竭的动力和信心，一株株嫩芽破土而出。我又进一步思考：怎样才能使他们刚刚萌发的兴趣在学习生活中发挥得淋漓尽致呢？为此，我又做了大胆尝试。

随风潜入夜　润物细无声

我庆幸自己是班主任，又是语文老师，在教学实践中我充分利用自己的主阵地来影响浸润我的"小豆包"们。记得在讲《雨铃铛》这首诗歌时，在孩子们感受春雨之美的契机之下，我拓展朗诵了朱自清的《春》这篇散文中描绘春雨之美的部分，孩子们听得如痴如醉。我顺势引导："你们眼中的春雨什么样？一定很美，所以我还想读到你们写的小诗！"

下课时，好几个孩子都写出自己对春雨独特的感受：

北京春天老下雨，小雨就像细牛毛，小雨还像细花针，所以下雨很美丽。

沙沙响，沙沙响，春雨落在树叶上。树叶上，挂水珠，好像颗颗小珍珠。

滴答，滴答，滴答……它在招呼小花小草，大家一起快成长。

孩子们的语言虽稚嫩，但是他们愿意表达是最重要的、最值得老师保护的。

一二年级的小孩子经常会因为一点小事跑来找我"告状"。说实话整天应付他们这些"状子"也是应接不暇的。所以，我想了一些办法。

当有人向我状告对方缺点的时候，我前一天说："择其善者而从之，其不善者而改之。"

第二天会说："尺有所短，寸有所长；人无完人，金无足赤。"

再之后，我又会说："梅须逊雪三分白，雪却输梅一段香。"

…………

久而久之，再有人向我告状时，其他同学就会把这些诗句顺手拈来，替我回复。慢慢地告状的人少了，而善于用诗句表达情感的人更多了。

博观而约取　厚积而薄发

马校长听说我们班的孩子们爱写诗，常常走进我们班来读读他们的新作，并鼓励大家要多读书，多积累。马校长告诉孩子们："你们都是咱们学校的小诗人。一首首小诗格外打动人心。古人说：'读书破万卷，下笔如有神。'我希望你们在接下来的日子里，多阅读，只有不断积累，创作才有源头活水。你们的小诗才会越写越精彩！"

校长的话给了我很大启发。新的学期开始后，我又在班中实施了每天"五个一"和每月"一篇古文"的活动，即每天积累一个好词、一句名言、一首古诗、一个成语、读一小时书，每月背诵一篇经典古文。

这个活动得到了家长们的大力支持，有的家长告诉我孩子每天回家都乐此不疲地积累、阅读。每天课间，我都可以听到孩子们在分享他们新积累的成果。小小年纪，他们几乎人人都能熟练背诵《陋室铭》《爱莲说》《马说》《木兰辞》《桃花源记》这些经典古文。很多家长兴奋地告诉我，他们的孩子在同龄人面前简直就是一个"小才子"，不仅会积累，还会灵活运用到自己的小诗中和日常的生活交流中。

班里写诗的孩子越来越多了，趁着东风之力，我又把他们的一首首小诗发表在校报上。学校里很多同学都指着他们说："看，那就是二年级3班的小诗人，真了不起！""小小年纪真棒！"……

这些真挚、激励的话语，如同春雨滋润着一株株嫩芽，一股润物无声的力量催发着嫩芽蓬勃生长。孩子们会触景生情，生活的小事、学习的收获、四季景物……都被孩子们变成美丽的语言，成为朗朗上口的小诗。因此，我们班成了名副其实的小诗人班。

自由高飞的精灵　绽放生命异彩

在教学实践中，我深刻地感受到孩子们的想象力和创造力是无限的，感受到"诗是属于孩子的"。青青的校园、可爱的老师、绽放的鲜花、迷人的星空……恣意地在孩子们的笔端流淌，生命的万千真谛在童心面前一览无余……旅程中有欣赏，有感动，有震撼……或许他们还不懂得写诗的技巧，或许他们还不习惯字斟句酌，但从那串串诗行中，我分明看到了他们对生活中每一个瞬间的捕捉，分明看到了他们纯真美好的心灵，分明看到了他们关于生活、生命的思考与感悟。

他们的奇思妙想给了我无限的惊喜，更给了他们无限的快乐！没多久，孩子们的作品结集汇册成《咿呀》《春芽》《核心价值观童谣》《小鸟啁啾》《小人书》共5本

诗集；谭雨墨的个人诗集《雨墨的诗》也正式出版了。学校还为我们举办了"小诗人班诗集发布会"，这个仪式给孩子们带来了成功的喜悦，这将是孩子们一生中弥足珍贵的记忆！

心理学家威廉·詹姆斯说："人性中最本质的愿望就是希望得到赞赏。"赞扬、激励于人，就如同阳光照耀万物。我希望通过自己的引导与激励，每个学生的"根"都长得粗壮有力，长得生机勃勃，并长成参天大树，去遥望那灿美的世界。这也是做教师最希望的、最幸福的时刻了吧！

本文作者：杜景芝

（语文老师、班主任）

保护学生心中的那份热爱 >>>>>>>>

民族小学一直以来非常注重学生科学素养、科学精神的培养，成立了很多科技社团，给热爱科学的学生一个学习和展示的平台。但是，当社团中的学生表现不尽如人意的时候，怎么办？作为老师，我们应该包容他们的不完美，保护他们心中的那份热爱，在不断的激励中，等待他们成长！

2013 年，我们民族小学被评为海淀区科技示范校，在专家点评环节中，专家提出：我们学校的科技社团还是比较少，应该开展得更加丰富一些。这一点引发了学校领导和我们科技老师的思考，在科技教育的路上，我们应该怎么走下一步。这个问题对于当时刚刚从教的我来说，是个不小的难题，我并不知道可以开展哪种科技社团。

一天下课后，学科组长张老师找到我，告诉我他前几天联系了区里活动中心的老师，了解了一下现在学校应该搞哪些科技社团，并且有什么比赛。当下比较火的就属单片机和机器人了。"单片机""机器人"，我听了这两个词，就感到一头雾水。

张老师接着说，他问了其他学校的老师，这两个活动发展前景很好，现在开展也不算晚，就是我们作为辅导老师得先下功夫学起来。我非常乐意学习新事物，痛快地答应了下来。张老师建议我们俩一人承担一个，张老师负责单片机，我负责机器人。

在接下来的一段时间里，我便开始在网络上搜寻教育机器人的相关文献和新闻，咨询发展得好的学校的科技老师关于机器人教育的经验，逐渐对自己开展机器人社团有了一定的信心。

在经历了招生、采购器材之后，我们的机器人社团终于开始活动了。最初的机器人社团里只有13名学生，我和他们其实都是在经历一个学习机器人的过程。社团课应该以什么为导向、课程体系该如何设置、编程和结构的知识应该掌握到何种程度，这都是我当时总在思考的问题。我们边摸索边总结，边总结边实践，功夫不负有心人，我们第一次代表学校参加北京市的比赛，就取得了二等奖的好成绩，之后又取得了海淀区一等奖的好成绩。这些成绩让我信心倍增，我下定决心继续在机器人教育这片沃土中深挖下去。

用发展的眼光看学生

随着好成绩的取得，学校里越来越多的学生渴望着加入机器人社团。在一次科普讲座之后，佳月同学没有和班级一起离开，他独自找到我，表示他很喜欢，问我如何可以加入学校的机器人社团。我由于当时时间匆忙，只简单告诉了他几个条件。

之后又有几次，佳月同学主动找到我，每次都是呼哧带喘的，睁着他那特大的眼睛，向我表达非常想加入机器人社团。最终，我被他的诚意和坚持打动。新的学期开始后，佳月同学进入了机器人社团。其实，在佳月二年级时，我担任过他的科学老师，当时他上课发言积极，脑子转得快，也喜欢表达，给我留下了不少好印象。

在新学期的机器人社团活动中，佳月同学的一些举动却让我经常心有不悦。在社团课上，他经常和其他同学说笑，有时候不带器材，每节课的作品质量也很一般，并没有太突出的表现，甚至有一些懒散。这些表现让我一度想建议他退出机器人社团。

一天，校长看到我，和我聊起了机器人社团的情况，问我最近机器人社团发展得怎么样，有没有什么新的想法。

我自信满满地说："我现在就想把社团学生培养好，争取拿到北京市的一等

幸福地播种——优秀教师的耕耘之路

奖！但是现在还有一些问题，社团里有一些学生状态不好，我想淘汰一些学生。"

马校长听后，笑着告诉我："有些事你得用发展的眼光去看，孩子成长也是需要时间的，多给学生一些时间等待他的成长。别轻易放弃一个孩子。"

听了马校长的话，我决定再给佳月同学一些时间，等待着他的成长，对于一个有热情的孩子来说，被淘汰真的有点残忍。之后我和佳月聊了几次，听了听他以前学习机器人的经历，以及和他讲了讲老师对他的期待。我没有放弃他，而是不断激励他，陪伴他成长。

在佳月五年级时，我真的看到了他的变化，极大的变化！在机器人社团里，佳月是热情最高涨的那一个；在社团内组织的小活动小竞赛中，他都是最投入的那一个。经常是已经下课了，别的同学都走了，他还一个人独自设计和调试机器人。

记得有一次，我给佳月的妈妈打电话，告诉她佳月还在机器人教室调试机器人没回家，让她放心。

佳月妈妈告诉我，佳月总是在家里说，他特别喜欢在机器人教室里研究，反复试验，还说他很喜欢我这个老师。他妈妈感动地说："能有一件事让他专注地去做，真的太难得了！谢谢关老师的培养。"

自五年级开始，佳月的热情和投入，让他成为机器人社团里的主力成员；由于开朗的性格，他也是社团里最受欢迎的一位同学。孩子的成长需要时间，孩子是发展的个体，我们教师要用发展的眼光去看待学生，更宽容地去对待孩子的那些不成熟和不完美，时间会说明一切。

不仅要走脑，更要走心

2015 年的机器人比赛训练中，出了一件事。一位队员在临近比赛时要退出团队，导致训练无法进行。问起原因，是因为她和队友产生一些矛盾。这事情发生之后，我自身反思，应该如何避免这种事再次发生。

我也把这件事和马校长说起，校长听后对我说："机器人社团这两年取得了不错的成绩，说明学生在知识和技能方面掌握得不错；但是更重要的，你得培养学生崇高的科学精神、健全的品格，学会正确处理团队和个人的关系。你们科技社团不仅要教会知识，更要教会做人！"

的确，以前我只是关注学生是否掌握了机器人的知识技能，能否取得比赛的好成绩，忽略了对孩子性格品格的养成，没有更全面地关注孩子。经过反思，我意识到科技社团其实是一种育人的形式，借用孩子对这一领域的兴趣，去施以一系列的教育行为，在活动中培养意志品质和待人处事方法；我们的科技教育不仅要启迪智慧，更要滋养内心。

在之后的机器人社团活动中，我开始更加关注孩子的内心，从他们的言行细节中发现更多内容。以前我会因为孩子在训练中的失误而生气，现在会用更智慧与温和的方式去帮助、引领学生处理改进。教师自身的言行、处事方法会给孩子很大的影响，小学阶段的孩子是有明辨是非能力的，令人舒适的言行和高效的处事方式，会在师生接触中潜移默化地传递给孩子，我想这就是所谓"修己安人"，也是古人所说的"德为人先，学为人师，行为世范"。

转眼间，佳月已经六年级了。一天，我接到佳月妈妈的电话。她和我讨论，佳月就要六年级了，由于文言文阅读一直不太好，这学期想让他参加年级的一个拓展课。但是这个课和佳月最喜欢的机器人社团的活动有时间冲突，一时不知道该如何选择。我安慰她别着急，佳月现在还是小学，升学压力还不是特别大。建议家长可以好好和佳月谈谈，把利与弊都讲明白，佳月是懂事的孩子，可以让他自己选择。

过了一周，我又接到佳月妈妈的电话："关老师，我和佳月商量了，我们打算每次先上阅读辅导课，阅读辅导课结束后再去找您补上机器人社团的课，如果机器人社团结束了就让他回家练习。您知道吗，有一天他让我特感动，我觉得他有责任感了！他跟我说，他不能退出，他是机器人社团的主力；他要是不在，关老师就没有主力队员可以参加比赛了！"

我当时听完这话，真的十分感动，我为机器人社团有这样的孩子而感到欣慰。从那之后，佳月每周坚持来社团活动，同时也在家练习。接到一年一度的机器人比赛任务后，我组建了比赛团队，佳月是队伍里的主力成员！他在训练中非常投入，是老师的得力小帮手，他的一些独特创意和想法得到了大家的认同。

经过紧张的训练期，机器人社团的同学们迎来了北京市机器人竞赛。比赛进行三轮，分两天完成。第一轮结束后，佳月就发现了问题！由于比赛的场地框架和学校的框架有一些位置误差，我们的机器人没有很完美地运行，要想提高分数，

必须要回学校进行微调。比赛地点是在北京亦庄，距离学校行车要一小时。第一天比赛当晚，佳月和爸爸毅然决定打车回学校进行调试。这令我非常感动！经过两小时左右的仔细调试，佳月和爸爸又打车回到亦庄的宾馆。第二天的比赛中，我们的机器人果然比第一天提高了不少的分数，最终的成绩也令同学们很满意。

比赛之后，我一直在想，是比赛成绩驱使佳月和爸爸这样做的吗？还是因为单纯的热爱和执着？我们科技教师是在培养一个健全的人，一个拥有科学精神、坚韧品格、高尚言行的人。我们这些大人有时候真的应该向小孩子学习一下，我们心中是否还有着曾经的执着和热爱，是否已经变得瞻前顾后、犹豫不决。

如今的佳月已经从民族小学毕业，走进了他理想的中学，令人欣慰的是，在中学，他依旧加入了机器人社团，坚持着他所热爱的事。像佳月这样的毕业生还有很多，我很高兴还能在市区级的机器人大赛上见到他们，也许我们还会同台竞技，抛却比赛的残酷，那真是一种美妙的感受。每一个机器人社团的学生都是我心中的一粒种子，我相信总有一天，他们会在自己热爱的阳光下发芽生长，开花结果。

在民族小学，像机器人社团这样的科技社团有 9 个，包括单片机、机器人、创客、编程、种植、天文、微电影、金鹏科技论坛、地理气象，它们组成了小小少年科学院，每一个科技社团都倾注了科技教师们的心血，也都具有自己的特色，深受学生欢迎。

创客社团搭建家校平台，组织擅长自动化的学生和家长组建团队，参加北京市的创客大赛，获得了一等奖第一名的好成绩。他们的原创设计还申请了专利。

种植社团组织学生认识校园里的植物，为校园里的花花草草制作科普牌，指导教师带领学生对校园里的常春藤进行深入的科学研究，撰写论文。一系列的活动下，学生对于自然、生态、生命就有了更深刻的理解和认识。

科技创新在现在这个时代尤为重要，科技教育在学校中也应有更高的站位。我们科技教师要心有使命感，肩扛责任感，做实科技教育，为未来培育合格公民。

本文作者：关越

（科技信息负责人）

班级管理变他律为自律 >>>>>>

我们学校有一位班级管理做得特别好的班主任老师，名叫李颖。李老师话不多，从不会听见她在学生面前唠叨，但是只要她说话，就清晰明了，干脆有力。李老师带的班，虽然才二年级，但是已经可以做到老师在与不在一个样：学生总是规规矩矩，教室里永远都是干干净净，班中任何事情都井然有序。

她是学校的明星教师，学校还专门成立了"李颖班主任工作室"。我们这些年轻老师都是她的徒弟，向她学习班级管理的妙招。我想，您一定非常好奇：李颖老师到底是怎么把班级管理得这样好的呢？作为她的徒弟，我受到了她的"真传"。

一双"挑剔"的眼睛

我常常一有空就到李颖老师班里学习，观察她的一举一动，了解她的每一个做法。我发现，李颖老师具有一双能随时发现问题、挑出毛病的眼睛。每次进到教室里，她眼睛就会像雷达一样到处扫，看地面是不是脏了，黑板是不是擦得不够干净，卫生角是不是不卫生了，学生看到老师是不是问好打招呼了，桌面用具是否都准备好并且摆齐了，甚至学生的红领巾是否七扭八歪，李老师也都要看看……看着不舒服，看着不得劲，就立马找相关负责人赶紧提醒大家改正。

李老师告诉我们："发现问题，挑出毛病，这不是拿放大镜去放大学生的缺点，而是对班级管理要求更严格，标准更高。管理班级要先从外部入手，教室整洁有序，学生神清气爽，要给别人留下一个好印象。"

一双"懒惰"的手

低年级的班主任特别辛苦，因为学生年龄小，打扫卫生的能力相对较弱，所以每天下了班，还要擦黑板、扫地、拖地，半小时也收拾不完。怎样才能不这么累呢？我带着困惑找到了李颖老师。

她看着满头大汗的我，笑着说："学生会干的老师不干；学生不会干的，老师教会他们干。扫地、擦地、擦黑板、收拾桌子、发作业本、浇花……不收拾教室，还想要让教室干干净净，怎么办呢？老师什么都做完了，怎么让学生会劳动、懂

担当呢？这就需要有一个善于思考的大脑。"

原来如此，教室里只要是学生能干的事情，李老师就都分给了学生，每人一块责任区，并且要求责任人：只要是在上学的时间里，这块责任区就必须干净整洁。学生虽小，但是每个人都应该承担一份责任，明确任务和标准。学生不是做不到，而是老师没有放手，没有细致指导和要求。

一个善于思考的大脑

低年级，尤其是刚上学的一年级小朋友，他们有太多的不明白和听不懂。老师认为很简单的一句话，孩子却真是听不懂，也就更不知道该怎么去做了。每当这个时候，李老师总能想出好方法来。

刚踏进小学校门，学生连上课和下课的铃声都听不懂，更不知道上课、下课有什么区别，要做什么，要怎么做。常常会出现下课了在那里坐着没事干；上课了却要喝水、上厕所，或者招呼都不打就跑出去了。

面对这种情况，李老师结合低年级孩子善于记忆儿歌的特点，编了一首儿歌——一收，二拿，三放，四捡，五摆，六站。

她把这 12 个字写到了黑板边上。每天下课铃一响，就安排一个学生领着所有人嘴上一边说着儿歌，手上一边照着做。一收，把上节课刚刚用完的课本等用品收到相应的文件袋里。二拿，拿出下一节课要用到的文具。三放，不能随便放，要统一放到桌子的左上角，大的放在下、小的放在上，铅笔、尺子等放在旁边。四捡，捡起自己周围的垃圾。五摆，桌椅摆整齐。六站，前面几步都做好了，就在自己的凳子后面站好，等待组长检查。做操、升旗仪式、到专业教室上课、放学前都是这样做；课间、中午就做好前五步即可。这六步做完了，也就做好了课前准备。这时会有另一个学生大声提醒：去喝水、上厕所。而且同学之间要互相提醒、互相监督，有没有便意都要去上厕所，渴不渴都去喝点水。

对于刚上学的孩子，他们有太多的不明白、不会做，李老师就一点一点地、耐心细致地去教。李老师告诉我们："在班级管理中，不怕遇到问题，关键是我们要善于思考，想出对策来解决问题。"

一张勤快的嘴

李老师话不多，但只要说话就一定是在教方法、讲要求、及时总结和表扬。

一次早读，我到教室找李老师，不巧李老师没在。当时这个班的学生们正在进行古诗诵读，学生一个跟着一个，没人提醒点名，井然有序，我感到很惊奇，李老师是怎么做到的？其实，这是李老师培养了一个学期的成果。

入学第一个学期，李老师几乎是天天进行指导，教全班、教负责人，整整坚持了一个学期。

早读时，李老师引导学生们自觉背诵古诗。《乐诵经典》古诗每一级40首，和班级人数差不多，李老师就按照学号把每首古诗分下去，学号是几，就当小老师负责带着大家背诵哪首古诗。每天早上3个学生教，每首古诗教3遍。7:40的铃声一响，马上开始背诵古诗。李老师还安排了一个小巡视员，负责纪律。7:40之前进班要做到"静、快、阅读"，根据课表，快速准备好第一节课所需物品，然后开始阅读。7:40之后，要看看大家能否马上进入背诵古诗的状态——眼睛看着，耳朵听着，嘴大声背着，脑子记着，手放好。每个人都轮流当小老师和小巡视员，这些要求也都记在了每个孩子的心间。

背诵古诗这件事，李老师反反复复教了整整一个学期。对于其他事情，都要这样反反复复地培养，发现问题再及时教给他们怎样改进、怎样解决。

李老师说："因为孩子们的年龄特点，很多事情我们都要反复教，教反复。即使大部分学生记住了，还是有个别的学生需要我们再教。一张勤快的嘴就这样不停地教方法、提要求、总结、表扬……班级学生的规则意识才能越来越强，小负责人们也会越来越有责任意识。"

一份持之以恒的毅力

李老师在办公室里曾问我，一个好习惯的养成需要多久？我快速答道：21天！可李老师摇了摇头，说："21天只是一个好习惯的开始，作为班主任，我们还需要花大量的时间去反复巩固。"

在一年级上学期，学生们认字少，看书基本就是看绘本。几秒就翻完一本绘本，然后就开始东张西望，蠢蠢欲动说话，甚至下地，爬到处跑。这时候，李老师就规定：不看绘本，要看有点厚度的书，以文字为主、图画为辅的书。她要求学生：眼不离手，手不离字。这期间，李老师就在行间巡视，表扬读得认真的，提醒读得不认真的。就这样坚持了一个学期后，学生在午读时，就能保证把屁股坐在凳子上了，基本能做到眼不离手、手不离字了。

到了一年级下学期，李老师要求孩子们不仅要读书，还要动笔圈画，把时间、地点、人物圈起来，把好词好句画出来。李老师天天中午在行间巡视，边巡视边指导。又经历了一个学期，学生读书时已经能做到安静阅读、不动笔墨不读书了。

李颖老师告诉我们："今天的付出就是为了明天的放手，今天的教就是为了明天的不用教。希望我能用两年的全力付出，换来以后四年，甚至是孩子们终生都学会独立自主，懂得自律。"

唐代政治家张九龄在《贬韩朝宗洪州刺史制》中提到："不能自律，何以正人？"如果我们每一位老师都像李老师这样用心管理班级，规范学生言行，对学生严中有爱，我想我们教的每一个孩子都能自律成长，成为社会的合格公民。

本文作者：廖祎

（语文老师、年级主任）

珍视每一个独一无二的孩子 >>>>>>>

苏霍姆林斯基说过："每个孩子都是一个世界——完全特殊的、独一无二的世界。"天下本就没有完全相同的两片叶子，更没有完全相同的两个人，故而也就很难有"放之四海而皆准"的教育方法或模式。不仅仅是在解决问题方面没有统一的万能钥匙，而且在教育的每一个环节都是因人而异的。因为，教育方法的背后，是"人"，是"独一无二的世界"。如何发现每一个孩子的世界，如何给他们提供适宜的教育土壤，如何珍视这每一个独一无二的孩子？于昊老师用实际行动给我们提供了答案。

发现每一个孩子的闪亮之处

于昊老师的班级最让人感到惊叹的莫过于，每个学生都有职务，每个孩子都能参与到校级社团中，每个人都有自己的兴趣小组……他是怎么做到的呢？

"刚开始接手这个班级，我就发现学生们各有特点。他们有的活泼好动，体育特别棒，有的文静内敛，写得一手好书法；有的爱读书手不释卷，有的善绘画，丹青一绝……孩子们的天赋都非常棒，一定不能忽视，所以就开始想办法。"办法一想出来就立刻开始实施。于昊老师巧妙地将学校所提倡的项目制工作方法运用到了班级管理中，在班级里设立了学习部、书法部、体育部、音乐部、卫生部等，让孩子们根据自己的兴趣和特长选择相应的部门。每个部门的部长任期为一个月，部门内选举，一个学期内每个孩子都有机会担任部长。部长在任期间要组织两次活动，任期结束后，全体同学进行评价。这样的方法极大地调动了学生的积极性，一个学期下来孩子们组织了"银杏树下的乐章"班级音乐会、"读西游、答西游、品西游"读书交流、"写漂亮字，做优秀人"书法学习等 20 余次活动。学生们的特长在班级里找到了适宜的土壤，收获了成长。

在更大的舞台上放射光芒

孩子们的才华得到珍视，并不断进步。于昊老师便又开始琢磨着如何给孩子们提供一个更大的舞台。学校社团的异彩纷呈让他眼前一亮。民族小学的社团不仅种类丰富，涵盖文学、艺术、体育等多个学科，而且水平很高，经常在各类活动和赛事中斩获大奖。于昊老师发现了这个宝贵的机会和平台，便开始鼓励学生们积极参加社团，并根据每一个孩子的兴趣和专长积极向社团老师主动推荐。

"这个过程也没有那么顺利。当时班级里有一个'小调皮'，平时上课时不遵守课堂纪律，和他沟通了几次，效果也不是很好。后来，在一次聊天的过程中我发现他对天文非常感兴趣。学校正好有天文社团，我就硬着头皮向天文社团的老师推荐他。当时还担心他在社团活动中表现不好，所以刚开始的几节课我都带着他去，陪他上课。没想到这个'小调皮'不再调皮，参加社团活动非常投入，老师都夸赞他。慢慢地，我发现他听课越来越专注，回答问题也非常积极，常常能说出有见地的答案。"

功夫不负有心人，经过一段时间的努力，于昊老师班级的学生都加入了自己喜爱的社团。看着他们在社团活动中发光发彩，能力得到锻炼，于昊老师打心底里高兴。

人人都是小主人

于昊老师善于发现学生的闪光点，并不遗余力地为他们争取、创造更多机会，

这样的教育实践给我带来极大的启发和深刻的思考。每一个学生都是不同的，老师应该发现并欣赏学生的不同，寻找每一个孩子的闪光点，尽全力帮助他们成为最好的自己。恰好当时班级实施责任岗，这是一个很好的机会。

班级责任岗是民族小学一项优良的传统。40多人的班级中，从每天早上进班开始，从开灯、开电脑、开窗通风到课间的喝水提醒、卫生提醒、课前准备等，事无巨细全部责任由学生来承担。事事有人管，人人有事做。可是，如何让每一名学生都能找到适合的岗位，从而最大限度发挥他的长处呢？我开始不断地思考和探索。

一天早上，刚刚7点整，我去教室的时候发现小轩同学已经站在门口了。

我不禁惊叹孩子来得这么早。

"老师，我们搬家之后住得离学校有点远，为了避开早高峰不迟到，我和妈妈每天都是7点不到就在学校门口等着，遇到刮风下雨也是如此。"听完小轩的话，我备受感动。小轩平时在班级里表现平平，没想到内心深处竟有这样的坚持和对规则的尊重。我灵机一动："小轩，你每天到校那么早，愿意做班级的早读监督员，成为其他小朋友的榜样吗？""真的吗老师？我愿意做早读监督员！"

随后的日子里，小轩仍旧每天早早来到教室。但是和往常的拖拖拉拉不同，他现在能迅速收拾好自己的物品，安安静静看书。早读时，他琅琅的读书声影响和带动了他人，孩子们一个个坐姿端正，认真读书。看到这样的情景，我内心备感欣慰。

班里的小卢同学是插班生。高高的个子，一双雾蒙蒙的大眼睛，总是沉默地坐着，安安静静地看书，很少与别人主动交流。哪怕是上课，小卢也只是认真地听讲，很少举手。与家长进行沟通之后，发现他们对于孩子内向的性格也很苦恼，却无从下手。我开始对小卢给予更多关注，并想尽各种办法引导他打开心扉、融入集体。

我终于在一个课间找到了机会。下课铃一响，所有孩子都迫不及待做好准备去上操。小卢却默默地把加餐搬到教室里放在讲桌前，才悄悄地离开了。我问小卢为什么不和其他同学一样去上操，小卢说："我看到咱班的加餐还没有拿，就顺手给拿了回来。这样同学们上操回来就能吃加餐了！"

稚嫩的眼神、朴实的话语，让我看到了孩子那颗闪闪发亮的爱心！默默无闻的他内心却装着整个班级和同学。后来，同学们一致同意小卢担任加餐管理员。走马上任的小卢，干得更起劲、更认真了。每天上操前，他都会及时把加餐领回来，天冷时还会放在暖气旁暖一暖，让同学们吃的时候不那么凉……

基于对孩子们个体的深入观察，以及对他们个体特点的思考，我发现班里有越来越多的闪亮之处，每个可爱的孩子都熠熠生辉，发出独特的光芒：小然声音响亮，做了领读员；小杰心思细腻，成了老师的小助手；小萌认真负责，由她来检查作业再合适不过了……

如今，孩子们都有属于自己的一片天地，大放异彩。与此同时，孩子们也学会了发现他人的长处和优点，并虚心学习。他们在校园里学习、观察、体悟、成长，老师们则把每一个孩子看在眼里，装在心里，不忽视每一束独特的光芒。我想，这就是教育的力量，这也是教育的意义。

本文作者：王晓佳

（语文老师、班主任）

变被动为主动　变齐步走为尽情跑 >>>>>>>

民族小学一直倡导：将有意义的事情做得有意思，将有意思的事情变得有意义。学习积累古诗文、学习传承传统文化是有意义的事情，怎样才能变得让孩子喜欢，变得有意思呢？语文教师团队历经七年的时间，坚持在学生中开展古诗文考级活动，将这件有意义的事情做到了有意思。

书山有路勤为径

为了鼓励孩子们从小能大量背诵古诗文，学校的语文教师团队发挥集体的智慧和力量，编写了《乐诵经典》校本教材，分为十二级，每级收录了四十首古诗文，让背诵古诗文也可以像闯关游戏一样有意思。

孩子们可以根据自己的能力进行背诵，下设背诵底线，上不封顶，鼓励有能力的孩子跨级背诵。他们自主报名进行考级，考官也由学生担任。这种"变齐步走为尽情跑"的考级方式受到了孩子们的欢迎，背诵古诗文的热情高涨。在班里，和同学比着背；在家中，带动爸爸妈妈一起背。

皮皮同学在一年级下学期就通过了《乐诵经典》一至十二级考试，顺利登顶最高峰。

其实在进入小学之前，他还是零基础的诗词"小白"，并不比别的孩子突出。每天晨读时间，语文老师带着大家背诵《三字经》《弟子规》《乐诵经典》等，使他渐渐对诗词产生了浓厚的兴趣。

为了调动同学们诵读古诗的积极性，老师们还组织开展了年级的"诗词大会"，活动中，老师带着孩子们进行飞花令、诗词接龙等小游戏。这些活动，提高了他对诗句的理解，他每天背诵诗词的积极性越来越高，进步也越来越大。

能在这么短的时间内跨级通关，对 7 岁的小皮皮来说绝非易事。一路走来，他最大的感受就是："背诗没有什么捷径，靠的是日复一日的不懈怠、不放弃。只要功夫下到了，基础打牢了，自然水到渠成。"

当然，背诗不能死记硬背，不能搞"车轮战"，不能用"填鸭式"记忆。在老师的指导下，热爱诗词的小皮皮开始认真揣摩，逐句逐段地弄懂含义，了解作者的背景资料，弄明白这首诗想要表达的主题和意境，就像串珠子一样把知识点串联起来，由被动记忆转化为主动思考，掌握活学活用的方法。老师还邀请他当小老师，讲给同学们听。这样，他学习的积极性就更高了。

"泰山不却微尘，积少垒成高大"，皮皮同学积累的诗词越来越多，引经据典、出口成章变得轻而易举，平时也总能在不经意间随口说出应景切题的诗句来。这就是诗词的魅力带来的潜移默化的影响。

古诗考级对同学们来说意义深远，正是通过这项活动，学生们慢慢体会到诗词的美妙，爱上诵读经典名篇，从而激发出自己的潜能；切实领悟到"书山有路勤为径，学海无涯苦作舟"的道理；渐渐培养出坚韧不拔、迎难而上的意志品质。这些会成为宝贵的财富，伴随民族小学学生的一生！

咬定青山不放松

小魏同学刚上一年级时，是一个很淘气的小男孩，干什么事儿都静不下心来，老师和父母很是"上火"。后来，语文吴老师发现他记忆力很好，对古诗也比较感兴趣，就决定结合学校开展的古诗考级活动，来提高他的专注力。

在老师的指导和父母的督促下，小魏同学经过4年多的古诗词积累，已经背诵了1500首古诗文。在这个过程中，他的文学素养得到了提升，记忆力、理解能力和自信心都得到了突飞猛进的发展，注意力不集中的毛病也得到了彻底解决。

老师为了鼓励他，推选他为学校的"诗词小达人"。四年级时，他还荣获了民族小学首届"民小榜样"的荣誉称号。颁奖典礼后，小魏同学满含深情向老师表达他的感激之情，他说："我这些小成绩的取得，是和老师的辛勤教育分不开的，是与学校古诗考级活动的激励分不开的。今后，我会坚持读诗、背诗，传承中华优秀传统文化。"

古诗文考级活动的开展，使中华优秀传统文化的种子深深扎根于每个学生的心中。背一首好诗就是欣赏一幅优美的图画，读一首诗就好比结识一位朋友，品一首好诗，又像在穿越一段历史。古诗文诵读、古诗文考级不仅仅让学生收获一张张证书，还收获了精神的成长！

直挂云帆济沧海

说起嘉伊同学，大家都会赞不绝口，她不仅学习优秀，还特别知书达理。嘉伊同学说语文老师在指导同学们背诵积累古诗的同时，还结合诗意，引导学生们明白了许多道理。

大家一定想知道古诗中都蕴含哪些道理吧？就来听听嘉伊同学的介绍吧！

唐代诗人孟郊的《游子吟》的大致意思是：慈母手中的针线，为远行的儿子赶制身上的衣衫。临行前的一针一线密密地缝缀，怕的是儿子回来得晚，衣服破损。有谁敢说，子女像小草那样微弱的心，能够报答得了如春晖普泽的慈母恩情呢？短短的几句诗，把母亲对他的爱和他对母亲的爱，表现得淋漓尽致。让我们懂得母爱的伟大，以及要回报父母、长辈的爱。

唐代诗人李白的《行路难》，它是古诗考级第九级中的一首诗，这首诗写道：路途艰难啊！路途艰难啊！人生的岔路总是那么多，如今我又走到了哪里？相信总有一天，我会乘着长风冲破万里浪涛，高高挂起云帆渡过沧海，勇往直前！这首诗的最后一句话"长风破浪会有时，直挂云帆济沧海"给了我们一种信心、一种勇气、一股力量。其实我们的学习也如此，会有低谷会有失败，但只要我们不懈

地努力，不放弃，总会克服困难，总会进步提高，终将勇往直前。

民族小学的语文老师，坚持做古诗考级这件有意义的事，以创新方式传承中华优秀传统文化，为同学们提供了丰富的精神食粮，用经典为孩子的人生打好底色，知道理，明是非。

腹有诗书气自华

灿霖同学在民族小学学习的五年多，背诵了四百多首古诗词，以及十几篇经典文言文。从《诗经》《论语》《山海经》到毛主席诗词，文体和内容也是丰富多彩。通过几年的不断积累，灿霖的古诗文素养得到了很大的提高，他会背诵的古诗文数量和理解运用能力已经远远超过了同龄的孩子。

语文老师们也常常在一起讨论，很多孩子背诵了大量的古诗词，老师还可以怎样帮助他们再提高、再上一个台阶呢？大量输入后，学生应该学会运用，甚至学会创作，正可谓"文思泉涌、出口成章"，这是背诵读古诗文重要的价值所在。于是，语文老师们开始关注像灿霖这样的孩子，指导他们把古诗文积累与生活紧密结合起来，学会运用。

比如，灿霖在饱览祖国大好河山的时候，就把风景和古诗联系起来。在湖北黄石附近的西塞山，灿霖就能随口吟诵出"西塞山前白鹭飞，桃花流水鳜鱼肥"的诗句；在江西庐山瀑布下，吟诵"飞流直下三千尺，疑是银河落九天"。在克什克腾草原上，是"天苍苍，野茫茫，风吹草低见牛羊"。在三亚南海边，是"海上生明月，天涯共此时"。在华山西峰，是"只有天在上，更无山与齐"……把眼前的景物与几百年前的诗句联系起来，这就是民族小学学生的学以致用。

大量的输入后，必定可以输出。在老师的鼓励下，灿霖在四年级就创作了第一首古体诗：

阳关曲·七夕夜

回忆去年旧亭台，

玫瑰环绕香气来。

夕阳沉落沧海去，

孤身独坐水徘徊。

灿霖妈妈说："作为家长，我从心底里感谢学校。民族小学的古诗考级，高瞻远瞩地让孩子们多学习古诗文，从小畅游在古风诗韵中！希望学校把这个活动延续下去，让孩子们在阳光下快乐成长！"

民族小学一直倡导阅读与写作结合，积累与创作结合。在孩子们积累了一定的古诗词后，语文老师就鼓励学生进行创作，并通过学校公众号、读书节等形式进行展示，增强同学们的创作热情。现在，民族小学越来越多的学生喜爱创作，他们自己创编诗歌，并且集结成册。高年级的同学除了创编诗歌外，也开始尝试写古诗、古文。

毕业有感
——张屹驰

六载光阴逝可惊，

千篇辞赋伴随行。

思中永是建安韵，

梦里长萦平水声。

不负今朝奋诗咏，

犹能来日继文耕。

书香墨韵涵神静，

玉骨冰心养气清。

民小赞
——吴姝瑾

起明清，历抗战，及建国。至今天，上下百余年。数不清民小师生，家长同盟，费尽移山心力，成就此传统名校。坚强毅力，聪明智慧，血汗辛勤，为北京教育做出贡献。

四合院，大槐树，砺学楼，铭史馆，纵横数十亩。望不断亭台楼阁，古香古色，犹如珠花朵朵，点缀成民小锦绣。红瓦白墙，屋脊小兽，雕梁画栋，给民小增添美妙景观。

腹有诗书气自华，同学们在诗词的海洋里畅游，汲取了诗歌的滋养，在感受着中华传统文化的无穷魅力的同时，也激发了对祖国传统文化的热爱之情。

民族小学古诗文考级活动的开展，变被动为主动、变齐步走为尽情跑。我们充分挖掘古诗文的美育价值、德育价值和智育价值，引导学生在欣赏中国传统文化的魅力的同时，将古诗文中的美好思想渗透到生活中，拥有诗意的生活！这样的学习，有意义，更有趣！

本文作者：王梅

（教学主任）

小小数学研究院 >>>>>>>

　　学生从一入学，就已经表现出差异：有的爱好文艺，有的爱好体育，有的爱好文学，也有的喜欢数理……为了更准确地了解学情，我们都会对一年级新生做小调研，发现绝大部分学生都有了一定的学习基础；有的孩子跑得更快，认为一年级数学书太简单了，已经能把数学期末练习卷答对 90% 以上；有的孩子已经开始练习 100 以上的加减法，甚至掌握乘除法口算的都有。这一部分特殊的学生知识储备丰富，思维反应敏捷，思辨能力较强。他们在一般的课堂教学中，可能就会"吃不饱"。

　　学生有如此大的不同，如何才能都快乐成长？学校提出：要给这些有特长的孩子搭建适合他们成长的舞台，让他们也获得成长和提高。学校的"小小数学研究院"是学校的特色课程，既有对全体学生开展的数学实践研究课程、数学游戏课程，还有面对部分学有特长的学生开展的研究性学习。我们将一群爱数学、思维活跃的学生组成团队，在老师和家长的带领下，共同研究他们感兴趣的数学知识。人尽其才，资源共享，让每个孩子享受学习、讨论、研究的快乐。大家因爱数学而相聚，志同道合。

小小数学研究院希望能发挥孩子的所长，给孩子更多学习和表现的机会，发展思维。国家的建设、社会的发展，需要各类人才发展核心技术。我们希望，不管我们的孩子将来从事哪行哪业，他们都能有学习的动力、有思维的深度、有研究的意识，未来都能做对祖国建设有用的人，撑起一片天。

正如我们的校训所说：做最好的我，在我最好的方面！

问题引领

都说兴趣是最好的老师，小小数学研究院的孩子们已经很喜欢数学了，我们还能做什么呢？他们对什么最感兴趣呢？于是我们开展了一次调研活动。

通过调研，我们发现学生们的问题五花八门。这些问题，有的由课本而来，有的由他们的生活而来，有的由历史文化而来："星星离我有多远"是对长度单位的继续学习；"满减促销"是可能由人民币单元引出实际问题；"鸡兔同笼"是中国传统数学问题；"三十六计中蕴含的数学思想"看来要从数学的角度再读经典……

学生们都很期待，小小数学研究院到底要研究什么问题呢？在专家的引领和校领导的点拨下，结合孩子们新奇的想法，我们想尝试着先从"数学文化"这条路出发。

数学是人类的一种文化，它的内容、思想、方法和语言是文明的重要组成部分。如果能充分利用数学文化，让学生接受它的熏陶，体会它的丰富价值，这对于激发学生的数学学习兴趣和求知欲，培养独立观察、思考、解决问题的积极性和主动性以及创新精神和实践能力都有积极的推动作用。

文化点亮智慧

小小数学研究院现有成员主要是低年级学生，根据课标，正处于准备学习认识人民币的阶段。我们想，如果能有一次对钱币的文化解读，应该是非常有意思

的事。于是，我们决定走进"北京市古代钱币展览馆"。

怎么去呢？就直接去吗？老师和家长们商量起来，怎么能通过一次活动，让孩子们收获更大。家长们你一言我一语地讨论起来。我提议让大家再想想，孩子们在这次活动中还有哪些方面可以得到锻炼。一位家长提出要让孩子们自己设计出行路线，让他们在过程中得到全面锻炼。我们都认为这个主意不错！我们可以指导学生设计一份学习单，从出行方案，到自学的内容，还有提出的问题都可以记录下来。就这样，"小院士们"做了充分的准备工作，开始了第一次参观学习之旅。

在展览馆老师的细心讲解下，同学们了解了中华钱币四千年的发展史，开阔了眼界，丰富了知识。孩子们边看边听边记录，有时沉思，有时质疑，有时恍然大悟。

回到学校，他们还迫不及待地想当小老师把所学所感与同学分享。

苁蓉小朋友向同学们介绍道："当我看到展馆里千余种藏品时，我震惊极了！怎么会有那么种钱币？从最早的贝币、布币，到历代的铜币、清代的银票、民国的纸币等。钱币经历了那么长时间的演变，我们的国家就有那么长的历史。"

明洋小朋友说："我特别研究了第五套人民币上的图案：有杭州西湖的三潭印月、泰山的五岳独尊石；有瞿塘峡夔门，有桂林山水；还有布达拉宫、人民大会堂。这些表现了中国悠久的历史和壮丽的山河。我觉得做一名中国的小朋友非常自豪！"

看，一次学习、一次深入的研究，让他们收获多大啊！

华容道是古老的中国民间益智游戏，以其变化多端吸引人们百玩不厌。经过练习，"小院士"们都能在1分钟之内走出华容道。当孩子们都熟练掌握了游戏技巧后，老师们思考：仅仅会玩够吗？还有什么可以深入地进行研究？于是，老师引导学生提出自己的问题：

"为什么曹操占4格，其他占2格或者1格？"

"为什么关羽是横着的？"

"为什么叫横刀立马式？"

…………

没想到，这些小孩子思考得那么深刻，他们已经不仅仅停留在会玩的层次了。

这些问题很有价值，值得研究。但是，去哪里寻找答案呢？我们经过讨论，决定读读历史故事，试着从中找一找答案。

有的学生在读了历史故事后，说道："通过读历史故事，我明白了华容道为什么这样设计。这款游戏就像是中国历史的一个缩影。'曹瞒兵败走华容，正与关公狭路逢'，让我们边玩边重回那个风云激荡的时代，看群雄逐鹿，悟千年智慧！"

那么，华容道的游戏背后有什么数学原理呢？孩子们又开始要深入地研究一番了。让我们期待他们的发现吧！

小学生处于认知的启蒙阶段，培养学生的学习兴趣，使他们对浩瀚的知识海洋产生浓厚的兴趣，是小学教学的一项重要任务。数学是一门系统性和逻辑性都很强的学科，小小数学研究院通过融入数学文化，启发学生自己提出问题、解决问题的模式，引导主动学习，深入探究。我们希望小小数学研究院的课堂是智慧的课堂，给予学生以智慧的启迪。

本文作者：毛海岩

（数学老师）

教会学生思维 >>>>>>>

教学，就是"教"学生"学"，不是把现成的知识硬塞给学生，而是把学习的方法教给学生，教会学生思维，学生就可以受用一辈子了。那么，如何让学生学会学习呢？民族小学的老师们开展了很多研究，其中，引导学生学习记笔记、用思维导图梳理思考是老师们都在探索与实践的一个举措。

思维导图作为一种全新的笔记形式、一种新兴的思维工具，是充分调动左右脑协同工作的有效方式之一。那么，什么是真正的思维导图呢？如何教孩子使用思维导图记笔记呢？

带着这样的疑问，我找到了时任六年级组年级主任的卢丹老师求教。她是那样和善、热心，无论在教学上还是班级管理上，都是值得我们青年教师学习的前辈。她知无不言、言无不尽地给我讲述了她们年级研究的过程与思考，让我受益匪浅。

当时卢老师所带年级的学生，是最先对思维导图进行专业、系统学习和使用的，并且取得了非常好的效果。卢老师对我说起了她开展思维导图教育实践的最初原因：在一次和家长的普通谈话中，她了解到学生正在参加一个思维记忆训练营，导师是思维导图领域比较有名的姬广亮。卢老师当时就和家长商量，能否约姬老师为整个六年级的孩子做一次思维导图课。家长很热心、爽快地答应了，并协助她安排了一次年级范围的思维导图专业讲堂。

卢老师还说，现在很多人并没有正确认识什么是真正的思维导图，在培训中，姬老师提出：思维导图是一种发散结构的可视化工具，我们可以把它形象地称为"思维地图"或"思维笔记"。它是我们大脑更感兴趣的一种思维方式，真正的思维导图具备图文并茂和发散结构两个特点，大家常提到的气泡图、圆圈图、逻辑图和鱼骨图，不能被称作思维导图。

传统线性笔记虽面面俱到，但是重点不突出；而用思维导图记笔记的方法，简单说就是提取关键词，再把这些关键词写在一张白纸上，用线条连起来，用不同的颜色把关键词区分开，帮助我们记忆。思维导图帮助大脑建构了一种全新的图像思维方式，用极简的文字、清晰直观的逻辑以及有趣的发散结构，像地图一样呈现大脑思考的整个过程，把复杂的问题变得简单，仅用一张白纸就可以把它展现出来。

这次培训后，卢老师那个年级的学生们意犹未尽，对这种新型的学习工具很感兴趣。

"卢老师，思维导图太有趣了，可以边画边总结梳理知识。"

"一个一个的知识点，可以用一幅图表示出来，记起来好方便。"

"可以想象一些图辅助解释，可以尽情发挥我的想象了。"

……………

"是啊，我们合理正确地应用思维导图，它会提升我们学习效率，是一种简单又极其有效的思维工具。"

随后，卢老师开始在自己班级带着孩子们一起走进如何使用思维导图的探究与实践中……

首先，卢老师带着学生从"自我介绍"这一中心主题开始尝试实践。卢老师告诉学生们，使用思维导图前，要先进行思维的发散，用一个熟悉小工具"九宫格"可以辅助发散思维，由中心主题想想可以从哪些角度介绍自己，然后填写在周围 8 个空格中。

同学们想到了姓名、性别、年龄、爱好、梦想、学习、朋友、性格等，卢老师就引导孩子们："我们可以从实用性角度想想，哪些方面一定要介绍？哪些方面可以归为一类介绍？哪些角度不介绍也行？现在我们筛选整合一下吧。"

"卢老师，我觉得姓名、性别、年龄可以归为基本信息。"

"我认为'朋友'不需要介绍。"

"如果介绍'爱好'，'梦想'也可以不说。"

"孩子们，你们说得很有道理，这样基本信息、性格、爱好、学习就可以作为思维导图的 4 个主分支，绘制时可用不同颜色区分。"

就这样，孩子们很兴奋、专注地开始绘制起来。

然后，就是画出次级分支，围绕主分支主题由次级分支进行详细介绍，以此类推，直到介绍完整。绘制过程中，提醒孩子们可将一些抽象关键词发挥想象力联想成关键图，并画出来。

学生初次尝试使用思维导图是卢老师一步一步带着完成的，第二次正式使用思维导图是在数学课上，卢老师鼓励孩子们进行第一单元学习内容的总结回顾。卢老师尝试"半放手"状态，在思维发散的主分支部分，以一个问题启发孩子们的思考："对于第一单元的梳理，你认为可以由哪些角度进行主分支安排？"

"每一课主要内容，都可以作为一个主分支。"

"我认为，还有易错题整理。"

"还有吗？"

…………

"其实还可以加入这单元我依旧困惑的地方——'我的困惑'，我还想继续研究的知识，我的收获……"

在卢老师的提示补充下，孩子们作品完成得特别好，卢老师对学生优秀作品进行了展示，并对其他孩子作品逐一进行了评价，及时的鼓励和有效的评价是孩子今后再次绘制出一份好的思维导图不竭的动力。

后来每一次思维导图的使用，卢老师都选择放手，给予学生充分的空间和想象进行绘制，学生在之前经验和榜样示范下，创作出了一幅幅非常棒的思维导图。

班级中各学科的老师看到了学生在数学学科上使用思维导图后发生的变化：学生学习兴趣提升了、学习效率提高了、成绩提升了。随后，六年级掀起了思维导图使用热潮，老师纷纷将思维导图引入各学科教学中，引导学生使用思维导图整理学习笔记。

柴老师在语文教学中也引入思维导图，课堂上利用思维导图进行整篇课文、古诗文的分析，同时引导孩子使用思维导图整理语文课堂笔记，由生字词、作者、文章结构、写作方法、好词好句、中心思想、感悟等角度作为主分支展开；党老师在英语课堂中引导学生使用思维导图用于课堂笔记整理、语法知识点梳理……

这种高效记录笔记的学习方法和经验逐渐推广开来，由一个学生，到一个班，到一个年级，现在整个学校老师逐渐都行动起来，将思维导图引入课堂教学，并引导学生使用思维导图整理课堂学习笔记，梳理解题思路、写作思路、词汇语法记忆等，帮助学生解决众多学习问题。

我听了卢老师开展思维导图指导学生学会思维的经验，深受启发：教会学生学习，激活学生的思维比教他们多少知识更重要！从引导学生"学会"转变到"会学"，让学生学得知识的同时，树立正确的学习价值观，增长智慧，提升人格，这样的教学才能实现从"教给"到"教会"的目标。

本文作者：南俊红

（数学老师、班主任）

教师是教育的实施者。一支优秀的教师队伍，是学校最宝贵、最具有生命力的资源。一所学校，有了优秀的教师团队，才能不断提高教育教学质量。校长作为一个管理者，不仅要关注教师业务素养的提升，还要注重引导教师不断提高自身修为。

什么样的教师才能让教育焕发生命的活力？未来社会是一个学习型的社会，教师必须成为终身的学习者，不断更新自己的教育理念、知识结构，掌握科学的教育教学方法，适应新时代教育的需求。为此，民族小学常常鞭策老师们要不断提高自身的眼界与格局：要多读书，除了专业书籍，还要读哲学范畴的书；要行万里路，增长见闻，不能只是一个"教书匠"，要成为杂家。

"阅读、跑步、习字"是民族小学师生每天的必修课，老师们不断强健体魄，丰盈内心；项目制引领，让有想法、有特长的老师有用武之地……民族小学的老师们在向着优秀不断前行。

教师要具有良好的道德素质，要规范自己的行为，这样才能成为合格的人民教师。只有教师的德行成为学生的典范与榜样，才能更好地落实立德树人的要求。

做榜样，树栋梁 >>>>>>>

不论是陶行知先生提出的"学高为师，身正为范"，还是启功先生题写的北京师范大学校训"学为人师，行为世范"，都强调了教师要具有良好的道德素质，要规范自己的行为，这样才能成为合格的人民教师。民族小学一直重视教师的个人修为，我们相信只有教师的德行成为世人的典范与榜样，才能更好地落实"立德树人"的要求。

我一毕业就来到了民小工作。本身还是一个孩子的我，马上就要成为孩子们的老师了。刚开始工作时，这一角色怎么也转变不过来。经常和可爱的孩子们在一起玩，一起闹，有时也不太注意自己的行为是否合适。但慢慢地，我发现老师对于一个孩子的影响是巨大的。特别是处于小学阶段的学生，对老师有着一种特殊的敬畏，这个年龄段的学生也特别善于模仿。所以，在之后的工作生活中，虽然我们还是经常在一起组织活动，但我逐渐地开始有意识地规范自己的行为，在各个方面都争做孩子们的榜样。

记得有一次，我去参加马拉松比赛。在比赛前几天，学生们得知了这个消息，都纷纷表示要到终点为我加油。

"于老师，马拉松有多长啊？"一个孩子好奇地问。

"42.195公里！"我话音一落，孩子们便惊呼起来。我接着说："我要从天安门开始跑，经过西长安街，再往北，一直跑到'奥森'。"

"老师，我们去给您加油吧。我们在终点等您！"

"好啊，好啊，我们去等您！"

学生们都开心地欢呼着。我特别开心，觉得在学生面前做了一件特别牛的事。但对于学生们说要来终点等我的事，我并没有当真，觉得孩子们只是在鼓励我罢了。

参赛当天，我早早来到了天安门广场。虽然天还没大亮，但广场上已经是人山人海。我在人群中既好奇又兴奋。第一次马拉松比赛会是怎样的经历呢，我能跑完全程吗？其实，在这次比赛前我根本没有一口气跑过 10 公里以上，只是在报名以后，才开始一周跑几个 5～10 公里。所以对这次比赛，心里完全没底。但我一直热爱运动，高中时曾参加过田径队，自认为身体素质还是不错的。

当跑到天安门前时，看着雄伟的城楼、庄严的华表、典雅的红墙，那种感觉真是太美妙了。我好像充满了力量，一口气就跑到了 10 公里处，这是我平时最大的跑步量了。当我跑到 15 公里左右时，便觉得有些吃力了，我咬牙勉强坚持着。

真正的困难是当我跑过"半马"的标志时，觉得腿部肌肉又酸又疼，膝盖上方的肌肉撕裂一样疼。我觉得我可能跑不下来了，毕竟还有一半的距离呢！我告诉自己应该停下来了，我无法再坚持下去了。我沮丧地走着，一边敲打自己的腿，一边看着滚滚向前的人流。我想是不是该放弃了。毕竟第一次能跑个半马也不错了。我看着停在路边的救援车，感受着自己双腿的疼痛，看着三三两两溜达的跑者们，我决定不能拿自己的健康开玩笑，下次再来。

就在此时，我听见了熟悉的声音，是孩子们的声音，我寻声望去，看见人群中一幅亮眼的横幅——"恭喜××小学××老师半程马拉松顺利完赛"。

就在我要停下脚步时，突然想起了我的孩子们，想起了那天他们兴奋的表情。他们答应会在终点等我！如果等不到我，他们会怎么想？想着这群孩子们，想象着孩子们看我跑到终点时绽放的骄傲的笑脸，我心里暗暗发誓——一定要为孩子们做榜样，说到做到，我要坚持下来！

毫不夸张地说，我当时仿佛被注入了能量，浑身有了力气。那时，我一心只想着不能让学生们失望，我一定要说到做到。

当我快跑到终点时，距离出发已经过了五个半小时，已经没有多少人在跑了。我想：如果有孩子来也一定都回去了吧！但不论怎样，我也要咬牙跑过去，给自己一个交代。

就在这时，我听到了呐喊声，他们在喊："于老师！于老师！"是的，是我的学生们！我看见孩子们在护栏外激动地喊着、跳着！我看到了他们满是惊喜与骄傲的笑脸。我知道，我没让他们失望，我说到做到了！

当跑到终点时，我看到有那么多学生和家长都来了！他们为我送上了一束鲜花，兴奋地拥抱我。当时，我眼前模糊了，不知是因为累的，还是因为眼里满含感动的泪水。

经过这件事之后，我在学生心目中的地位显著提高。学生更加喜欢我，佩服我了。当我跟他们讲我曾一度想要放弃，是他们让我鼓起勇气去坚持时，我看到了学生眼里的光，那是面对困难不放弃、面对挫折不畏惧的决心和信心。

我深切地感到，和孩子们在一起，不仅仅是老师在影响着学生，更多的也是学生在促进老师的成长。老师和学生就是一个成长共同体，我们各自发挥着正能量，互相促进，不断成长，而这个共同体的基础就是"说到做到"。

后来我参演学校校史剧时，更加理解了这种"说到做到"的力量。

"不搬！不搬，就是不搬！"这是抱成团的"商户"在无理取闹。

"你们校长收到传票了吗？"这是个别"小贩"将"校长"告上法庭。

将属于学校的教学用地拿回来办教育就那么难吗？当你面对这挑衅与无理取闹时，当你频频走上法庭打官司时，你还会坚持吗？

"我们要办一所让人看得起的学校！"

这就是校长当时的"说到"，也是后来校长的"做到"！哪怕是面对一群人的吵闹，哪怕是被告上法庭，也要坚决把教学用地拿回来，给孩子们一个安全的、安心的学习环境！

在演这一段时，这种面对面的冲突让我真切地感受到压力，感受到冲击与威胁，内心甚至产生一丝丝胆怯，但更多感受到的是一种力量。就是这种力量让"我"能够有决心有底气坚持要改变。

在正式演出时，我知道了这力量的源泉，当我面对着一众小贩，喊出那句"我们要办一所让人看得起的学校！"时，我听到了台下家长和学生的掌声雷动。那时，我明白了：这种决心，这种力量就是来自学校周边的老百姓，来自他们的期待。教育者就是要看到这种期待，直面这种期待，这样才能让我们既"说到"，又"做到"！

有了这两次体验，我才真正懂得了只有把家长们的期待、孩子的成长放在心中，才会让我们教育者的心更坚定、更有力量；才会让我们教育者更有动力去完善自我；才会让我们既说到又做到，努力做孩子们的榜样！也只有这样，我们才能培育好根基扎实的栋梁！

本文作者：于昊

（语文老师、教学副主任）

这"两个人"，教我如何上好一堂课 >>>>>>>

学校鼓励老师们积极探索新的教学方式，号召老师们要抬起头来教书。课堂改进要基于老师主体，基于团队同研；课堂要聚焦于学生身上。有意义的课堂应该是在主题意义的引领下，教师眼中有人，能够敏锐地捕捉学生灵动的思维，及时发现他们智慧的闪光点和问题的生成点，给予有效的点拨与学习策略指导。师生具有深度思维的火花碰撞，课堂生成能够启人心智、触动心灵，积淀学生的幸福人生。

认识"两个人"

2008 年，我初入民小任教英语。主管教学的夏校长热情而耐心地和我说："每当你上课的时候，就要想着教室后面坐着'两个人'。"

"坐着两个人?"我不解。

"对，一个是教学干部，能够提醒你以专业育人的视角和严谨教学的意识，把课设计得科学，上得有意思，能够吸引学生的兴趣，激发学生的潜能。"

"那另一个呢?"

"另一个就是坐在教室后面的家长，能够提醒你关注到课堂中的每一个孩子，对他们倾注爱心，让每一个孩子都在课堂中获得成长。这是我们民族小学每位教师都要知道的。"

我半信半疑、似懂非懂。夏校长微笑地看着我，示意我慢慢体会。

"两个人"教我上好这堂课

之后，我时刻将这句话铭记在心。渐渐地，我似乎有点理解了这句话。备课的时候，我会多预设几个问题。这节课是什么主题内容，怎样设计、实施，为什么这样设计、实施，适合学生吗……我会从学生的角度备课，学生学习这个主题时可能会遇到什么困难；重难点的突破应该采用什么方法；设计哪些教学活动能更好地照顾到全体学生，并关注学生间的差异，激发学生积极参与、思考、实践、运用及表达……

那一年学校正在争创"海淀教育教学管理先进校"，全校师生都尽自己最大的努力为学校争取。我也备受鼓舞，开始摩拳擦掌，跃跃欲试，准备为这个集体共同的荣誉尽自己的微薄之力。

为了上好这节英语示范课，我静下心来认真钻研教材，细致分析学情，反复修改教案和课件，精心制作教具，在反复试讲的过程中始终牢记：每当你上课的时候，就要想着教室后面坐着"两个人"。

后来，夏校长又特意请来了英语特级教师刘老师帮我听课、诊断、指导、改进。我暗下决心，一定不能辜负学校领导和专家对我的期望和信任。

评审那天，教室后排坐满了课堂评审专家，学生也都坐得笔直，脸上挂着僵硬的笑容，明显和我一样紧张。随着课堂的主题进入，我和学生随着情境的进入、学习活动的开展逐渐放松起来，课堂氛围也越来越轻松自然。这节课的主题是"运动"，所以那天我特意穿了一套运动服，带了一些运动器材，如篮球、足球、乒乓球等。在学习了运动主题的新词和功能句后，要引导学生将这些表示运动项目的短语有韵律地唱起来，自愿展示的同学还可以挑选自己喜欢的运动器材，边模拟做运动，边唱歌谣。一只只小手踊跃地高举起来，我随机点了一些孩子，他们高兴地走到讲台前，落落大方地用所学词汇、句子和老师同伴互动，挑选自己喜欢的运动器材，伴随着韵律十足的音乐边做边唱。

之后，我请这些展示的学生来挑选自己的同伴进行新一轮的展示，被选到的同学都很开心地积极互动。主动权转交给学生后，我突然看到坐在窗边第四排的小靳同学，他的小手一直犹犹豫豫地不敢举高，微微举起来又放下，但是眼神里又充满渴望和期待。小靳平时不太积极主动开口说英语，但是在后排坐满了评审专家的课堂中他却有勇气举起小手，我从心底里为小靳叫好。可是似乎没有同学点到他。我想，如果此刻他的家长正坐在教室后面听课，看到这样的情景会是怎样的感受？家长一定希望自己的孩子被同学和老师关注。如果这一节课，他一直没被叫到，这颗积极思考、勇于参与、内心充满热情的小火苗可能就被浇灭了。我突然想到小靳平时喜欢打乒乓球，而且水平在班里算是数一数二的，于是我说道："A lovely boy in our class plays table tennis very well. Do you know who he is?"

同学们不约而同地把目光投向了小靳，喊出了他的名字。只见他脸上微微一红，不好意思地抿了一下嘴。我顺势对前面刚被挑选上准备第二轮唱歌谣的一位同学说："Would you like to invite him to show with you?"

"Yes, Jin, come here, Let's chant together."

小靳开心地走上讲台，手拿自己喜欢的运动器材，和同学们一起随着音乐节拍唱了英语歌谣，虽然发音不是特别准确，但从他喜悦的表情中看到了自信。如果小靳的家长此时坐在教室后边看到自己的孩子被老师关注，在如此温暖的课堂氛围中参与学习活动，收获认可和成功，将会是多么激动。

后来，这节课被专家评价为 A；学校也顺利通过考核，被评为"海淀教育教学管理先进校"。沉甸甸的奖牌凝结着大家的汗水和智慧，而我又想起了夏校长那句"每当你上课的时候，就要想着教室后面坐着'两个人'"。这句话给我力量，给我努力的方向和标准。

传承"两个人"

还记得那是 2011 年的教师节。下午上完课刚回到办公室，门口传来一声"党老师"。我回头一看，原来是已经升入初中的小靳同学。

"这是送给您的。"他走到我身边，递过来一张祝福卡。同时，身后的小李、小特、小凌……那一张张熟悉的笑脸映入眼帘。随即，一张张祝福的卡片和一枝枝康乃馨递到了我手中。我被这突如其来的惊喜感动到热泪盈眶。我打开一张卡片，只见清晰而整洁的字迹跃然纸上：

党老师：

我们好想再上一节您的英语课，您是我喜欢的老师。我喜欢您的讲课方式，您的每一节英语课，我都受益匪浅。祝您工作顺利！

您的学生

看着这些可爱的孩子，读着这些真诚的话语，我心中无比激动。"坐在教室后面的教学干部和家长"这"两个人"给了我很多课堂教育的启示，激励鞭策我用心关

注、善待课堂中的每一个孩子。如今，这一节节润物细无声的课堂串联了孩子们的成长路线，带给了他们知识的浸润和情感的滋养。孩子们的成长也让我收获了教师的成就感。

现在，我已成长为英语学科主管，负责管理英语的教学教研工作。平时我会去听年轻老师的课，主动找他们一起说课，在说课之前，我会把当年夏校长说给我的那句"每当你上课的时候，就要想着教室后面坐着'两个人'"说给他们，再给他们讲这"两个人"如何去启发、促进我们的课堂开展。给学生思考的时间，关注每一个学生，多给不敢举手的学生创造发言的机会，鼓励他们表达，激励他们成长……渐渐地，年轻老师们的眼中有每一个孩子了，设计的课堂能够最大化地激励孩子们学习成长，而且课堂上的氛围轻松快乐。这时，我知道，这"两个人"已经住到了他们心里。

这"两个人"背后所蕴含的教育精神和教育理念，是民小历经百年所积淀的宝贵财富。我要尽自己全力，将这种精神不断传承下去。倾注爱心、善待差异、对每一个孩子负责，用爱做教育，完成使命与担当。

本文作者：党琦

（英语学科主管）

教师就要公平、公正 >>>>>>>

民族小学一直倡导教师们要有大格局观，对待学生的问题要从长远、多元、发展的角度去考虑。要培养具有平等意识的孩子，让他们在未来的人生中做任何事情都公平、公正，教师就要以身示范，潜移默化地通过自己心灵深处的平等意识、所言所行的平等态度，给予学生润物无声的影响。

只责怪孩子是不公平的

我刚毕业不久，作为班主任接手一个四年级的班级。第一次与孩子们见面，看着讲台下坐着的 31 个孩子，我心里是满满的期待："从这个学期开始，我就是你们的班主任，我曾经在咱们班看过一次班，对大家的印象特别好，那时大家都在看书，特别安静，老师很享受和你们在一起。"

话音刚落，就听到一个不和谐的声音冒了出来："那是因为我不在吧，啊哈哈！"

我寻着声音找到了这个男孩，瞪大了眼睛看着他，但他表现出一副满不在乎的样子，无视我的存在。我感到了教师的威信受到了挑战，厉声告诉他，这样很没有礼貌。同学们都看着他，他转头不说话。开学第一天，我感觉摊上"难事"了。

刚刚了解将要接手的班级时，我还是做了一些心理准备，刚进入四年级的学生比较在意彰显自己的个性。但开学第一天，小彤同学就给刚入职的我这样一个"下马威"，我以为他只是为了引起老师和同学的注意，于是仅仅对他采取了冷处理的方法。但后来当他屡屡恶作剧、欺负同学、不遵守纪律的时候，我有些招架不住了。为了维护新教师的威严，我假装淡定，心里除了有些厌烦，居然出现了一丝的恐惧。

在后来几天的课堂上，他时常冒出一两句"怪声"，像小怪兽一样发出"嗷嗷"的叫声，还会和老师顶嘴。起初，我尝试用课前提醒、课上直接表扬或批评提醒的方法，但是发现对他都没作用。我开始提高自己的音调试图用声音和气势压过他，但依然没有震慑住他，反倒影响不少学生跟着学，出现一群"嗷嗷"的孩子们。我发现，我对他的态度越差，他的表现就会越糟糕，这样下去只会两败俱伤。

终于有一次，小彤在我的公开课上当着专家的面，在下课铃声响起时冒了一句"下课了"。一时间，一种深深的挫败感让我觉得很沮丧、委屈，这个事情不能再这样简单处理了，应该怎么办呢？我找到了校领导，希望能帮我分析找到问题的原因以及解决方法。

校领导了解情况后告诉我：这个孩子心里装着事呢，你不能仅仅看表面，用质问的方法，而是要从心灵深处平视学生，多了解他，平等地和他聊天，尝试走到他心里，获得他内心的接纳，才能改变他的行为。

这些话令我醍醐灌顶，原来我只是想到用有趣的教学设计来吸引学生的注意力，让他看到老师的用心就能转变自己的"抵抗"行为，但这些措施都没有抓住问题的根本。

我找到了小彤，在一间空教室，拉着他的手，让他和我面对面坐下。单独面对我，他显得有点局促不安，眼睛不敢直视我。

"小彤，老师想跟你聊聊天。"他原以为我要批评他，没想到我竟让他坐下聊天，他一下子就轻松了很多，偷偷地长舒了一口气。我微笑着看着他，继续说："老师知道你在班里有很多好朋友，你和朋友的关系非常好，而且很有号召力，老师刚接手咱们班，算咱班的新人。"

"嗯……"小彤犹豫了一下，还是低着头说。我看他默认了，于是接着说："那老师现在有问题，你能不能帮帮我？"小彤听到我的话，很惊讶地抬起头看着我。

"老师您有什么问题啊？您可是老师。"

"你以为我是老师，你是学生，老师就应该是完美的，不会有任何的问题是吗？"

"不是吗？我以前的班主任就特别好，可惜这么快就换老师了……"听到这里，我似乎明白小彤之前这些异常的举动是为什么了。原来小彤用这样的行为对我这个"不速之客"的到来表示抵触，我开始尝试站在小彤的角度去理解他。"我很理解你，特别喜欢的老师突然去教别的班了，如果是我，我也会很失落的，我特别理解你！小彤，我可以帮你邀请原来的老师回来看看你们，怎么样？"

"可……可以吗？"小彤抬起头迟疑地看了看我，我给了他一个肯定的眼神。不仅是小彤，连我自己都被自己的"大气"吓了一跳。自己的学生当着自己的面说要喜欢的老师回来，我居然提出了这样的主意。

"君子讲究礼尚往来，你看能不能也帮我一个忙？"

"老师您说！"小彤顿时打起了精神。

"我作为咱们班最新的'新人'，你能不能帮老师很快适应咱们班的班集体，让我早点成为咱6班的一分子！也许我做的不一定和王老师一样好，但我会代她好好去爱你们每一位同学，相信我！"

"老师，您就交给我吧！"小彤自信地拍了拍胸脯。没想到，当我"卸下"完美的面具，不在小彤面前"端"着，而是像朋友一样平等地沟通的时候，我收获了"真相"，还有收获了小彤的帮助！

后来的日子里，课堂上的小彤不再发出怪叫的声音，还逐渐成了我得力的小助手，在其他同学出现纪律问题时帮助我一起管理。我也实现了当初和他的约定，邀请到了他最喜欢的王老师中午和同学们共进午餐。那天，小彤看到王老师回班了，热情地打着招呼。我趁此机会，当着王老师的面好好表扬了小彤。这个时候，我看到了小彤的眼睛好像在和王老师(也好像在和我)说："看，我没有给您丢脸吧!"

我在羡慕王老师和小彤同学这样的师生情之余，更多的是找到了未来努力的方向。我认识到尊重、平等、理解是构建和谐师生关系的重要因素。

教育是人和人之间相处的学问，良好的师生关系中自然会有"情"。炽热之情会感染他人，温柔之情能抚慰躁动；当然也不难理解，厌恶之情换不回热爱，冷漠之情也唤不起激情……

经过这件事情后，只要是处理学生的事情，我都要首先了解孩子的特点、他的经历、最近发生在他身上的事情，然后再和孩子进行平等的交流，像朋友一样想办法帮助他们。

正如马校长说的："如果凡事都是老师提出要求让孩子们遵守，师生之间的距离就形成了，而且孩子内心可能积压大量负面情绪，长此以往，会造成深远的负面影响。教师不妨先从建立和谐的师生关系开始，并且经常变换角色平等地和学生沟通，有时候我们是老师，是朋友，是学生，还是家长……"

投之以公正之心，报之以尊重之情

"我要报告老师，老师!"课间，小然和小嘉争吵打闹的声音引起了我的注意。原来是几个男孩子炫耀家里有几辆车，小然不想被同学看不起，吹嘘说自己家有三辆车，还都是好车。小嘉是小然的好朋友，他知道小然父母离婚了，家庭条件并不是很好，当面就给他戳穿了，让他下不了台。小然非常恼怒，就和小嘉打了起来，最后闹到我这里。

了解情况后，我没有批评任何一个孩子，而是对他们说："没有人会瞧不起家境不富裕的小孩，因为现在不富有不代表什么，只要他努力，未来一定会好起来。而父母家里有钱的，如果自己不努力，迟早会坐吃山空。家里没有车、租房子、衣服穿的不是名牌都没有关系。小孩子穿得干净整齐就很舒服。老师穿的就是打折的衣服，我觉得不丢人。"

分别和两边的孩子沟通后，我问他们俩打算怎么解决这个问题。我想高年级的孩子不是小孩了，于是我想充分尊重他们，并微笑着让孩子们自己说出想法、

感受和决定。

小然："老师，我先说，是我不对，首先我不应该向同学吹牛，说不切实际的事情。不管什么原因，动手是不对的，我跟小嘉道歉，对不起。"

小嘉："老师，我也错了，我不应该当面说小然，我们是好朋友，有什么事情我可以私底下和他说，帮助他。"

小嘉转向小然："小然，对不起啊，我不该这么说你。希望你原谅我，我们还是好朋友。"

我知道他们都释然了，绝大多数时候，学生之间的吵闹是成长的一部分。班主任要帮助孩子树立自尊的一面，因为老师对一个孩子的评价，是整个班的学生如何看待和接纳这个孩子的重要信号。把"一碗水"端平非常重要！

高年级的孩子如果需要求助老师解决的事情，一般是自己解决不了的。因此，只要学生找到我，我一定会加倍重视，公平公正地解决。在谈话的时候不偏向任何一方，让学生知道老师是爱着他的，他们才能敞开心扉，尊重并能自然地接受老师的建议。

顾明远先生说过："教育情调的核心在爱，把爱献给每个孩子，在教育活动中就有了美好的情调。教育情调的表现在情，在教书育人的细微处见真情。"只有对孩子们真正从心底去爱了，尊重了，才会公平、公正地处理好每一件小事，才能把情传递到学生的心里。教育就会变得无比美好！

本文作者：周静

（数学老师、班主任）

做老师就要写一手好字 ＞＞＞＞＞＞＞＞

我们的学校一直坚持"六个一"育人工程，即培养学生拥有"一手好字、一副好口才、一笔好文章、一个好身体、一份好担当、一生好习惯"。同时，这也是对每一个老师的要求。

苏轼在《论书》中说："书必有神、气、骨、肉、血，五者阙一，不为成书也。"

字是一个人的精气神，也反映了书写者的修养素质。教师不但要教育学生，还要做学生的榜样和示范。因此，于情于理，合格的教师就应该写一手好字。

 书画同源　笔耕不辍

2012年7月，我毕业来到民族小学，在校长办公室第一次见到马校长，本以为，与一校之长的谈话是非常严肃的。没想到，校长特别和蔼地跟我聊起了学校的历史、聊起了自己的爱好。校长说："你是国画专业研究生毕业，书画同源，你的毛笔字应该也不错。我也喜欢书法，当年上学的时候，没有你们这么好的条件，我就用报纸练字。现在条件好了，用专业的纸练习。来，你看看！"

说着，校长走到办公桌前，拿出了自己的习作。我一看，嚯！一幅行书作品遒劲有力，真漂亮，比我写得好多了！真没想到，非专业人士的马校长居然能把字写得这么好！当我还在为自己会写毛笔字沾沾自喜的时候，事务繁忙的马校长居然已经能写出行云流水的作品了。作为老师，作为国画专业毕业的老师，我顿时意识到必须得继续努力，不断练笔才能够有所收获。

民族小学的校园就像一座花园。这里有小桥流水、曲径通幽，还有玉兰海棠、小院回廊。我负责的国画社团，就在古香古色的四合院开展社团活动。这里的汇华馆成了我的根据地，桌子上摆着我写字、画画的瓶瓶罐罐；课后，我就来这里涂涂抹抹。有了马校长做榜样，书法成为我提高专业技能的重点项目。虽然我非常认真地练习，字也有了一些进步，但是它仍然是一个任务、一个需要达到的目标，我并没有很热爱。

就在这时，学校的"青蓝工程"通过师徒结对的方式，让我有了一位师傅——郭鑫伟老师。别看我的师傅郭老师是语文老师出身，他的书法却是从小练起的，学校的楹联匾额他可出了不少力。

"郭老师，您看我这篇字练得怎么样？"

"郭老师，你看这个'撇'这么写对吗？"

教学经验丰富的郭老师知道鼓励表扬不仅能增强学生的自信心和积极性，对于我也同样有效。有了师傅的指导，我不断发现自己的不足，书法水平也不断提高。

身体力行　坚持不懈

如果说"青蓝工程"让我把书法从任务、目标变为兴趣，那后来学校发生的变化就让书法从兴趣变成了我的习惯。究竟是什么变化呢？大家都没有想到，校长竟然开始发动全校老师练习毛笔字。不管是美术老师还是体育老师，不管是语文老师还是书法老师，在郭鑫伟老师的组织下，人手一本字帖，开始跟手里的毛笔较劲。

我还清楚地记得，在动员大会上，马校长说："我知道，咱们的老师大多数都不会写毛笔字。有的老师跟我说，她都没怎么碰过毛笔。但是，咱们民族小学的老师都要有一手好字，这是我们中华民族的传统文化！汉字是中国人的文脉，书法传承了中华民族的文化，全校老师拿起毛笔就是传承中华文化的开始。同时，这更是作为老师的一项基本功要求！"

作为这件事情的见证人，我是真的知道这个练字过程中的好多小秘密。比如有的老师在最开始除了颜真卿、欧阳询，其他的书法家一概不知；有的老师偷偷把字打印出来放在宣纸下复制；有的老师觉得这个毛笔太软了，就用水粉笔写……简直是"八仙过海，各显神通"。

还好，马校长给我们请了专家，从理论到行笔，细致的讲解让老师们慢慢走进了书法的世界。马校长规定：每周至少练习一幅书法作品挂在食堂，大家共勉。校长也身体力行，每周换上自己新写的作品，大家一看，不仅要写，还得好好写！现在，民小的每个老师都有自己喜欢的字体，提起颜、柳、欧、赵都是侃侃而谈。

记得有一次寒假，学校根据每位老师的书写水平制定了不同内容的书写作业，我的作业是《大学》。这篇古文字字珠玑，真是让我不知该如何节选。于是，我找来六尺的宣纸，打好格，认认真真地集字练习。开学后，在师生作品联展上，我听到学生说：

"王老师，我看到有一幅特别大的字，落款是你的名字！"

"王老师，我看到你的字了，写得真棒！"

"王老师，你是不是特别喜欢书法，怎样才能把字写好呢？"

还有的学生拉着我去确认，我的作品让他们想要去了解书法、写好书法。这一刻，我似乎明白了教师要写一手好字的意义。

乌克兰教育家马卡连柯曾说："不要以为只有你们在教训孩子、命令孩子的时候才是教育，你们在生活的每时每刻，甚至你们不在场的时候，也是在教育。"在学生面前，老师的举手投足都是榜样。

只有老师能写好书法作品可不行！"一手好字"的育人目标是面向全校师生的，老师先会写才能指导孩子们。每周三下午第二节课后的时间，是全校师生共练书法的时间。学校根据学生们各自的爱好、特点还成立了不同书体的书法社团。社团的成员从开始的二十几人发展到几近二百人，书法成了民小人的必修课。每年，六年级毕业生都会用书法作品表达对母校、对老师的爱，他们用书法传承着中华民族的传统文化，也传承着民族小学的"三气精神"。

"看不见"的进步

任何事物的发展都必须首先从量变开始，没有量的积累，没有一点一滴的坚持，就不可能有质的变化。几年来，民族小学的书法着实有着"看不见"的进步。

美术组是由美术老师和书法老师共同组成的，每一次的书法活动中，我们都是组织者、实施者、见证者，当然也是参与者。在体育馆，北京市的书法家和各个学校的老师、学生，百人共书《论语》；每个春天，立人书院海棠花下，学校师生与书法家共同描写春天。一次次有意思、有意义的活动串联起了民族小学的书法大课堂，激励着师生共同进步。

每年春节也是验收课堂教学成果的时候。马校长会在期末工作结束后，组织大家为学校、为自己家的大门写上红红火火的春联和福字。每次新桃换旧符，我就会发现，经过一年的练习，我的字以"看不见"的速度进步了。

1962年，郭沫若先生就在《人民教育》杂志上题词说："培养中小学生写好字，不一定要人人都成为书法家，总要把字写得合乎规格，比较端正、干净、容易认。"记得我上小学时，语文老师的板书非常漂亮，是我们班同学争相模仿的对象。老师写字水平的高低，会对学生产生影响。要求学生写好字，老师必须以身作则，先要能够写出一手漂亮的字。

2012年毕业工作到现在，我的毛笔字在一点一滴地进步，练字从任务变成了爱好。民族小学倡导"要把有意义的事情做得有意思，有意思的事情变得有意义"，让自己能够写一手好字就是这样一件有意思又有意义的事！

本文作者：王颖

（美术老师）

与家长成为朋友 >>>>>>>

"参与·成长"是民族小学的家长文化，倡导家长走进校园，动员丰富多元的资源参与学校各项工作的开展，与教师携手，形成共同参与、共同成长的良好育人氛围，构建起幸福的精神家园。但是，当有家长的育人理念与教师不同怎么办？不配合学校的教育工作怎么办？班主任作为家校连接的桥梁，更该深谙与家长的相处之道，与家长成为朋友。只有这样，才能营造出一个和谐稳定的家校合作的教育生态。

2019年9月，我成了一名五年级的班主任。刚接班时，就了解到小智同学的妈妈比较有个性，和老师的交流一直不是很顺畅，所以我的内心也很忐忑。每次给她发信息时，都仔细斟酌语言，甚至有时候还会请有经验的老师帮忙看一下我编的信息。

开学一周后，我发现小智各科作业经常不交，而且总说自己忘带了。为了了解小智在家的学习情况，我拨通了小智妈妈的电话："喂，小智妈妈，您好！我是王老师，小智最近总说自己作业忘在家里了……"

"哪是忘家啊，他压根就没写。"她打断了我的话。

"这样啊，那小智每天回家都干什么呢？小智在学校表现特别好，每堂课都特别认真，而且很积极。咱们在家的学习也得抓紧了呀！"

"这我可管不了！"电话这头的我还没反应过来，就听到了"嘟嘟嘟……"的声音。看来小智妈妈并不愿意与老师沟通，而小智各方面的表现也越来越让人担心，不光不交作业，课堂上也总是开小差，以前那股认真的劲儿看不见了……

卢丹老师是我们学校非常有经验的班主任，还常常与家长、孩子们利用假期一起开展班级活动，她与家长就像家人、朋友一样，关系特别融洽，班里的任何事情都是一呼百应，这样的家校关系真是让人羡慕呀！学校一直很推崇卢老师与家长的相处方式。我就趁着课间时间赶紧向卢老师取经，把小智妈妈的情况跟卢老师描述了一下，并寻求她的建议。

卢老师告诉我，跟家长相处一定记得真诚是第一位的，要学会察言观色，多肯定，多赞美。面对小智妈妈这样的家长，要用真诚去打动她，多关注她的孩子，多向她反馈孩子的情况，多表扬，让她体会到老师是真的关心孩子，慢慢地，她会有所改变。

真是一语惊醒梦中人啊！我才发现自己确实做得不到位，因为知道小智家长不太好相处，所以我就很少跟她沟通。小智暴露出问题时，我才不情不愿地找她沟通。平时除了一些必要的通知外，很少主动联系，总是公事公办，小智妈妈必然不会认可我。若想要别人改变，我更该先改变一下自己啊！

后来，我加了小智妈妈的微信，经常主动跟她反馈一些小智在学校的动态："孩子这几天表现特别好，主动帮老师做事，宝贝儿真懂事！""小智今天上课发言很积极，我表扬了他。孩子回家时，您也多鼓励他哦！"

慢慢地，小智妈妈对我说话的语气有所缓和，也更愿意主动跟我沟通了。有时候自己生活上的烦恼也会跟我倾诉，而我每次都会耐心做个知心听众，并给予她真诚的肯定与建议。

有一天中午吃饭时，我发现小智饭菜吃得很少。问明原因后，了解到小智在蛀牙，不敢吃硬的东西。我看了看当天的饭菜，发现有比较软烂的土豆和茄子，就鼓励小智多吃点。放学后，我又给小智妈妈发了一条语音消息，请她在家给孩子补充营养。

"谢谢您，王老师！谢谢您这么关心孩子，我为自己之前的不礼貌向您道歉。以后班级有什么需要我帮忙的，您尽管开口，我一定全力以赴……"

我收到了小智妈妈发来的一长串文字回复，心里温暖极了！

从那以后，小智妈妈非常热心班级事务，她主动加入了班级家委会，承担了很多台前幕后的工作。她还经常自掏腰包，为班级孩子购置一些日用品、小奖品等。小智妈妈对我的态度发生了改变，在孩子的教育上也更上心了。后来，小智不交作业的情况少了，学习上也更加努力了。这样的变化真是令我欣喜！

学校举行秋季运动会时，每个班级都要在运动会开幕式上进行5分钟的演出。时间虽然不长，但对于每个班来说都是一次很好的展示机会，对于每位班主任来说也是一次挑战。我没有太多的班主任工作经验，第一次遇到如此重大的活动，心里很没底。好在家长们非常支持，跟家委会的成员商量好展示的方案后，就是带着孩子们在课余时间进行练习了。

小智妈妈自告奋勇地提出帮忙排练队形。每天她都利用自己的休息时间来到学校帮助班级排练，9月的天气还是很炎热的，小智妈妈带着孩子们一遍又一遍地在太阳底下过场、练习动作。我看在眼里，感动在心里。在运动会上，我们班的表现非常突出，赢得了老师和同学们的一致好评，这真是多亏了小智妈妈的帮忙。

正式演出当天，小智妈妈因为有急事没能到场。事后才知道，那段时间小智的爷爷生了一场大病，一直在住院。演出当天，爷爷要动手术，妈妈实在抽不开身了。小智妈妈在照顾爷爷之余，还挤出时间帮助孩子们排练，真的让我非常感动！我给小智妈妈发了短信，感谢她那段时间的辛苦付出，并祝愿爷爷早日康复。从那时起，小智妈妈与我的心贴得更近了。

教师在跟家长相处时一定要把他们当作朋友，以真心换真心，这样才能形成教育合力。其实与家长之间的相处真的也不是很复杂，就像卢丹老师说的那样，首先，待人必须要真诚，容不得半点虚假。教师与家长的关系是平等的，两者更像是合作伙伴的关系。在与家长沟通时，教师一定要注意说话的方式方法，始终保持友好的态度。其次，教师一定要关注每一位孩子，向孩子倾注爱心。我相信受到孩子喜欢的老师肯定也会得到家长的肯定与信任。最后，与家长保持沟通。与家长沟通时少一些公事公办，多一些人情味。沟通的话题可以不仅仅停留在孩子身上，还要把家长当作朋友，可以聊一聊生活，关心一下他们的工作近况，这样也更能拉近与家长的心理距离。

民族小学有着非常丰厚的家长资源，学校是学生、教师、家长共同成长的地方。家长愿意主动走进学校，是因为开放包容的校园文化，因为有像朋友一样的老师，更是因为有一群可爱的孩子们。

如今，越来越多的家长走进了民族小学，他们与教师通力合作，为孩子们带来了丰富的选修课程和家长讲堂，为孩子们捐赠各种资源、提供各种走出去的机会，为孩子们每一次的展示和表演认真做好后勤工作……老师将家长当作朋友，家长都将学校当作了自己的家，与教师、孩子一起努力建设民族小学这个美好家园！

本文作者：王婷婷

（英语老师）

教师，是学校教育的实施者，根本任务是教书育人。教师应该终身学习，博文多识，才能更好地传道授业解惑。

教师的眼界与格局 >>>>>>>>

民族小学倡导教师们要不断提高自身的眼界与格局。眼界决定境界，格局决定结局。教师不仅承载和肩负着家庭、学校和社会的希望，也促进着历史、文明和文化的交融与传承。一所学校的教师，他们的眼界、心胸、格局很大程度上决定了育人的高度、广度、深度。

校园的"四种味道"给予我的启示

民族小学 1890 年办学，至今已有 100 多年的历史，学校现在的校址是顺治年间留下的后黑寺遗址，悠久的历史和古建遗迹赋予了学校深厚的传统文化底蕴。

记得一个盛夏的午后，我第一次走进民族小学，校长亲自带我转遍校园的各处，边走边交谈，最后在校园中心操场驻足许久。校长语重心长地对我说："学校一直营造校园的四种味道：传统的味道、自然的味道、孩子的味道、教育的味道。今后你来到学校工作就会慢慢体会。我希望你不仅仅是教美术课，更多是将你的艺术设计专业和对美学的理解运用于校园文化的建设上。我更希望你有大美育的眼界，美术课不仅仅是在课堂中，更应该在校园里，在大自然中。"

时光荏苒，浸润于校园的这"四种味道"中，我打开了眼界，对美育有了更深的认识：美育教育不仅仅是课堂中的学习，还应该体现在学生生活的方方面面。校园文化、校园环境就是一本最好的美育教材，一花一草、一砖一瓦，还有绽放一张张笑脸的孩子们都是美育不可分割的一部分。

大槐树下那座四面通透的艺和工作坊里陈列的一件件手工艺作品，是师生们用许多个日日夜夜精雕细琢制作而成；习思堂、铭史馆内，从花窗透进来的殿外穿过银杏摇曳的树叶的微光洒在脸上，感受到历史给予我们的那份厚重；去崇和馆周围，蹲下身瞧一瞧师生种植的那些瓜果时蔬，生机勃勃，硕果累累；再穿过静心阁驻足那幅画着校园石榴的水墨丹青，体味那句"各民族要像石榴籽一样紧紧抱在一起"的落款；走进四合院楹联匾额耐人寻味，耳畔书声琅琅沁人心脾，墨韵堂飘来阵阵墨香……

不用老师讲什么，学生们沉浸在校园之中，就感知到了什么是美，他们感受到、欣赏到美，才能用心创造出更多的美。

从最初只关注美术教材，到后来理解环境育人，再到体味校长营造学校"四种味道"的深远意义，我领悟到了：以优秀传统文化为教育奠基，人置身于自然之中和谐共处的道理。我的眼界逐渐打开，格局不断提升。

美术课从教室"搬"到校园

校园里的春天美极了！我带领美术老师把美术课从教室搬到校园，孩子们去画校园，画美景，画美好的世界。

孩子们会去画竞相盛开的迎春花、玉兰、桃花、杏花、海棠花、芍药、牡丹……会去画高大教学楼的檐牙高啄、古老大殿里精美的彩绘、恬静的文耘亭、四合院的回廊映翠……会去画种植植物的师生、运动场上的健儿……

"老师，我们最喜欢上美术课了！"

"老师，您看，我画的海棠花漂亮吗？"

"老师，我一边画牡丹花，一边听着叽叽喳喳的鸟叫声，这种感觉太美了！我怎么感觉刚上课，就下课了呢？一节课太短了！"

听着孩子们的话，我们美术老师都特别欣慰，告诉他们："我们所生活的世界处处都有美，你只要认真观察，用心体会就能发现。所以，你想要画画，随时都可以画！"

那阵子，师生在校园里写生的场景成了一道美丽的风景线。很多来校参观、学习的外校团体常常会驻足欣赏，称赞不已。

"孩子，你画得真漂亮！太羡慕你们了，这样的美术课太有意义了。"

"民族小学景色真美，孩子们在美景之中，就更美了！"

来民族小学参观的老师们也总爱这样问我们：为什么要走出教室画画？我们总会骄傲地回答："我们的校园就像个大画室呀！校园、大自然才是真正的美术课本，在美的环境中绘画，更能提高写生能力、审美能力，感受大自然的美、校园的美！"

…………

我想，这样的课堂就是对学校育人理念最好、最真实的展现吧！我们美术老师在学校正确育人观的引领下，逐渐开阔了眼界，成为善于思考、拥有大美育观的老师。我们还将美术课拓展为画四季课程，定期开展师生书画展，举行多学科融合的"我爱我的校园"主题实践活动。

将"画"变成学校一种文化"符号"

后来，我又兼任校园文化负责人一职。校长鼓励我，"眼界还要再打开，不仅仅是拘泥于自己课堂上的教学教法，而是要多学习，多开阔眼界，将艺术、学生与校园文化更加紧密地结合起来，让校园文化更有味道"。

我深受启发，并思考：校园文化除了体现在环境上，还可以体现在哪儿？我能做些什么？后来，在与老师和学生们的交流中，我忽然有了灵感：在美术课上，我带着学生们画过校园美景，这一幅幅生动的画除了被展览出来，还可以充分利用，变成学校的文化符号呀！

于是，我带着学生收集并整理了校园各处的学生写生作品，并设计成为一幅漂亮的手绘地图，地图的另一面是对学校文化、历史的介绍。没想到，手绘地图一经印刷出来，就受到了大家的喜爱。拿一份手绘地图，在校园各处美景打卡，成了校园的新风尚。同时，在校园开放日、学校承办的大型活动中，手绘地图也成为不可或缺的礼物。

学生们的画就是校园文化的一部分，我们还把更多的学生作品用到了校园指示牌、书签、请柬、文化衫、帆布袋上。学生们看到自己的作品出现在校园文化产品中，都特别骄傲、自豪。

我从一名普通美术教师成长为现任艺术副主任，曾任职少先队大队辅导员、美术学科教研组长、德育助理、校长助理、科任教学主任等不同的岗位，负责过校园文化。多年来通过不断学习、在不同岗位中锻炼，我切身感受到格局与眼界对于教师成长的重要性，我不断感悟和挖掘教育深处的真善美，我的站位与视野改变了我的眼界与格局，直接影响我的创造力、工作成效和教育的深意。

本文作者：傅若乔

（艺术副主任）

教师读书要像呼吸一样自然 >>>>>>>>

我出生于 20 世纪 90 年代的中州小城，父亲在我出生那年开了一家书店。每天放学，别的同学回家，而我要去的地方是书店。回想我童年的时光，有很大一部分时间是在书店中度过的。后来无论读本科还是研究生，书法专业都被设置在了艺术学院门下，创作在学习中所占的比重似乎大了许多。不过在导师的指导下，从我在古都书店购入大学生涯第一本书——《木简竹简述说的古代中国》开始，到《中国书法史》《学书津梁》《中国书法批评史》，我十分幸运地踏上了书法史论的上下求索之路。

丘园养素

硕士毕业后，我有幸来到民族小学任教书法。初入校园，便被古色古香的环境深深吸引。无论是雕梁画栋、恢宏大气的崇和馆、习思堂，还是鸟语虫鸣、静水流深的文耘亭、四合院，民族小学校园的角角落落都氤氲着对于传统文化的理解与思考。在这样十分雅致且朝气蓬勃的环境中读书，自然会收获一份别样的感悟。

阅读是民族小学师生的三大必修课之一，不仅每一位民族小学的学子不可一日无书，每一位民族小学的老师亦是如此。清代文学家张潮曾在《幽梦影》中论述过读书与环境的联系："读经宜冬，其神专也；读史宜夏，其时久也；读诸子宜秋，其致别也；读诸集宜春，其机畅也。"我在民族小学工作生活了一两年之后蓦然发觉，民小四时之景不同，乐亦无穷。在马校长阅读项目制的引领下，民族小学营造出来的读书氛围可谓景情自臻，四时皆宜。

不动笔墨不读书

阅读如同呼吸，恰如哲学家芝诺所言，人的知识好比一个圆，圆圈里面是已知的，圆圈外面是未知的。你知道得越多，圆圈也就越大，你不知道的也就越多。无论是接受教育的人还是施行教育的人，每个人都离不开书籍的滋养。在信息爆炸的时代，人们似乎很难沉下心来将一本书反复读到"其义自见"的程度。如何高效、系统地从阅读中攫取有效信息，增进理解能力，是校长在读书方面最为关心的问题。

通则融汇，达则邃晓。每年寒暑假，校长都会给老师们制定一份书单，或是圈定一个大致的读书范围，读书的同时要形成自己的思考，并撰写读后感，让老师们养成"不动笔墨不读书"的好习惯。

疫情期间隔离宅家，老师们组织了"读书驱散阴霾，交流拉近距离"线上读书小组，一时间圈粉无数。大家在群组里积极推荐书目，分享自己阅读的感受与收获。浏览大家的书评，或涉及教育、文学、历史、心理，或涉及美学、科技、哲学、通识。如同笛卡尔所说，阅读所有的优秀名著就像与过去时代那些最高尚的人物进行交谈，而且是一种经过精心准备的谈话。

譬如陈坤老师介绍《伊斯坦布尔三城记》："最近对这个地界开始感兴趣了，因为从来都没搞明白过为什么这里的纷争永不停息，这里的历史、宗教、政治、经济是如何与整个世界纠缠在一起的，带着这些疑惑走进这本书瞧瞧去！"激起我对一座文明古都兴衰浮沉的兴趣。

譬如戴欣老师读《草与禾》心得："在之前的概念中，自己一直都低估了中华文明中游牧民族的影响。其实中华文化绝不仅仅是两河流域中农业文明所塑造的，草原的进取精神，华夏的保守取稳……从汉代的匈奴战争开始，草原文明一直在和我们不断融合，匈奴鲜卑、柔然突厥、回鹘契丹、女真蒙古，从偏安一隅到大一统的清朝，草的世界在华夏文化中不断地汲取着养分，在互相学习中治理这个越来越大的国家。以前我总是简单地认为华夏文明是中心的灯塔，其他部落只能向我们靠近和学习，然而越到后来越发现这其实是一场对角戏，没有哪个区域的文明更加高人一等，不管是主动还是被动，最终都是要流入经济全球化的大潮。"

这些都启发了我看待中华文明发展历程新的视角。疫情期间虽然不能与大家面对面交流，但读书群使我的思想充实、精确、敏捷而富有意义。让心灵在路上，在民小读书，何时何地都能有新的提高与领悟。

理论照亮实践

马校长常在大大小小的会上对老师们说："教师的知识结构是专业素质的重要组成部分，其丰富程度和运作情况也直接决定着教师专业水平的高低。而阅读

能够帮助老师建立一套完整的知识体系和框架，更好地认知世界，更好地通过自己的常识和科学的思维方法独立思考。"

对于没有接受过教育专业系统训练的我而言，教师身份的转换并没有预想中来得顺利。比如二年级的小王同学，近一个月在课上都显现出不安分的状态。我与他在课间进行了单独约谈，表明这个学期我们师生都是初次见面，希望能在今后的课上看到一个表现出色的学生。小王同学虽表面答应，但能看出其压根儿不以为然。接下来的两三次书法课，小王同学的表现并没有明显好转，反而是变本加厉。有一天刚一上课，他便主动提出要离开教室出去玩，并在门口叫喊："去哪儿是我的自由，你管得着吗？"

出格的行为引得同学们哄堂大笑。校长在了解我的情况后，语重心长地对我讲："学做教师，就跟练习书法一样，是一个道理。一方面要练笔不断，积累经验，在实践中探索；另一方面也要加强教育理论的学习，提升眼界，让理论指导实践，这样才能把握全局，解决教育中遇到的实际问题。"

听完校长的建议，我立刻明白了努力的方向，于是把读书的重点放在教育理论方面，在阅读了苏霍姆林斯基《给教师的建议》、朱永新《新教育之梦》、李镇西《让梦想开花——我和"新教育实验"》、阿德勒《儿童的人格教育》等一系列教育学书籍后，我懂得了教育不是"头疼医头，脚疼医脚"，对于小王同学的教育，把工作重心放在其课堂表现上是远远不够的，教师需要在课外做大量细致入微的工作，深入了解学生背景，尊重学生心理发展阶段，并给予公平、公正的对待。几次谈话之后，王同学的学习态度果然有了巨大的改变。

在民族小学，不仅年轻教师要通过读书让教育理论照亮教育实践，有充分教育经验的教师同样要常读常新，不断提升教学素养。一次偶然的机会翻到同组党春玲老师为《教育究竟是什么》一书所做的批注："阅览这本书，让我在教和学的宽广而复杂的领域内汲取哲学、教育学、心理学等众多领域的思想养分，仿佛让我置身于古今中外的每一个年代，与一位位教育伟人做着深刻的交流，感受着他们对教育的热爱。阅读此书最大的收获是让我真切感受到了自己对教育的理解：那就是爱。爱学生，如同爱自己的孩子；爱工作，把它当作一份事业。为孩子和事业献出自己所有的光和热，无怨无悔。"

我想，为教育奉献自己所有的光和热，无怨无悔，这是民族小学教师对读书最深沉的注释。

（书法老师）

终身学习　增长见识 >>>>>>>

教师，是学校教育的实施者，根本任务是教书育人。教师更应该终身学习，博文多识，才能更好地传道授业解惑。民族小学一直倡导老师要多读书，读好书，要走出去，增长见识。只有读万卷书、行万里路，拥有丰厚的积淀，自己走入课堂才更有底气、更具有磁性。

增强团队学习力

终身学习不仅是个口号，也是民族小学不断发展壮大的不竭动力。学校创新形式，通过各种有意思的活动，不断增强学校教师团队的学习力。

马校长就是一位见识广博的人，中医、哲学、绘画、传统文化，他都信手拈来、侃侃而谈，所以在工作中能站得更高，想得更深，看得更远，能够把积淀的各类知识融会贯通地运用到教育之中。

校长不仅自己亲自上阵，也会邀请各方面专家给老师们做讲座。最令我印象深刻的是一位气象专家的讲座，他从大家近些年来最关心的雾霾问题着手，把老师们带入了气象的世界。通过讲座，我们了解了科学家对大气治理的付出，知道了为什么北京的天越来越蓝。

民族小学为老师们搭建了很多学习的平台。青年教师通过研究性学习找到自己的兴趣点，在实践中深入研究，并将研究与思考撰写成科学的研究报告；"名师工作站"为老师们找来经验丰富的专家、大学教授，从教育教学到专业知识，全方位帮助老师们提升；定期开展的教师书法培训、传统文化讲座，不断深化老师们对传统文化的学习与热爱……丰富的活动，增强了老师的学习兴趣，变"要我学"为"我要学"，让大家开阔了眼界，丰富了见识。

明代画家董其昌说过："读万卷书，行万里路，胸中脱去尘浊，自然丘壑内营，立成鄩鄂。"马校长不仅在工作中定期为我们提供丰富多彩的学习大餐，假期还鼓励我们"走出去"，增长见闻。

人的成长是心智、思维的成长过程。在 1938 年毛泽东同志就说过："学习的书有两种，有字的讲义是书，'无字天书'，社会上的一切也是书。"读无字之书，就是向自然、社会、生活学习。在这个过程中不断地学习、思考，对自身反省，在实践中思考，形成自己的价值观和思维方式，成为能够独立思考的人，正所谓"世事洞明皆学问"。

我会在闲暇时间认真学习有字之书，也会在假期阅读"无字天书"。生活在北京，对于学美术的人来说，最大的好处就是可以参观很多优秀的美术展览，欣赏传世名画。

2017 年 9 月 15 日，故宫博物院的年度大展《千里江山——历代青绿山水画特展》，在午门展厅和东西雁翅楼开展。展览以北宋王希孟的《千里江山图》为中心，系统梳理、展示了中国历代青绿山水画的发展脉络。虽然这件作品曾经展出过，但是全卷展开还是第一次。周末，我和朋友兴冲冲地来到故宫，还没到 8 点，午门外已经排起来长龙。好不容易进了故宫，观展的人特别多。当我们终于走到了《千里江山图》面前，却只能随着人流快速浏览，真是排队三小时看展三分钟！但是，我愿意为了这三分钟耐心排队等待。这难得的学习机会太珍贵了。

那天的观展让我意犹未尽。马校长了解到有这样一个大型的展览，立刻决定让美术组协调好自己的工作，集体到故宫参观学习，作为一次"走出去"的教研活动。当时，我们美术老师都特别激动，感受到了校领导对教师成长学习的无比重视。

假期分享　开阔视野

民族小学的艺和工作坊，是美术组社团活动的主要场所，我主要负责颖拓社团的活动。对于陶艺社团我也非常感兴趣，学生们的制作方法主要是泥板成型、泥塑成型、泥条盘筑等。虽然不教陶艺课，但是我对拉坯成型、上釉烧制的过程非常好奇，也想学学。

于是，2018 年暑假，我坐上火车来到了瓷都景德镇，在提前联系好的工作室学习拉坯、干燥、手绘、上釉、烧制。七八月是景德镇最热的时候，屋子里能有40摄氏度，工作室闷热，没有空调，每天都是一身的汗。但是，在这个过程中，了解神秘的陶瓷工艺，我无比痴迷。

在景德镇期间，我还参观了古窑民俗博览区、陶瓷博物馆、瑶里古镇、陶溪川，见识到了各个时期陶瓷艺术的流变，现场观看了老匠人不差分毫的手工拉坯。这些学习让我在美术课上更加游刃有余，带给学生更为丰富的拓展知识。

民族小学还有一项校本研修活动，就是每个假期结束前的教师培训活动中，学校总会安排固定的内容——请老师们分享假期见闻，让大家足不出户就能增长见识、开阔眼界。所以，我就将这次景德镇之行与大家进行了分享，获得了老师们的欢迎。那天，每位老师讲得都非常有意思，内容丰富，这些分享也都变成了大家宝贵的资源宝库。

2019年6月，我要讲一节关于颖拓的展示课。我们的校园古香古色，走在校园中，可以见到清代石刻碑遗迹、殿座遗迹上的螭首，会发现很多建筑构件上都有着精美的雕饰与图案，它们都可以应用于颖拓教学中。但是，颖拓教学离不开的是传统拓印，怎样能简单、清晰地让学生了解这个知识点呢？

突然，我想到假期分享时，周雪莲老师用生动的语言和视频，介绍过西安碑林的碑刻和拓印石碑的过程，这不就是传拓吗！这些视频正好是颖拓课最需要的一手资源呀！当我提起这件事，周老师二话不说就给我发来了十多个小视频，让我随意挑选。

如果不是假期的分享，我肯定不会知道周老师有传拓视频这个宝贵资源的，我要找到这些资源就得再费周折了。我不禁感叹，教师的假期分享真是一件有意思、有意义的学习啊！

将这节颖拓展示课上完后，我也利用假期前往西安碑林进行了实地考察学习，顺便参观了陕西历史博物馆的唐代墓室壁画。真观察、真学习才能有真的收获。

要想成为一名合格教师，就要有奉献精神、求真精神和创新精神，要创新就不能停下学习的脚步。民族小学教师誓词中有一句"对自己负责，终身学习，超越自我"。学无止境，读有字之书，可以学习前人宝贵的知识与经验；读无字之书，可以丰富我们的阅历，将理论与实践统一。教师要读好这两本"书"，终身学习，潜心育人。

本文作者：王颖

（美术老师）

人人成大"家" >>>>>>>

俗话说："家有千金，不如一技在身。"作为教师，专业成长是我们的立身之本，同时它也给了我们信念和情感的支撑，让我们能更好地在个人专业领域内发展。学校特别重视老师们的专业成长，常常激励我们作为一名教师一定要有专业感。老师们要在自己的专业方面成为专家！美术老师可以办画展，音乐老师可以办小型音乐会，语文老师可以举办原创诗词朗诵会。

人人都能成为大"家"，那大"家"是什么样的呢？作为一名教师，大"家"肯定是具有专业精神、专业知识、专业能力的良师。

英语口语天天练——夯实基本功

各个学科都有自己的学科特色。英语学科的工具性比较强，英语老师需要培养学生们听、说、读、看、写的技能，这也就要求我们自己首先要有过硬的专业素质。在专业成长的路上，我们一定要树立终身学习的意识，不断地超越自己。

如果我们英语教师没有良好的口语水平和地道的发音，怎能使学生养成优美的语音语调呢？为此，我们坚持每天都说英语，并积极抓住一切机会练习。

在课堂上，我们采取全英授课，用英语来开展教学活动、激励或评价学生。这样做不仅能帮助学生缔造英语语言环境、逐步形成语感，同时也是对我们基本功的练习和考验。

在校本教研时，外教老师也会参加教研组的活动。我们经常用英语针对某一教学环节或某一主题展开讨论。例如，在我校的英文图书馆开馆之前，我们群策群力，就如何摆放书柜、如何码放书籍、如何制作提示牌、如何让学生在午间开展英文阅读、如何在外教课开展绘本阅读课等展开讨论并达成了共识。

记得外教刚来我校工作时，我们在楼道里恰巧遇到了马校长。马校长提醒我们，外教远道来到中国，他有什么需要帮忙的事，我们就多帮助他，而且还给我们英语老师提出了很好的建议：平时在一起多交流，好好练习口语。

马校长时刻都将我们的专业成长放在心上，鼓励我们前进！虽然我们知道外教具有一定的中文基础，但我们在日常交流时都是使用英文谈论课程安排、学生作业等。午餐时间，如果我们在餐厅遇到了外教，也会抓住这个交流的机会。外教是位年轻的小伙子，对中国文化很感兴趣。我们在一起就餐时常会谈论中餐、风土人情、旅行计划、中英两国的文化差异等。

在假期里，我们也不忘抓紧时间提升自身的口语水平。有的老师利用手机上下载的口语练习 APP、配音 APP、微信小程序等来模仿地道的语音语调；有的老师和孩子一起讨论英文绘本故事或是小说中的情节，既增加了师生交流，又提供了彼此练习口语的机会；还有的老师学习专业教材，系统地从语音、词汇、语义、语用等方面开展学习。

我们以积极、乐观、向上的心态不断地学习，不断地超越自我。例如，受新冠肺炎疫情影响居家办公期间，英语雷老师就充分利用手机小程序练习说英语，时刻不忘练习基本功。

英语戏剧初接触——学点儿新鲜的

我们不仅教教材中的内容，只要是能促进学生成长、进步，对学生有益的事情，我们都想去了解、学习、实践。

英语戏剧符合孩子们好动、好奇、好模仿的特点，有利于培养他们的自信心、口语表达能力、沟通以及创新能力。在北京外国语大学共建项目的支持下，我校为一至六年级的孩子们分别创建了英语戏剧社。每周，专业的戏剧老师都会到校进行指导，我们英语老师也会一同进入课堂中。

在戏剧社里，我具有双重角色：既是老师，也是学生。作为老师，我帮助调度、组织好孩子们，引导他们进入故事情境中更好地体会角色；作为学生，我向戏剧老师学习如何教授戏剧表演、如何进行台词训练、如何指导孩子们团队合作等。通过观察，我还学习到，戏剧老师结合孩子们具有丰富的想象力和勇于表达这个特点，还会给孩子们自由发挥的空间。我们一边学，一边实践，全面参与到戏剧的排练中，都成了"半个"戏剧专家。

让学生们的英语学习变得有滋有味，活动丰富多彩，这对于英语老师来说的确有太大的挑战。但是，我们老师就是在不断自我提升、不断学习、不断实践中找到了自信，获得了成就感。

几年来，通过英语戏剧社的专家、老师和孩子们的共同努力，戏剧社已经成功举办了多次活动和演出。最让我们难忘的是"民族小学英文戏剧狂欢夜"的成功举办。120名剧社学生亮相舞台，为现场500余名观众献上了一场极具风采的英文戏剧会演。当晚，《杰克与魔豆》《八十天环游地球》《咕噜牛》《成长的烦恼》《十二生肖》等经典戏剧作品先后登场。无论是家喻户晓的传统故事、充满想象的经典童话、寓教于乐的绘本故事，还是同学们亲手完成的原创剧本，都以纯正流利的英文表达、生动自信的舞台表演和妙趣横生的剧情设计而令观众赞叹不已。

当学生在台上进行精彩的戏剧展示时，作为老师的我们无比欣慰。一边学习，一边感悟，一边成长，我感受到了做教师的幸福，因为让学生精彩绽放的时候，我们老师也成了更好的自己！

民族小学各学科教师都在这样不断提升自我，努力在自己的领域变得更强，在成为大"家"的专业成长之路上不断探索。我们的校园中总是能看到各种演出、各种展览，有学生的，当然也有我们老师的成果。

听，音乐厅里，音乐老师们正在举办个人演奏会，优美的琴声悠扬动听，学生和老师们都听得如痴如醉。

看，这边举办师生书法展了。一笔一画增添了生活雅趣，一撇一捺沉淀了智慧心灵，泼墨挥毫，尽显民小教师的风采。

看，我们的体育老师可是国家武术武英级运动员，网球专业教练、健美操能手……

听，语文老师的原创诗歌朗诵会开始了，作诗填词，文学修养深厚！……

民族小学的教师们一直在不断提升自己的能力与素养，都努力成大"家"，正如校训说的那样：做最好的我，在我最好的方面！

本文作者：张丽丽

（英语老师）

做一名研究型教师 >>>>>>>

教育改革已经进行了很多年，我们教师常常会思考一个问题：什么样的教师才能让教育焕发生命的气息？对此，民族小学一直倡导：教师会研究，学生会学习是很重要的两个标准。所以，教师更应该"会学"。

求学将以致用

作为一名学术型教育硕士，我在求学的过程中已经掌握了相当多的理论知识，那么到了真正的教育教学中应该如何将理论用于实践呢？这是我来到民小后一直思考的问题。

四年级的小康是一个非常叛逆的学生，他经常给我"出难题"：课上不听讲，做练习磨磨蹭蹭，专门等着抄作业，被同桌发现了还不认错，甚至在课上乱发脾气。

冷静下来，我想起了曾经读过的《正面管教》这本书。这本书之前看了很多遍，但没有用武之地，现在正是一次将理论用于实践的好机会！从书中我了解到，给学生安排一些任务可以增强孩子的归属感，教给孩子生活技能并且培养责任感。于是，我找到了小康和他聊天，我从他的优点谈起："小康，老师发现你是个特别热爱班集体、愿意为班级做事情的孩子。现在年级的课间楼道纪律检查岗位需要一名同学负责，这个工作需要用到自己课间的时间，你看你愿意做吗？"

小康本来以为我又要批评他了，没想到我是帮他推荐一份工作，他非常高兴地答应了。"好的，老师。但我有个问题，要是我课堂作业写不完，耽误课间检查怎么办？"

听到小康的问题，我很惊喜的是，他能意识到如果上课拖沓会影响责任岗的工作，这对于他来说已经是很大的进步。

我试探性地问："你觉得怎样可以避免这样的问题呢？老师能在哪个方面帮助你呢？"看到他眼神里有了期许，我向他伸出了"友谊"的橄榄枝。

"老师，我上课再走神的话，您直接提醒我吧。"听到小康的恳求，我想起研究生阶段学习到的"搭脚手架"理论，意识到对学生提出的建议不能让他感觉到太大

幸福地播种——优秀教师的耕耘之路

的困难，而是要注重教方法，遵循循序渐进的过程。"这是个好办法，老师给你3次机会，如果超过3次写不完课堂练习而缺席课间的检查，咱们就要失去这个责任岗位了。"我把要求明确地告诉了小康，他点点头，表示同意。于是，小康每个课间管理时间都能坚持值日并且坚持了一段时间。可是好景不长，我发现小康出去后经常忘记回来，因而迟到影响了下一节课上课。这是为什么呢？我又找来小康关切地问，是不是这个岗位占用了他太多时间，影响上课了。

"老师，我总是想看着楼道里都没有同学了，再回班里。"听到小康的回答，我不由得会心一笑，原来他是出于对岗位的坚守，只不过方法不够灵活。"你真是个负责任的管理员！真棒！但课间你也需要休息、上卫生间、喝水的，你可以提前两分钟回来。关于按时回班，老师建议你可以带上手表或者和同学商量好一起回来，你看这个建议怎么样？"

《正面管教》中提到对于孩子的不良行为，应该让孩子承担自己应尽的责任，所以我尽可能地教给他方法，耐心地了解事情的原因。当我以关心的姿态走进他的心里，他将值日岗位坚持了下来，在课堂上渐渐地专心听讲了，《正面管教》这本书里的方法初见成效。

这本书不仅给了我解决学生问题的方法，还有很多的妙招。比如，强调教师在处理学生问题的过程中，要避免指责与抱怨，让孩子承担后果不等于责难或羞辱。和小康相处的日子，其实我也在不断反思自己的教育方法。书中提到："要为孩子提供锻炼自己展现自我的机会，让孩子参与到设定规则中来，老师与孩子的交流应该用启发式的问题，使用和善而坚定的话语。"

例如，要多启发式地问孩子："你当时想要做什么？""你对发生的事情有什么感觉？""你现在该怎么做了？"给孩子多一些具体的示范，并且及时反馈与鼓励，不是"必须做什么""禁止做什么"的判断语言，这些都给了我很大的启发，我在实际的教育工作中边学习、边探索尝试。

在教育教学的过程中，我告诉自己要做一个勇于思考的人，遇到问题要从书籍中汲取营养。同时，我也有心地将这些教育成功或不成功的案例作为素材积累下来。在学校的引领下，我勤于写作，随时整理这些思想的火花，将其撰写成教育案例和教育论文，努力成长为一名研究型教师，做一个永远的学习者。

三人行必有我师

对一名学习者来说，在小学工作的最大好处就是可以向各个学科的教师学习，几乎任何问题都可以在学校找到具有专业知识的教师求教，还可以向不同年纪的老师学习。无论我处于哪个阶段，都有值得学习的同辈榜样。就终身学习的意义而言，教师是最好的职业。

记得刚入职的时候，民小搭建的"青蓝工程"活动让我很幸运地成为刘老师的徒弟。师父告诉我，我赶上了好时候，这么年轻，就有了高学历。在学校工作最大的好处就是可以每时每刻都在学习。

师父温柔又有力量的话语为我敲开新教师的大门："你是教师，你的任务就是教，因而，你就要比一般人更懂得如何学习，并且更懂得教会学生学习。"

我的师父——刘老师正是这样做的。她已经在教育界耕耘 30 多年，但她在传道授业解惑的过程中，都会不厌其烦地为学生树立各方面的榜样，用自己的实际行动，鼓励学生刻苦学习、热爱集体、全面发展。在听刘老师上课、管理班级的时候，我深刻地感受到刘老师的敬业精神、良好品格、知识结构、高雅的气质、幽默的谈吐……这些都在潜移默化中对学生，还有我产生了深刻的影响。

2019 年教师节，已经毕业的学生小吴回到母校看望刘老师时，特别激动地提到：跟着刘老师学数学，是他这辈子的幸运！

小吴觉得是刘老师终身学习的思维方式让他受益终身。他说："我到现在还非常清楚地记得刘老师每天都坚持做的两件事，一件事是班上每一天的阅读时间，都能看到刘老师带着一本专业书和我们一起安静地进行阅读。有时候是一本《吴正宪课堂教学策略》这样的专业教学指导书，有时候是《复变函数》这样的理论书籍，有时候是《差异教学策略》这样的学术书籍等。"刘老师在职期间读过的书真是数不胜数，我很惊讶小吴居然能记得刘老师看过的书目名称。"另一件事，是刘老师每天都挤出时间，帮我们毕业班的学生补习功课。刘老师的课上得特别好，我们都没有听够。"说到这，小吴眼中竟有些湿润了。小吴很感慨：虽然最后班里的数学成绩并不是全年级最好的，但是到了高中，他们这些刘老师班的学生 80％都选了理科。

小吴同学仅仅是刘老师满天下的桃李中的一枝。听完小吴的话，我想起刘老师提到过："要求学生做到的，我都会尽自己最大的努力先去做到、做好！"刘老师身体力行地践行着民族小学"教师誓词"中那句"为人师表、终身学习"。

我想这就是研究型教师的魅力吧，在追随师父脚步的日子里，我加入了"深度学习"项目，进入差异教学研究小组，探究了一个个教育教学案例，写出了一篇篇论文，陪伴一个个可爱的孩子成长。我知道，无论在何时何地，我的教育生涯中一直会有这样的一位师父引领着我，成为我一直"教下去、学下去"的榜样。

记得在一次学校举办的教师论文获奖的表彰仪式上，我清晰地听到我班孩子们的掌声是那么热烈，他们多么以我为荣啊。下台的时候，我看到几个孩子还高高地举起了手，为我竖起了大拇指。我感觉到在自己努力成长的路上，也潜移默化地影响了身边的孩子们。

英国作家笛福曾说过：一个要教育别人的人，最有效的办法首先是教育好自己。在高呼素质教育的今天，这更是所有教师必然面临的挑战。

教师是活生生的教育资源，教师不再仅仅是学生和知识之间的桥梁，而是引导学生全面发展、成长的阶梯。学校鼓励老师们要不断探索教育理论、不断研究专业知识、不断提高教学能力、不断改进教育方法等，我会记住要求，心有榜样，继续为成为一名研究型教师而不断努力！

本文作者：周静

（数学老师、班主任）

第四章　对社会负责

"才者，德之资也；德者，才之帅也。"人无德不立，育人的根本在于立德。习近平总书记在全国教育大会上反复强调要把立德树人融入教育全过程，聚焦聚力，构建起德智体美劳全面培养的教育体系。

作为基层学校的教育工作者，我们深刻认识到总书记讲话的重要性。"立德树人"回答的是"培养什么人、怎样培养人、为谁培养人"的根本性问题。我们立足中国大地办教育，培养的是中国特色社会主义的建设者和可靠的接班人。我们要培养什么样的学生，自己就先要成为这样的人。教师要用一颗真诚的心去崇尚科学，追求真理，并带领学生认识真理、认识世界。教育引导学生坚定理想信念、厚植爱国情怀、加强品德修养、树立高远志向、提升综合素养。

作为百年老校，民族小学教师团队将在新的历史时期，进一步增强责任感、使命感和紧迫感，凝心聚力，培养学生成为未来德才兼备、担当重任的社会主义建设者和接班人。

教育事业要放眼未来，为未来社会培养合格公民，引导学生崇尚科学、追求真理。我们要培养这样的学生，那么教师首先要成为这样的人。

让学生在自然中成长 >>>>>>>

"春生、夏长、秋收、冬藏，天之正也，不可干而逆之。"植物有生长的规律，大自然有变化的规律，世间万物都有其运行的轨道。民族小学的教育，是顺应自然规律、事物发展规律的，更是顺应孩子的生长规律、教育规律的。

成绩，在家长的眼中格外重要，特别是身处海淀区的家长对孩子期望高，压力自然就大。老师们深入钻研，认真上好每一节课，但还总感觉时间不够，怕有重要的知识没有练习到位。于是，老师们常常将时间安排得满满的，孩子们休息的时间变少了。

校长发现了这个问题，在教师会上语重心长地说道："看到老师们这么认真地教学，我非常欣慰，有你们这些负责任的老师在，孩子们很幸福，家长也肯定放心。但是，学习并不是他们生活的全部。我们的校园里有 100 多种植物，就像一所森林中的学校。这里还有小动物园、游乐园。孩子们需要将节奏适当地慢下来，欣赏欣赏美丽的校园，惬意地在校园中散步，看看花，照顾照顾蔬菜和果树，喂喂小兔子。他们也可以在小花园里看书，那里有长廊，有美景。他们要感受到幸福的生活，才能更快乐地学习。"

是呀，民族小学就是一所像森林一样的学校，这里绿树成荫，鸟语花香，处处都可以看到绿色，处处都有自然的气息。校园里有 120 种植物，18 种果树。很不起眼的一块土地，也被种上了各种蔬菜。不仅如此，校园里还有小动物园、小游乐园。这么美的环境如果没人欣赏，不去感受，是多么可惜的事情。

老师们发现，自己将孩子们欠缺的、最需要的教育忽视了。遵循规律办教育，就要顺应孩子的成长规律、教育规律。脱离了自然与生活，只在课堂里的孩子不会感到幸福，也不会有学习的动力。

就这样，学校操场上玩耍的学生增多了，中午还会看到孩子们在小花园聊天、画画，蹲在小动物园喂兔子，在四合院里读书，在小菜园里给蔬菜浇水，一片欢声笑语。

随着时间的推移，时间由春天走到冬天。孩子们正坐在教室里上课，外面下雪了，格外地大。冬天一直没有下雪，这场雪来得特别珍贵。

校园瞬间银装素裹，像童话世界一般。老师们在教室里讲着课，可是孩子的心却没有在教室内，他们偷偷地看着教室外漫天飘飞的雪，想象着教室外清新的空气，触手可得的松软雪花，早已无心上课。就在这个时候，广播响起来了，校长在广播里说："老师们、同学们，告诉大家一个好消息，等了一冬的雪终于下起来了。如果我们的课程能够完成或者我们的课业不是很紧张的话，请老师们今天一定带着学生们到操场上去，堆堆雪人，打打雪仗。雪化了，就很难再有这样的机会了！"

顿时，教室里响起了孩子们的欢呼声。各班都纷纷来到了操场上，来到了校园里。孩子们有的在堆雪人儿，有的打雪仗，还有的伸出舌头尝一尝瑞雪的味道，还有的同学和老师一起拍照，操场上一片欢声笑语，让这寂静的冬日变得充满了生机。老师们都高兴地将孩子们玩雪的照片发到了朋友圈，获得了无数点赞。其他学校的老师无比羡慕："下雪了，你们竟让学生都跑出去玩？我们学校要求不准出去，就怕有学生摔倒受伤。看来，真的是教育理念与境界不同呀！真羡慕你们学校的学生！"

看，这是适宇小同学眼中雪后的校园：

……银杏树的树枝上落满了雪，那交横错落的树枝，在雪后如有了生命，一改晚秋的干枯，变得鲜亮。学校四合院的斗拱，平日里五彩斑斓，但仿佛又少了些什么，雪后，你可以看到那道银边儿，让拱斗"活"了起来。

向上看，那灰蒙蒙、阴沉沉的天，渐渐变蓝了，天空中再也见不到时不时落下的雪花；向下看，同学们正在铺上"白地毯"的操场上玩雪，时不时从树上掉下的雪砸到了同学，同学脸上浮出笑容，开心地跑开了……这温馨的场面，即使一个再严肃的人，也会笑吧！

到了下午，寒气渐退，窗外的大雪变成了一摊摊流水，虽然雪走了，但那迷人的景象与雪天的欢乐，我会记在心中。

孩子们生性爱玩，对自然现象充满了好奇。而且，整个冬天难得遇上一场大雪。老师就应该遵循孩子们爱玩好动的天性，顺应孩子们生长的特点。让他们走出教室、用心感受四季的更替，感受大自然的美，这样的教育不能少。孩子不应只属于课堂，他们的课堂应该在广阔的世界中、自然中。

在民族小学，我们校园内任何一处角落都会成为孩子们的课堂：

春天，语文老师带着学生们走进花园，欣赏玉兰绽放，闻一闻海棠的花香，在花园中举办一场诗会，或是用笔将美景记录在日记中；美术课也搬到校园中来了，处处都能看到学生在写生，将美丽的春天画在了纸上，更印在了心间；科学老师会带着学生分辨哪棵是连翘，哪棵是迎春，哪朵是牡丹，哪朵是芍药……

夏天，老师带着学生们在浓密的树荫下乘凉、坐在秋千上听蝉儿歌唱……

秋天，体育馆前的银杏林变得金黄，石榴树上挂满了咧嘴笑的果实，葫芦丝瓜垂下藤架。老师会带着学生走遍校园，体验收获的喜悦……

这些都是学习，是很重要的学习。大自然是学生成长的最好课堂，我们把学习搬到校园中，搬到广阔的天地中，学生就可以敏锐地观察到各种事物和现象，发现世界的美，拥有会观察、发现美、欣赏美的眼睛和心灵。让学生在广阔的自然课堂中体验和感受世界的美好和生活的幸福，学生才会获得真正的成长。

本文作者：赵志敏

（艺术主任）

强筋骨　强意志 >>>>>>>>

民族小学一直倡导要把体育育人落实到教学工作的全过程，一方面是注重学生体育技巧与体育知识的学习，以达到强健体魄、增强身体素质的目的；另一方面是通过体育教学使学生的心理素质也得到锻炼，培养学生顽强拼搏的精神、团队合作能力以及规则意识等，最终帮助学生实现身心协调，健康成长。

几年前，我们的校园足球还没有开展起来。有一天，我和马校长在操场旁看几个同学在追着球玩耍，旁边还有很多孩子在玩游戏。这时，足球被一个孩子踢了出去，飞向了不远处的男孩。这个男孩没有去踢，而是一闪躲开了，并且因自己没有被球砸到而沾沾自喜。另一个同学想要挡住球，没想到球砸在了他的腿上，他就抱着腿疼得龇牙咧嘴单脚跳个不停。我半开玩笑地和马校长说："您看，咱们现在的男孩子是不是太柔弱了？"

马校长沉思了一会儿，说道："是啊，现在的孩子们在意志品质方面缺乏有效的锻炼，咱们的体育教学工作应该在这方面多下功夫，不光是强身健体，还要在体育活动中让大家的意志品质得到锻炼。少年强则国强，少年智则国智。如果男孩子都是这样柔弱，以后怎么撑起一片天呢？"

是呀，我们的体育教学不仅仅要让孩子们强身健体，更应该对他们意志品质、规则意识、团结协作等方面进行培养与教育。后来，我和体育组的老师们主动请缨，把民族小学的校园足球活动办了起来。我们以校园足球的推广为切入点，把体育育人落到实处。

现在民族小学的校园足球活动正在如火如荼地普及和开展。我们组建了班级球队、校级球队，甚至还有女子足球队，组织策划了一系列的校园足球比赛。孩子们由原来看见球就躲，到现在球飞过来积极拼抢，还能跳起来用头去顶。不论是烈日炎炎的夏天，还是寒风凛凛的冬季，球场上总能看见孩子们挥汗如雨、顽强拼搏的身影。

孩子们在足球比赛中懂得了奋力拼搏和团结协作，以积极昂扬的状态刻苦训练，取得了一系列优异的成绩。我们学校足球队获得了北京市男子乙组冠军，学校被评为全国青少年足球特色学校、海淀区足球实验学校。2018年世界杯期间，足球巨星C罗来到我们学校与足球小将们互动交流，踢了一场球。他将自己热爱运动、敢于突破自我的精神传递给了在场的每一个孩子。

现场有孩子问他："你为什么能一直这么厉害啊？"

C罗简单地说道："努力拼搏，永不放弃，相信自己。"

短短的一句话让在场的同学们受益匪浅，备受鼓舞。体育带给孩子们的不仅仅是身体素质的提高，更是意志品质的锻炼。

有一次和学生家长聊天，她说她的一位朋友曾经问她，为什么要让孩子踢球，以后又不打算让孩子从事职业足球运动，踢足球既耗费时间、精力，还有可能受伤，有这个必要吗？我觉得这也是很多人心中的疑问，于是好奇地问她是如何回

答的。

这位家长微笑着说道:"我让孩子踢足球并不在乎孩子踢得有多好,我为了孩子能拥有一个健壮的体魄,不会因一点伤、一点不舒服就哼哼唧唧。我让孩子踢球是为了让他交到一帮好朋友,他们可以在户外奔跑,而不是在室内打游戏。他们在场上相互信任配合,领先了相互鼓励,落后了也不相互埋怨。我让孩子踢球是为了让孩子学会面对挫折和失败,即使落后也精神昂扬地跑动和拼抢,永不放弃……"

听了这位家长的回答,我更加深刻地体会到了体育育人的重要性,也更加坚定了在今后的体育教学工作中要坚持"教学"与"育人"并重。

在体育教学中,除了培养孩子们顽强拼搏、坚韧不拔的意志品质以及互相配合的团队协作能力,帮助他们树立规则意识也是十分重要的方面。

在一次学校运动会男子接力比赛中,原本排在第一的队伍眼看就要被第二名超越,情急之下,倒数第二棒的同学在交接棒时为了节省时间,在离接棒的同学还有一米多时,就将接力棒直接扔给了下一位同学。可是接棒的同学并没有做好准备,等他反应过来伸手去接时,接力棒早已掉在了地上。最终,尽管他们奋力追赶,还是排在了最后一名。

事后,我把那位扔接力棒的同学叫到了身边,还没等我开口,孩子就含着眼泪说道:"康老师,对不起,我当时太着急了,怕被超过,就想着赶快把接力棒扔给下一位同学……"

我轻轻地摸了摸他的头,微笑着说道:"你想保持第一的心情老师理解,但是接力比赛中关于交接棒的规则之前咱们训练的时候也强调了很多次。如果大家都不按照规则比赛,那这样的比赛还能顺利进行吗?就算当时扔出去的接力棒被下一位同学接住了,你们最终第一个通过终点,你觉得通过这样的方式获得的第一,大家会信服吗?这样的第一名还有意义吗?"

看孩子没能回答上我的问题,我继续说道:"制定好的规则就应该被遵守,无规矩不成方圆。不论是体育比赛,还是今后做其他事情,都要遵守秩序,遵守规则……"

"康老师,我记住了,以后我一定遵守规则,下次比赛用真正的实力拿第一!"

看着孩子坚定的眼神,我备感欣慰。

体育教育不仅是要"强筋骨"，也要"强意志"，最终为的是实现"身心皆适"。身体素质和心理素质的双重培养和锻炼，才是体育教学活动的最终目标和重要意义。

本文作者：康琳娜

（教学副主任）

校园里的"特聘教师" >>>>>>>

民族小学的育人目标是为未来社会培养合格公民，希望孩子们可以放眼世界，关心社会，拥有博大的胸怀、丰富多元的知识、开阔的眼界。所以，教师们除了完成基本教学任务，带着学生们走出校门开展实践活动，还会把"多彩的世界"请进来。

我们的家长中有40％以上的人具有硕士甚至博士学历，他们从事着不同的职业，各种职业都带有自身的优势，家长资源就是一片沃土。学校倡导打开校门办教育，邀请家长作为"特聘教师"参与教育教学工作，发挥他们职业中的专业优势，利用家长和专家的资源为学生打开一扇了解社会、开阔眼界的窗。

"巧克力"的启示

作为英语老师和班主任，我更希望拓展孩子们的国际视野，让孩子们深入地了解世界多元文化，成大气。可是仅凭我一己之力，局限性是不可避免的，如何打破这种局限性呢？一个小男生送的巧克力给我带来了启示。

2018年12月13日星期三，和往常一样我拿着教材和教具走进教室准备上课，文扬——这个帅气、安静而自律的男生兴奋地走过来。他神秘地把小手藏到背后，待走近我后，兴奋地呈现出牛奶巧克力温柔地说："给！Celia 老师，这是我妈妈从瑞士带回来的巧克力，给您尝尝！"

我连忙道谢，接过孩子手中的巧克力一看，发现这是瑞士最受欢迎的巧克力品牌瑞士莲（Lindor）。孩子接着说："前两天妈妈刚从瑞士回来，妈妈还说等寒假也带我去瑞士玩儿。""能去瑞士玩儿，好幸福哦！"周围同学纷纷投来羡慕的眼光。我想，其他孩子没有去过瑞士，但是可以通过交流分享云游瑞士呀！于是，我告诉文扬，等他从瑞士旅行回来，一定给同学们分享一下在瑞士的见闻。文扬自信地说："没问题哦！我妈妈对瑞士更了解，我可以请教她！"

文扬的一句话突然让我萌生了一个想法：不如邀请文扬的妈妈来给大家讲讲有关瑞士的文化和风土人情，拓展孩子们的国际视野。那时，民族小学各个班都陆续邀请家长作为"特聘教师"走进班级，带给孩子们丰富多彩的讲座，开拓孩子们的视野。作为新班主任，我也得紧跟这个步伐呀！

下课后，我就拨通了文扬妈妈的电话，文扬妈妈十分爽快地接受了我的邀请，并约好在一个周五的下午到班里为孩子们开展一次大讲堂。

这天终于到来了，在孩子们的期盼中，文扬妈妈开启了精彩的讲座。她准备得十分充分，从瑞士的地理位置、国家概况、官方语言、名胜古迹到瑞士的特产等给孩子们做了详细的介绍，中间还穿插了提问互动，回答正确的同学就会得到瑞士巧克力！孩子们的热情高涨，纷纷踊跃举手争先恐后地参与答题。文扬妈妈感慨道："想不到孩子们这么热情，这么喜欢我分享的内容，我体会到了当老师的成就感、幸福感！感谢您给予的机会！"

本次讲堂后，孩子们都回家跟父母聊起讲座的内容，很多家长表示也要积极参与到班级、学校的活动中来。如何将"家长进课堂"活动做得更规范、更有序，是我接下来思考的问题。就在我百思不得其解，愁眉不展的时候，一次教研活动让我茅塞顿开！

 由浅入深，愈行愈远

有一次，英语团队正在开展教学总结交流会，党琦主任分享了她担任班主任时引进家长资源、开展家长大讲堂的经验。她是邀请家长当"特聘教师"进班讲座活动的发起人。她想得周到，做法特别值得我们学习。

党老师向我们介绍，她利用问卷调查、家访等形式，在交流孩子学习成长的过程中，也有意识地了解了家长的学历、工作情况、个性特点、兴趣爱好以及教育子女的理念、做法等信息，不仅建立了学生档案，还建立了家长资源小档案。党老师作为先行者，为我们做了表率。她还说："马校长一直强调，咱们学校的家长资源是块宝，家长们有水平、有资源、有热情，我们一定要充分利用起来。他们能给予孩子们的，正是我们所缺失的。作为老师，我们就要想：学校的理念怎样在我们的工作中落地。我通过实践，发现建立家长讲师团，通过开展讲座，为孩子们增长见识是一条特别好的路，大家都可以尝试着做。"

我们听了都豁然开朗，接着党老师又介绍了具体的经验。她依据家长的资源，提前设计"家长讲堂"课程计划，帮助家长一起备课，设计互动环节。在党老师的精心安排和用心引导下，他们班成功开展了70多次家长讲堂，主题涵盖各个领域，有《改变世界的大航海》《身边的中草药》《图书的制作和读书故事》《我们身边的微生物和植物》《认识货币与银行》《从小爱理财》《人体的秘密——器官》《智能可穿戴设备》《太空探索和我们的生活》《畅谈美国简史和我们的英语学习》《小学生能投资什么与时间、健康、智慧和财富的关系》等内容。

在家长的组织策划下，党老师还曾带领全班同学和家长在中国美术馆上了一堂生动的美术课呢，主题是"中国传统艺术"。主讲教师是邓书鸿同学的爸爸，他专职从事美术教学工作多年，专业功底深厚，教学经验丰富。邓老师结合"崔振宽和聂危谷中国画展"给学生们上了一堂生动的美术绘画课。孩子们一边欣赏画作，一边认真记录笔记。整个参观学习过程井然有序，孩子们沉浸在艺术的氛围之中，没有喧哗，举手小声提问，受到了美术馆管理员及其他参观者的称赞！这些家长带来的多元课程增长了孩子们的见识，开拓了孩子们的视野！

我听了党老师全面介绍后，学到了很多方法，也越来越有信心了。我想：作为班主任新手，我要向有经验的教师学习，多思考、勇于探索尝试，为学生搭建更多广阔的学习平台。

表崇望显，源深润广

学校提出"像办大学那样办小学""见识比知识更重要"，小学并不"小"。学生们在学校不仅仅学习课本知识，更需要近距离接触方方面面的专家学者，聆听前沿的声音。

如今，民族小学所有的老师们都行动了起来，充分挖掘资源，为孩子们开阔视野。我们定期邀请科技、艺术、人文等各方面的专家和有专长的家长为学生开展大讲堂活动。规模大到全校，小到班级。统计下来，每年学校开办的讲堂总数有400多场。比如："蛟龙号"首席潜航员杨波通过图片、珍贵的下潜视频为学生们介绍他随"蛟龙号"下潜的经历与感悟；最年轻的院士周琪为学生们讲"神奇的干细胞"；著名的书法家爱新觉罗·启骧为学生们讲书法……孩子们与专家积极互动，说出的话也常常是一语惊人，很多专家都惊叹："你们的学生知识面太广了！"讲座为学生们带来的远非一场讲座，还有对世界的无尽好奇、对文化艺术的向往，让他们的心中有目标、有高度，对自己的未来有憧憬与规划。

古人云"大道无声，大爱无形"，民族小学一批批可亲可敬的家长们用自己的实际行动默默地支持着学校的工作，他们不仅自己讲，还邀请他们业界的专家一起走进校园，他们把无形的大爱一点一滴地浸透到每一位孩子的心田。我们坚信，一个人眼界的高低、境界的大小可以改变一个人的命运。民族小学的孩子们就是沐浴着爱的阳光，健康、快乐地成长着。

本文作者：李秀娟

（英语老师）

用科学精神引领学生成长 >>>>>>>

教育事业要放眼未来，要为未来社会培养合格公民，引导学生崇尚科学、追求真理。科学老师特别要培养学生的科学素养，通过各种科学探索的经历，激发学生的好奇心，提高他们的探索能力、分析能力和动手能力。通过引导学生在日常生活中勤于观察、善于思考，帮助他们逐渐树立科学精神，学会不断地发现问题并针对问题尝试进行深层次的科学研究。

埋下一颗别样的种子——研究性学习

研究生毕业后，我有幸进入民族小学担任科学教师。有一次，我和几位老师去教委参加新教师培训，马校长正好也要去教委开会，就让我们搭了个顺风车。坐在车上的我有些紧张，但是心里还有小小的期待，难得有幸跟校长近距离接触，他会跟我们说什么呢？会有什么嘱托呢？正在我浮想联翩的时候，校长浑厚的声音传入我的耳朵，他亲切地说道："年轻真好，未来有无限希望，都跟我说说吧，你们对未来有什么设想吗？"

"做好班主任工作，做孩子喜欢的老师。"

"做一名反思型的老师，好好研究课堂。"

…………

同伴们纷纷表达了自己对未来美好的向往。我边听边思考，心想：可不可以换个角度？不说自己成为什么样的老师，而是希望培养什么样的学生。思考了几分钟后，校长看我没说话，便追问我是怎么想的。

"研究性学习，小课题研究！"我激动地先说出了这两个词。校长笑着肯定，并鼓励我继续往下说。

我一看校长感兴趣，就大胆地继续讲起来："校长，我觉得从小学到大学，我收获最大的就是研究生这三年的学习，研究生学习不是坐在教室里听老师讲课，是我们自己研究和学习，然后汇报研究成果，这个学习的过程是我想让学生经历的。"

"特别好，小于，这种学习方式我一直很提倡，把孩子的学习的积极性调动起来，培养他们科学研究的精神……"校长的认可和鼓励更是坚定了我的理想和信心，我心里默默地想：既然校长这么认可，有了支持，我一定要在研究性学习方面探索出宝贵经验。

可是学校目前没有这方面的课程，我应该怎么去做呢？这一切都需要慢慢探索。

"学会提出问题"是科学研究的开始

任职一年后，学校负责科技教学的关老师给我出了一个问题："学校提倡老师要发展自己的特色，科任老师要能开设自己的社团，于老师，您思考一下自己的发展方向，看看能给孩子开设什么样的特色社团。"

这不正是我带领孩子开展研究性学习的机会吗？太好了！机会来了。于是，当年学校的100多门选修课的列表增加了"研究性学习"这一门课程，指导老师便是我。

社团开始后，上课的孩子并不多。第一节课开始的时候，就有两个可爱的小男孩，跑到讲桌前，睁着圆溜溜的大眼睛提问："老师，我们都研究什么啊？怎么研究？"

听完这个问题，其实我的内心是有些不自信的，是啊，怎么研究？研究什么？孩子们一下子把我问住了。于是，我反问孩子想要研究什么。一个男孩皱着眉头说，他想要研究的太多了，就是不知道怎么研究。"那我们就边研究，边探索。"我笑着回应孩子们。

在后来的课堂上，我首先在网上查阅资料，找了一些关于小学生研究的课题，并把它们整理成问题库。在课上，我给孩子们仔细介绍了问题库里的问题，让孩子们总结研究问题的提出方法。

"老师，我觉得问题一定要是我们身边的才好，比如说小学生近视眼的问题。"

"老师，我想研究下小学生玩游戏的问题。"

"老师，我想研究下家里的植物怎样才能长得更好。"

孩子们的发言给了我很大的启发，他们提出问题的样子特别可爱，因为在这些问题背后，孩子们一定是认真观察生活，并且认真思考了。

慢慢地，随着经验的积累，关于怎么提出问题，我对孩子有了一些更加具体的指导，比如问题要来源于生活、有一定的价值、存在研究的可行性等。

科学方法是科学研究的灵魂

社团活动就这样在摸索中开展了一两年。在一次期末阶段，校长单独找我谈话，了解研究性学习的社团开展情况。

我告诉校长，现在社团有一些进展了，但是自己还是有很多困惑，每个孩子的研究主题不一样，指导起来还是有一些困难，感觉力不从心。

校长思考了一阵子后，给我提出了中肯的建议："于老师，遇到问题是很正常的，而且我们是在摸着石头过河，不要着急，但是我有一个建议，你看咱们学校孩子的家长素质都特别好，很多都是做科学研究工作的，你看看能不能通过家校合作，帮助孩子们一起发展呢？另外，海淀区每年都会举办金鹏科技论坛，你可以尝试着组织孩子参加，让他们有施展的平台。"

校长简单的几句话，点亮了我困惑迷茫的内心，对啊，我一个人的视野是非常有限的，如果能调动多方资源，那我们的站位不就高了吗？孩子们能够获得更多科学方法的指导。另外，组织孩子们参加金鹏科技论坛比赛，孩子们有能够展示提高的平台，学习的积极性会更高。

于是，通过班主任的介绍，我请一些有科研背景的家长作为我们的指导团，还组建了一批有研究兴趣的孩子参加金鹏科技论坛比赛，社团的发展一下子扩大了规模。

2018 年，我组织 21 名学生参加海淀区金鹏科技论坛比赛，他们分别从社会科学、自然科学以及技术发明三个领域开展课题研究。为了让孩子们掌握更为科学的研究方法，我开始组织部分家长和金鹏科技论坛相关的专家，指导孩子学习观察记录、动手实验、调查取证、设计制作等科学研究的方法。孩子们有了专业的指导，研究的科学味儿更足了。

社团有两位特别聪明的男孩，他们的课题是有关"小学生龋齿现状的研究"，从问卷设计，到问卷发放，再到问卷数据的统计与分析，五年级的小学生做得有模有样，整个过程都特别积极参与，兴趣高涨。在组织模拟答辩的时候，这组孩子的表现获得了专家的特别好评，同时专家也提到这个课题还欠缺研究者实际观察学生"牙齿现状"的实证部分，只有问卷调查还是不够的。

从科学研究的角度来讲，想让研究更为严谨，学生确实应该实际去调查，怎么调查呢？我对牙齿相关的专业知识了解甚少。

"老师，我爸爸是医生，他有个朋友就是牙医，我想咨询一下他是不是可以。"其中一位小男孩跑到办公室向我建议。我不禁感叹，孩子的方法真多，脑子灵活，更懂得怎样有效解决问题，这都是课题研究带给他们的思考啊！

很快，两个孩子制定了牙医的访谈提纲，通过细致的电话访谈获取了牙齿调查的专业调查表，指导他们接下来的研究。第二天课间，两个孩子就戴上一次性手套，还有手电筒等工具，像个小牙医一样在各个班级观察同学的牙齿，收集研究案例。看到这样的一幕，我的内心充满了欣慰，这样的经历才是对孩子真正科学精神的培养。

让科技创新成为学校亮丽的底色

2019 年 1 月，这些小研究者们带着自己的研究成果参加了海淀区金鹏科技论坛的比赛。令我兴奋的是，参加比赛的孩子们大多数都获得了一等奖的好成绩，其中当然包括那两个小男孩的龋齿研究的项目。取得这样的好成绩，学生和家长们都激动不已。

马校长得知孩子们获得这么好的成绩，专门让他们自己策划了一场展示活动，在全校师生面前讲述自己的研究之路，呈现自己的研究成果。当孩子们落落大方地在台上陈述自己的研究成果时，台下所有的老师和学生都暗自为他们严谨求实的科学精神和敢于创新的研究能力称赞。就这样，金鹏社团成了学校的品牌社团，很多孩子都慕名而来想加入科学研究的队伍中来。

社团的规模越来越大，2020 年的时候，我们取得了更好的成绩，获奖学生数量翻倍，有 8 位同学代表海淀区挺进市级比赛，分别获得了一等奖、二等奖的好成绩。

"做最好的自己，在我最好的方面"，这是我们学校的校训，"崇尚科学，追求真理"，这是我们民族小学所有教师应该引导学生去实践、追求的。学校科技社团不仅有研究性学习，还有单片机、机器人、创客等。老师们都特别注重学生科学精神的培养，引导他们走进科学世界、体验探究世界、分享自己的世界，即用发现的眼睛观察和记录，科学的方法解决一个个短期课题与探究任务，同时在这个过程，结识新朋友，学会倾听他人，形成良好的研究习惯，并延伸到其他的科学探索中，最终能够学会更好地生活。

本文作者：于佼月

（科研老师）

小讲堂　大智慧 >>>>>>>

学生在课堂中不能仅仅是听者、参与者，作为学习的主人，他们更应该是主动参与其中的讨论者，甚至可以成为小老师，将课堂变为学生的讲堂。老师真正将学生作为课堂的主人，转变观念，将时间和空间交给学生，学生就会呈现出意想不到的学习效果。

一节公开课引发的思考

2012 年，我大学毕业后便进入民族小学，成为了一名科学教师。从最初的不熟悉教材、不熟悉学生，成长到可以按照课程标准以及教材的要求很好地完成教学任务，实现教学目标和重难点，我自认为就是一名合格的科学老师了。但是在一节公开课之后，我的想法发生了改变。

那节课的内容是四年级的"总结我们的天气日历"，要求学生通过分析近一个月的天气情况数据，并总结提升，归纳出北京地区这一段时间内天气变化的规律。整节课很顺利，下课后，我也长舒了一口气。

近一个月的研课、磨课对我来说收获是很大的，但对我影响更深远的其实是课后的专家点评环节。专家指出："一节课上下来让人感觉很顺畅，但是我觉得你缺少很重要的一点，学生在总结归纳出北京地区的天气变化规律后，没有再进行知识的升华。天气的变化和我们实际生活又有什么关系呢？看到天气数据的曲线起伏，能否联系到人的一生其实也是在起伏波动中度过？气候的变化是如何影响到社会的变迁？我们国家伟大的物候学家竺可桢是如何观察记录的？他和我们做着类似的事，为什么竺可桢能取得那么大的成就？这些都可以是学生深入思考的点。"

当时，教学主任也非常认同专家的观点，语重心长地对我们说："科学课不能只局限于课本那点内容，生活中处处是科学，无时不科学，你们应该把科学课和生活、社会更多地联系起来，比科学知识技能更重要的是崇高的科学精神和严谨的科学态度，今后在你们的科学课堂上一定要落实这一点，老师们要有大科学教育观。"

幸福地播种——优秀教师的耕耘之路

是呀，科学课真的不能拘泥于教材课本，我们应该由以前的"教教材"转变为"用教材教"，我们的课堂应该融入更多有意思、有意义的内容，才能让学生更加热爱科学。俗话说，"授之以鱼，不如授之以渔"，科学知识和技能那么多，一辈子都学不完，我们怎么可能在课上教完？让学生更加热爱科学，对科学有更浓厚的探究兴趣和探究能力，才是我们科技教师应该去做的。

自这次公开课之后，我就开始改变我的课堂，每节课将讲述课本内容的时间再压缩一点，腾出五分钟左右的时间和同学们聊聊教材以外的科学。有时候，我们相互聊聊伟大科学家的故事，有时候观看一些机械加工类的视频，有时候操作一个科学小实验。这些内容与教材内容没太大关系，但是又有点关系，与生活实际相联系，又拓展学生们的科学技术视野，最主要的是学生非常喜欢，每次上课都期待着。

给学生的兴趣一个展示的平台

这样的课堂进行了一段时间后，一些同学开始觉得不过瘾了。他们觉得自己也有很多有意思的科学知识想与大家一起分享，这其中令我印象最深刻的是小程。

小程是六年级的学生，那时我们正在学习"简单机械"这一章节内容。下课后，小程单独找到我，小声地说："关老师，我看下节课我们学习'自行车上的简单机械'这一课，里面有变速器的知识，我能给大家讲这一部分内容吗？我可以把我的变速自行车推来，给大家实际演示一下。"

我听了小程的话，心里开始挺犹豫的，心想：推自行车过来会不会出危险，会不会在班级里有很多麻烦的事？但之后又转念一想，科学课堂需要革新，学生有兴趣想主动来讲一讲，绝对是一件好事。虽然麻烦些，但很有意义，解决问题的办法总比困难多。我想了想对他说："没问题，特别欢迎你给大家实际讲一讲，你可以早一点把自行车推到科学教室这边，我先替你保管着，要不自行车放到你们班级太拥挤了。而且，你要先好好学习齿轮传动的知识，把这一部分内容都熟悉掌握再给大家讲，好不好？"

小程开心地接下了这个任务。

上课那天，小程一早就把自行车推过来了，放到了科学教室。上课时，我告诉同学们，今天要学习的是"自行车上的简单机械"这一课的内容，小程同学是这节课的小老师，他推来了自己的变速自行车，想边演示边给大家讲一讲。

小程有模有样地当起了小老师。他先把自行车倒过来放置在地面，用手转动脚踏板。当链条的传动带动后轮转动起来后，他就开始了讲述。整个过程中，同学们目不转睛，认真聆听，小程一边手指着，一边认真地讲起来："自行车上的动力装置是链条传动装置，脚踏板转动的动力通过链条传递给后轮，使它可以转动起来，变速器可以调整前后的齿轮的大小，大齿轮带动小齿轮时，就可以加速，小齿轮带动大齿轮时就是减速，我们一般在平坦路行驶时可以用加速，在上坡时可以用减速，因为可以更省力一些……"

我在一旁聆听，频频点头。看着学生们专注的样子，非常欣慰。小程虽然第一次给大家讲课不是很完美，但是大家的注意力依旧非常集中，我想，这样的科学课非常有意义。

在这节课之后，小程在科学课上更有自信了。更令人高兴的是，在他之后，又有几位同学主动和我报名，要给大家讲讲很有意思的科学自然知识。

在"自然生态"这章节的学习中，我发现不少同学都对动物感兴趣，平时读了不少书，有了一定的知识积累，我便开展了一次"野生动物小讲堂"的系列活动，让学生给大家介绍一种中国的濒危野生动物。学生们非常积极地参与报名，我也给他们提出了讲课的要求：认真准备、制作 PPT、讲的内容要让大家喜欢、有收获。

随后，"野生动物小讲堂"如期进行。一位位小老师上台讲课，他们还在总结讲课经验，后面的学生也就越发自信，状态越来越好。学生们不仅了解了更多的科学自然知识，也提高了自身的口才演讲能力，真是一举两得。

科幻迷

我非常喜欢看科幻电影、读科幻小说。这些可以激发起我对科学的学习和探究的欲望。虽然我不搞科学研究，但从事科技教育工作，我希望把对我影响深刻的东西，推荐分享给我的学生们，希望他们对科学有更多的探索欲望。

我的课堂上也出现过像我一样的科幻迷。

五年级的小丁利用科学课前五分钟的时间，把《三体》三部曲的故事梗概完整地给同学们讲述了出来，引得大家听得入神。

五年级的小妍对爱因斯坦的"狭义相对论"有着深入的了解，课堂上给大家讲述爱因斯坦的思维实验和推导过程，还有著名的日全食证明过程，虽然由于内容突破惯有思维，让一些同学听得云里雾里，但小妍讲述时那副神采奕奕的样子，让比较熟悉"狭义相对论"的我感觉，这俨然就是未来的理论科学研究工作者。

还有很多同学课下与我交流讨论他们看过的科幻科普书籍和电影，我鼓励他们从作品中找到科学知识再继续做深入了解。听着他们对科学、科幻的侃侃而谈，我看到他们对科学学习的热情，这令我无比欣慰。

比科学知识技能更重要的是崇高的科学精神和严谨的科学态度！这不仅仅适用于科学研究，它也适用于我们大脑中进行的每一个深刻思考、生活中做的每一件事。所以，我一直坚持激发学生对科学的热爱，让他们主动学习、主动探究，在科学课上成为科学小讲师，在学习与分享中将热爱科学的种子深深植根于心中。

我热爱科学本身，我更热爱我所从事的科技教育工作，我一直认为我正做着一件无比重要且深远的事，我会一直努力做下去！

本文作者：关越

（科技信息负责人）

启发式课堂　引领学生探寻真理 >>>>>>>

民族小学的课堂是真正属于学生的课堂，本着以学生为中心，以学生为主体的宗旨，鼓励学生主动学习，积极思考，充分表达，给予学生探究和钻研的机会。一堂好课，不是看老师讲得好不好，而是看学生是否真正学会了学习。老师们在这个过程中越来越体会到教育教学要"以人为本"的意义，而教育教学的成果在于，学生是否具备主动学习的能力，是否敢于质疑。

启发思考，鼓励质疑

2018 年我初来民族小学，成为一年级"小豆包"们的班主任。孩子们是那样可爱、纯真，而且好奇心满满。在课堂上听讲特别认真，写字也非常小心翼翼。可是孩子们究竟会听课吗？

那是在我们第一次学习加法的课上。

"你有3支铅笔，同桌有2支铅笔，你们两人一共有几支铅笔呢？"

"5支。"学生很快答道。

"你们同意吗？有什么补充或建议吗？"

孩子们一脸疑惑，你看看我，我看看你，百思不得其解。

我也在思考，为什么孩子们提不出自己的疑惑呢？是不敢，还是不会？他们到底是怎么想的？

于是，我指名乔恩回答："你知道'一共'是什么意思吗？"

他羞涩地站起来，迟疑了好一会儿，说道："一共有5支铅笔。"

显然，他心里明白"一共"代表的意思，只是不知道怎么回答能说清楚。还好，他开口回答了，于是我赶忙说道："南老师知道，你是不是想说'一共'就是把3支铅笔和2支铅笔'合在一起'是5支铅笔啊？"我边说边演示合起来的过程。

他开始抬头看着我，似乎有了点自信，冲我使劲点了点头。我说到了孩子心里，"合在一起"正是他知道但不知如何表达的一个词。紧接着，我趁热打铁，鼓励孩子们："孩子们，如果你遇到了乔恩这样的问题，要勇敢地把困惑和自己的想法表达出来，比如：'我明白这个意思，可是不知道怎么表达，谁可以帮帮我？''这个问题我不懂，谁能帮我再讲一遍？''我和你的想法不一样，我认为是……'课堂上虽然是老师在讲课，但你们才是课堂的小主人啊，老师就是帮助你们的。所以有了问题和疑惑一定要说出来，我们大家一起思考，一起解决。也许其他同学遇到和你一样的问题，你勇敢地提出来，会帮助更多同学呢！这是多有价值有意义的一件事啊！"

巧用"换位"启发思考

要了解孩子们的想法，就要转换角色，站在孩子的角度多思考，帮助他们解除心里的疑虑，多为孩子着想，成为他们的同伴，做他们的知心朋友，让孩子没有顾忌、放松警惕、敢于表达真实的想法。在一次教研活动中，专家李新素老师评课中的一句话再次给了我启发。她说："上好一节课，最重要的是要清楚学生的思维路径。"如果让学生了解老师的思维路径，会不会有效果呢？

"孩子们，如果我是你们，我可能还会问：'确定是 5 支吗，你是怎么知道的?'"

"这个问题如果让南老师回答，我会这么想：把 3 支铅笔和 2 支铅笔合起来，数一数，会发现一共就是 5 支；也可以接着 3 支数，4 支，5 支；还可以接着 2 支数，3 支，4 支，5 支。所以，我用这 3 种方法可以确定，2 加 3 一共就是 5。"

就是这样，我为孩子们做了"如何提问、如何思考"的启发式示范，告诉孩子们如何思考；发言的时候，如何表达自己的观点，先说什么，后说什么，为什么这么说，我是怎样考虑这个问题的……通过换位的方式，我将自己的思维路径和思考过程都示范给学生。这样做，是为了让学生明白课堂上不光要认真听别人的想法，还要听他是怎么表达的，同时对听不懂的地方可以提出来，还可以提出自己不同的想法或有疑问的地方，从而让学生逐渐学会思考和质疑。

后来的每一节数学课，我都坚持带领学生运用这样的探究模式，启发他们思考，并及时对每个学生的进步给予认可和鼓励，提出更高的期待。

启发式课堂的"升级"

就这样，学生们在课堂积极思考，勇于表达自己的想法，还能提出不同的观点或对他人的观点进行批判式思考。启发式课堂初显成效，孩子们对知识的学习不但提升了兴趣，还取得很好的成绩反馈。但与此同时，我发现，大多数孩子的思考还处于浅层次，观点的表达和质疑也比较简单和基础。因此，我开始提出更高的要求，引导学生们对重要内容或难理解内容进行更加深入的思考，提出的质疑角度要更准确，观点更鲜明，从而引导和鼓励学生逐步进行深度学习。

在学习 20 以内进位加法 $9+5=?$ 时，孩子们发生了这样的改变。

铭骁边摆边讲："我用的是摆小棒的方法，$9+1=10$，就变成一捆，再加上剩下的 4 根 $10+4=14$，一共是 14 根。"

这时，很多同学纷纷举手，铭骁指名礴熙发言。礴熙："受你的启发，我想到了用计数器，(边拨边讲)先在个位拨 9 颗珠子，再把剩余的 1 颗珠子加上，满十进 1，十位拨一颗珠子，个位再把没加的 4 颗珠子加上，一共是 14。我的方法和你的方法道理一样。"

学生们不仅学会了主动交流，还会主动进行更深入的思考。在一次"希望杯"

教学评优活动中，我执教"认识图形"一课，其中一个问题探究是：汇报不同的面是从哪些立体图形上来的。我指着孩子们从立体图形上描下来的那些平面图形，问道："你们认识它们吗?"

当说到三角形时，几个孩子争论不休，有的孩子认为叫三角形，因为有三个角；有的孩子认为叫三角体，其中，嘉瞳提到好多个三角形摞在一起就是三棱柱，这个图形是从三棱柱上描下来的，所以应该叫三角体。从嘉瞳的发言中能够看出她已经有了面动成体的意识，在场听课的专家和老师们都惊讶，一年级的孩子居然有面动成体的意识。嘉瞳的思考和认知，是我之前没有预料到的，因此，在课后我进行了深刻的教学反思，今后的教学中一定要尽可能地对学生进行充分的课前调研和全面的教学过程预设。因为他们已经开启了深度思考的学习历程。

就这样，孩子们经过引导和练习，学会了追问核心问题，自发进行思考对话，突破重难点内容，并且还能够受他人方法的启发，产生新的思考，并发现方法之间的联系。启发式探究学习让孩子们体验到了学习和思考的乐趣。

启发式课堂带回家

在培养学生如何思考、质疑的过程中，越来越多的孩子积极主动地参与到课堂交流中来，在课堂上不再拘束，逐渐成为课堂学习的小主人，老师也向孩子们学到了很多。不仅如此，学生们还把这样的学习方式带到了家庭学习中。

小晗初入学时，学习基础较弱。经过一个学期的学习和培养后，学习能力逐渐增强，学习成绩也有了很大的提高。学期末，小晗妈妈来到学校激动地拉着我的手说："南老师，这短短的一学期，孩子变化太大了，我太感动了。孩子不再抗拒学习，反而爱上了学习。她现在能主动完成作业，并且努力思考一些题目，每天回家都会给我讲当天学的知识，还有模有样地学老师问我一些问题，而且还让我也要提出问题。孩子说在学校老师就是这样教他们的。看到孩子的进步我真的很感动，而且我和孩子的关系比以前融洽、亲密了很多。这样的学习方式真好啊，所以我特别感谢您，感谢咱们学校。"

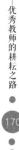

小晗妈妈的话让我备受鼓励，打心底里为孩子的进步感到高兴。

疫情期间，班里一名平时总是默默无闻的孩子突然给我发了一条微信。他说："南老师，我想在咱们班级公众号投稿。因为我在家学习这段时间有了一个新同桌。我自己感觉学习学得很快乐，收获也很大，所以我想和大家分享。这个同桌就是我的妈妈，我每天都当小老师，用我们在学校时课堂上那样的学习方式和交流方法，与妈妈互动学习"。

孩子们竟然把课堂上的学习方式带到了家庭，这真的让我喜出望外。他们居家学习这段时间，主动在平台上分享"每天讲一道题"，我看到了很多孩子在各科作业中，对一个问题与爸爸妈妈们你一言我一语的互相质疑、补充、评价、鼓励，探寻着其中的真理……

此时，我在孩子们激烈的讨论中看到了他们的成长，似乎也看到了他们未来的学习生涯中，都有着不俗的表现。因为，他们已经开始具备学习的能力。这可能就是"授之以渔"的道理和意义吧。

古人云："疑是思之始，学之端。"在教学中，通过多种方法启发学生思考、质疑，培养学生主动探究能力，使学生从被动学习变为主动学习，从被动接受变为主动探索，从而发展学生思维，培养学生的创新能力。启发式课堂的真谛即在此。

本文作者：南俊红

（数学老师、班主任）

第二节　立德树人　培育栋梁 >>>>>>>>

新时代的教师要全身心投入立德树人的工作中，积极引导学生珍爱生命、关心社会、明辨是非，帮助他们树立正确的世界观、人生观、价值观，培养深厚的家国情怀。

抓住教育契机　让学生真正长大 >>>>>>>>

新时代的教师应该拥有大视野、大情怀、大格局，具有强烈的使命感，全身心投入立德树人的工作中。特别要善于抓住教育的契机，与家长携手积极引导学生珍爱生命、关心社会、明辨是非，帮助他们树立正确的世界观、人生观、价值观，培养深厚的家国情怀。

在新冠肺炎疫情期间，孩子们无法回到美丽的校园里继续学习，无法和老师们、小伙伴们再相聚。他们就像笼中的鸟儿一样会感到无聊、烦躁。家长朋友们更是焦虑……

"张老师，请教您一下，我家孩子今天的阅读理解错的不少，这可怎么办呀？"

"张老师，我总担心孩子在家偷偷地玩手机，不自觉学习。如果他没按时交作业，您随时喊我！"

"张老师，您看我家孩子在学习方面还需要再补充些什么内容？"

…………

我理解家长们的焦虑，作为一位老师，我应该在疫情期间关注些什么呢？我想，第一是引导孩子们做好抗疫，因为安全是最重要的；第二，应该引导孩子尽快适应新的学习环境，调整好作息时间；第三，让孩子们在家里有事可做——上网课、做运动。正当我们所有老师一头扎在网上辅导的时候，民族小学公众号里推送了一封信——《马校长写给孩子们的一封信》。

我亲爱的孩子们：

……各行各业的叔叔阿姨们都携手共进，共担风雨。"苟利国家生死以，岂因祸福避趋之！"你们的爸爸妈妈中有的是医生，有的是警察，有的是社区工作人员……他们在疫情面前都挺身而出，坚守一线，迎"魔"而战。

习近平爷爷曾对我们说过，要"心有榜样"。而现在，我们通过新闻看到的以及我们身边的那些"最美逆行者"，就是一往无前的英雄勇士，是我们这个时代当之无愧的榜样！希望未来的你们，也像他们那样心中有家国情怀，在岗位上有责任、勇担当。

这些日子，通过老师们的分享，我看到了你们都能充分利用这段宝贵的时间，在家里每天坚持阅读、习字、锻炼，将民小的这三门必修课落实到每天的生活学习中。与此同时，很多孩子还主动帮助父母做家务、时时关注新闻，通过各种方式为战斗在抗击疫情一线的叔叔阿姨们加油鼓劲。你们是心中有爱的好孩子，为你们点个大大的赞！

…………

民族小学的老师们纷纷行动起来，学校和班级组织开展了很多丰富多彩的线上教育活动。

当孩子们从新闻中得知医务工作者缺少防护服的时候，2018级7班全体师生家长向武汉抗疫前线捐赠了1300套防护服、网球社团的孩子们捐赠了300套防护服、2017级1班的鹏宇用压岁钱捐赠了200套防护服、2018级10班捐赠了41套防护服……就像马校长在信中提到的，我们要培养的是有家国情怀、有责任、勇担当的未来公民。如果孩子们从小关心国事、家事、天下事，心有榜样，我坚信他们长大后也能成为有使命担当的合格公民。

读完这封信，我很受启发，深感自己之前的想法太狭隘了！虽然我想到了孩子们的安全问题和学习问题，但是却忽略了在灾难面前，我们更不能忘记的是立德树人。危机时刻正是教育的宝贵时机。在举国抗疫的大背景下，我们除了督促孩子学习知识，更应该关注的是，将生存与生活的智慧，将共赴时艰、舍身忘我的气节，将作为中国人的责任与担当，植入下一代人的精神基因。

我在英语学科的学习指导中增加了让孩子们关注疫情、关注社会、关注科学以及人与自然和谐共处的内容。当我看到孩子们画出的一幅幅英文防疫手抄报，看到孩子们在作文中用英文介绍新冠肺炎的相关知识，看到有的孩子录制了用英语播报的防疫新闻视频时，我意识到培养未来公民就是要时刻关注立德树人，把孩子们的成长放在第一位，引导孩子们成为有责任感的公民。

马校长还给全校家长写了一封信，倡议家长与孩子在家中从几个话题入手，进行一些思考与讨论：我们应该如何正确认识人与自然的关系？如何与其他物种和谐相处？哪些生活习惯与习俗需要改变？吃什么、怎样吃才健康、安全？我们应该怎样做一个合格的公民？疫情之中，哪些职业让我们特别敬佩和崇敬？孩子未来想成为什么样的人？全国人民在此次疫情中共克时艰，众志成城抗击疫情，你是否感受到了祖国的强大呢？

这两封信引发了民族小学学生、家长以及社会的持续关注，让所有师生家长受益匪浅，获得了深刻的领悟。几乎每个班都建立班级公众号，定期发布班级新闻或文章，宣传班级的主题教育线上活动，注重教育孩子们立志向、向榜样学习。有的家长在抗疫前线，有的家长不在孩子身边，他们也都纷纷给孩子写起了温暖的家书。

比如，2019级7班思彤的爸爸返回了北京的工作岗位，但是思彤和妈妈还在老家没有回京。远隔千里，爸爸将思念写在了一封家书中，更是将大爱、民族大义传递到了孩子的心里。

你要懂得悲天悯人、感恩惜福。我们每时每刻都被温暖和感动着，那些冲在第一线的白衣天使、人民子弟兵，那些一方有难、八方驰援的各地民众，还有各行各业通过做好自己的工作来抗击疫情的人，比如学校和老师每天打卡，掌握你们每位同学的健康情况。他们都给我们带来温暖和安全感！我们要为武汉加油。因为我们都有一个家，名字叫中国，国好家才好。

2018级2班佳杰妈妈给女儿写了千言家书，告诉孩子：家国情怀是世界最美好的情感；敬畏自然，才能安享未来；善良是人生的底色，勤学才有报国的资本；投桃报李，是为人之道；不攀比，风轻云淡过一生……这封信字字感动、句句入心，感动了很多人。

在疫情期间，马校长不仅给学生、家长写了温暖的"家书"，同时也给我们每一位老师写了一封信，引导我们要做家长的朋友、孩子温暖的守护人。他提出了几点希望：

老师们要通过各种线上渠道，多和孩子们聊聊天，关心他们的生活，给他们解一解心中的烦恼，给予他们力量和阳光。还可以结合自己的学科特点和个人所长，为孩子们提供丰富多彩的实践学习资源，加强与他们的互动，让他们在交流展示中感受到成长的快乐。当孩子们心中感受到老师的爱，面对疫情、面对成长中的困难，就会无所惧怕。

家长永远都是与老师并肩前行的朋友，朋友间就更应该多些关心、多些理解、多些相互支持与帮助。尤其是现在，孩子不能来学校，家长要担负起更多的责任和工作，他们非常需要老师们的理解与帮助。我们能做的就是抱着一颗温暖善良的心，对家长多一份关心、多一点帮助……老师、学生、家长始终是一家人，疫情过后，我们的心会靠得更近！

老师们深深地被校长的教育情怀所感动，更加积极投身到班级工作中。宝骥小同学的妈妈驰援武汉，他的爸爸平时在医院里工作也非常忙。语、数、英三科老师特意建群，让孩子遇到问题就可以在群中和老师们互动交流。小宝骥的生日到了，但是妈妈无法陪他一起过生日。曲老师号召班里的同学为小宝骥送上祝福，让孩子感受到大家庭的温暖。老师们细心地呵护着每一个孩子的成长，做他们温暖的守护人！

在抗疫这场没有硝烟的战争中，虽然我们不能像可敬的白衣天使那样逆行而上，用生命呵护生命，但我们可以用专业呵护生命，助力孩子们的成长！

语文老师邀请孩子们一起走进《三国演义》《西游记》阅读经典、挑战"网络诗词大会"，数学老师邀请孩子们一起玩转数独、飞叠杯、华容道、七巧板，英语老师邀请孩子们跟随英文小导游线上重游校园、观看自制的英文舞台剧。孩子们还可以居家学非遗、学唱民族歌曲、学做科学游戏、云端观看"书法展"、参与"摄影展"、云游"美术馆"……

马校长的三封信带给我们每一个人深刻的领悟。在危机时刻，教育工作者更要有大格局、有思想的高度，准确把握住每一个教育的契机，通过家校合力让孩子真正地长大，这是我们的职责所在！

本文作者：张丽丽

（英语老师）

民小教师与大凉山彝族学生隔空连线 >>>>>>>

2014 年 5 月 30 日，习近平总书记来到民族小学视察时，参与了学生们的爱心义卖活动，当看到民小学生和少数民族地区学生间往来的书信时，总书记特别高兴，并说道："下次写信时，也捎去我对他们的祝愿！"民族小学师生一直牢记习近平总书记的嘱托，近些年来一直充分发挥着教育辐射的作用，先后与西藏拉萨、新疆和田、内蒙古科右前旗等偏远地区的学校建立帮扶关系，将首都优质的资源进行共享，学生、教师间开展了很多交流活动。

2020 年暑假刚刚到来，学校荣幸地接到了一项任务，10 多名教师要参与由教育部组织、中国教育电视台参与录制的国家课程资源。承担这次录课的老师都是来自海淀、西城的骨干教师。特别感谢海淀区教师进修学校的信任，让我们民小承担了 14 节语文课、12 节英语课、2 节美术课，共 28 节课程的录制任务。这些课程将在 9 月 1 日起陆续在中国教育电视台播出，全国的孩子都可以通过电视、网络、多媒体等资源渠道观看。

作为教学负责人，刚刚接到这个任务时，我的压力的确很大。但是很快，压力就转换成了动力。想到偏远地区的孩子们能和北京的孩子们一样，享受到首都优质的教育资源，能在课堂中体验学习的乐趣，想到偏远地区的孩子们对知识的无限渴求，我们就干劲十足。

很快，我们就分别组建起团队，进行细致的备课，反复讨论、修改完善。常常已到深夜，讨论群里依然热闹非凡。虽然是在假期里，但是我们绝不比在工作日轻松。

作为教学负责人，我责无旁贷承担了三节录像课的任务，讲的是小学一年级语文入学教育的三节课："我是中国人""我是小学生""我爱学语文"。这三节课是整本书的起始课，更是小学生入学阶段的起始课，对学生今后的学习起到了至关重要的教育作用。

一年级的内容看似简单，但是备起这三节课来很不容易。比如"我是中国人"这一课，教材中就是一幅图和五个字"我是中国人"，既没有识字的任务，也不能安排写字。怎样让这一节课充分发挥教育的作用，深入浅出，让刚刚入学的小同学们听得进去、听得懂，又能激发他们的爱国情，增强民族自豪感，提高民族团结一家亲的意识呢？经验丰富的杜景芝老师，年轻有想法的廖祎、郭宏婧、戴欣老师和我夜以继日地展开了深入的探索和研究。

杜景芝老师在备课前就提出了建议："虽然是第一节课，不能识字写字，但是一定要上出语文味来！要有语言表达的训练和指导。""我们要让学生在入学第一天就懂得，作为中国人就要热爱祖国、尊重国旗……"后期更是为我们备课提出了很多宝贵的建议。

"窦老师，我来帮您搜集合适的图片！""我来找视频！""这些学生发言我来找学生录制！"廖祎、郭宏婧、戴欣三位老师随时都在为这三节课忙碌着，电脑随时身边带，信息总是火速回。

海淀区语文教研员林忠慧老师每天都在与我探讨着教学设计，打磨着教学课件中的点滴细节，事无巨细。

校领导们知道我任务重、压力大，就总是给我加油鼓劲："这三节课不是简简单单的课，你要让这三节课真正地体现育人的价值，让电视机前的孩子们从中受益，获得启迪。你专心备课，学校的其他事就不要管了，我们来解决！只要民小团队在，一切困难不存在。"

想象着偏远地区的孩子们正充满渴求地坐在课堂里，正在等着我来给他们上语文课，我的责任与使命感油然而生。

经过线上审核、现场审课、多位专家审课的历程，这三节课终于到了录制阶段。我是首批而且是第一天就录课的老师。因为准备充分，所以站在摄像机前的我自信满满，连续录制三节课没有出一点错误，录制过程非常顺利、流畅。

8月底，我接到了中国教育电视台一位编导的电话，她向我介绍在9月1日开学第一天，电视台要通过《开学啦》这一全媒体直播节目，全景式呈现全国各地精彩的开学场景。其中，我讲授的"我是中国人"这一课会在中国教育电视台《同上一堂课》栏目中播出。全国各地特别是52个未摘帽的贫困县的学校都会组织一年级学生通过卫星电视信号观看这一课。大直播的节目中，我将代表北京的教师在演播室中与四川凉山阿布泽鲁小学的学生隔空连线，互动交流。

听到这个安排我的心情无比激动。没想到，备课时脑海里不断浮现出的偏远地区渴求知识的孩子竟然就要与我交流了！通过电视信号，我一下子就拥有了那么多的学生，这是多么令人激动和快乐的事情呀！作为民族小学的教师，我们有责任、有使命，将优质的教育资源辐射到更为广阔的地区，为贫困地区，尤其是少数民族的孩子们送课，民族小学教师责无旁贷、义不容辞。

9月1日10点多，我在直播现场，手拿麦克风站在了镜头的面前，通过网络信号，与大凉山的学生和主持人进行了直播连线。

通过耳机，我听到了一位小姑娘激动又有些害羞地问道："老师，我是彝族的小朋友，您的课里边，就有彝族小同学介绍我们的火把节，我们可自豪了。老师，您的学校有彝族的小朋友吗？我记得您讲课时，三次都讲到了我们要爱祖国，所以我想问您，我们小学生怎样做才是爱祖国呢？"

我认真地听了她的问题后，先夸奖了她是个爱学习、会思考的好孩子，然后亲切地回答了她的两个问题："我们学校也有彝族的小同学哦，除了彝族，我们学校还有17个民族的学生。各民族的小同学们都是相亲相爱的一家人，大家都幸福地在一起学习成长。怎样才是爱祖国呢？你这个问题特别好！作为一名小学生，爱祖国就是要从身边的事做起，从每一天做起。比如，升国旗时，立正站好，行注目礼。又如，爱家乡的一草一木，从小树立报效祖国的远大理想。每天认真学习、爱劳动、好好锻炼身体，这些都是爱祖国的表现呀！老师希望你们把爱祖国牢记在心里，相信你们都能成为一名优秀的小学生。加油！"

这次隔空虽然只有短短的三分钟，但是，对于我和那位大凉山的小同学来说，都是终生难忘的事情。通过网络信号，我们的心连在了一起。我多么希望，有一天我能够有机会走进大凉山，与这个孩子面对面地聊天，有机会为更多的偏远地区的孩子们讲课。

学校把这次隔空连线的新闻视频转发给了全校教师观看，老师们都特别激动，他们的责任感和使命感都油然而生。正在准备参与录课的老师们深受鼓舞，他们更加认真地投入到了准备工作中。大家都说，一想到自己的课能让更多偏远地区的孩子们看到，付出的苦和累都值得了。真希望，有更多这样的机会！作为老师太幸福了！

其实，在 2020 年的疫情期间，民族小学全体教师一直都没有停下忙碌的脚步，各学科教师承担了海淀区线上课程和相关教师培训的录像课近 70 节。同时，学校还利用微信公众号在疫情期间面向学生研发、开设了多彩的线上课程，共计 143 课时。这些课程 10 余次被人民网、北京市教委官方微博、海淀区教委公众号转载、宣传。与此同时，学校还将这些校本课程资源分享给了处在偏远地区手拉手兄弟校的老师们，为他们提供了丰富的课程资源，并与教师进行线上交流、培训活动。民族小学的教师始终将这份使命与责任感铭记于心，并落实到实际的工作中。

民族小学全体教师将继续注重立德树人，全身心投入教育教学工作当中，同时也将继续做好教育辐射的作用，为社会负责、为教育贡献出一分力量。

本文作者：窦丽娜

（教学副校长）

七彩乐园里的七色光 >>>>>>>>

——有意思的教育和有意义的教育

在校园里建一座儿童乐园？

听到这个消息的老师、家长们都纷纷担忧，没有专人看管，万一出现安全问题怎么办？谁来监管，怎么监管，秩序怎么维护……一系列的问题随之而出。

"对孩子们来说，这绝对是一件非常有意思的事情，他们可以在乐园里欢乐地玩耍嬉戏。对我们教师来说，这也绝对是一件有意义的事情，让孩子能够劳逸结合，放松精神，调节心情，从而更好地投入学习当中。因此，我们就是要把有意义的事情做得有意思，也要把有意思的事情做得有意义。玩耍是孩子的天性，学校就是要为孩子创造符合他们天性的环境。在这座乐园里，孩子们可以释放天性，体验更多的欢乐。但与此同时，安全问题也是我们必须要考虑的。对于这个问题的解决方案，我希望不是通过老师的监督和看管来实现，而是要通过对孩子的正确教育和引导来完成。生活即教育，教育随时随处都可以发生。在乐园里，除了安全问题，规则教育、社交教育、礼仪教育等，都会应景而生。因此，把乐园的创设和管理也作为一个教育事件来完成，相信无论对于老师还是学生，都会从中受益。"校领导的一番话，让老师们豁然开朗。

几天后，一个关于乐园的自主管理制度出炉了。学生们在通过对乐园各项安全注意事项的学习和深刻领会之后可以参加考核。考核合格，并通过班级同学的认可，即可获得"通行证"，享受在乐园玩耍的权利。孩子自主学习自主领悟，然后再自主管理。七彩乐园，真的如其名一样，为孩子们带来了七彩般的欢乐，同时也将教育的七彩光芒照射其中，让孩子们在玩耍与欢乐中有所收获、有所成长。

这就是我们的学校，无时无刻不在为孩子、为教师创设教育环境，让他们在真正的生活环境中获得成长。开放、包容与自由，和谐、统一与融合，秉承这样的理念，我们的孩子们无论遇到什么困难，都能得到帮助，获得成长。而我，一名正在成长中的教师，也因此获得历练，收获为人师所带来的成就与喜悦。

渴望的眼神

望着七彩乐园的那个眼神，有着说不尽的期待与渴望。我已经不止一次注意到晨晨在七彩乐园外的驻足凝视。乌黑的眸子探向"七彩乐园"的深处，稚嫩的双唇一抿一抿，活泼鲜艳的面颊神采飞扬，但是目光又在一瞬间暗淡。我深深地明白，他是多么渴望拥有一张"通行证"，和同学们尽情玩耍。但这周，他竞选入园的希望又破灭了。还是因为一些"老毛病"：在同桌的桌子上画了铅笔印、打自助餐时插了队、动手打了一个同学的胳膊……

我慢慢走到他身边，轻轻地摸着他的小脑袋。"晨晨，想进去玩，对不对？"

他黑黑的小手抓着裤缝，鞋子在地上蹭了又蹭，默不作声地低下头，随即又点了点。

我把他带到了四合院的海棠树下，那里几乎没有人，枝头的海棠花随着微风摆动，含苞待放。我一把揽过晨晨，抱了抱他。"我来帮帮你好不好？我当你的后盾，咱们共同克服身上的问题行吗？"

"老师我试过了，我不行的……"

"原来不行，但现在不一样了！想象一下，你现在是海棠树下的小王子。你想改变的心，化作了一把利剑。你身上的小问题是成功路上的荆棘。我会站在路边，每当荆棘缠住你时，我会提醒你要克服困难。你成功了，我就为你鼓掌。咱们班的同学都站在路边，帮助你，鼓励你。我们一起试一次，好不好？"我拍了拍晨晨的肩膀，希望他能感受到我传递给他的力量。

"胡老师，你们怎么帮助我呢？"他眉头微蹙，注视着我。

阳光穿过海棠花的枝叶，洒落在他的身上，为晨晨镀上了一层微光，有一瞬间，他像极了即将出征的英勇王子。

每人一束光

又是一个阳光明媚的早晨，我没急着讲课文。

"同学们，你们都想得到七彩乐园的'通行证'对不对？"

每个孩子都大声回答"是"。晨晨也是，可他的眼神中藏着不自信。

"那怎么才能得到呢？"

"做到七彩妙语！七彩乐园的七种颜色代表责任、权利、义务、礼仪、规则、自律、制度。要严格要求自己，尊重同学，尊重老师，上课认真听讲，不做小动作，同学遇到困难不嘲笑，主动提供帮助……如果一个同学有了重大的改变，也可以得到'通行证'。"一个记忆力很好的小伙子站起来大声回答道。

"你记得真清楚，不愧是第一批选中入园的孩子！孩子们，晨晨也想入园……"

"啊，老师，他不行，今天中午打饭他又插队了！"我话音还没落，一个心急的孩子插嘴道。

晨晨瞪了他一眼，遇到我的眼神又不由自主低下了头，小声嘟哝着什么。

"可能很多同学都觉得晨晨没有入园的资格，下周的投票依然不想选他。可谁又是完美的、一点都不犯错误的呢？就像刚刚同学们说的，如果一个同学发生重大的改变，也可以得到'通行证'。同学们，我知道你们都是乐于助人的小朋友。现在开始，我们大家一起帮晨晨改正那些不好的习惯，好不好？"

同学们开始交头接耳小声议论怎么帮助晨晨。

"从今天开始，持续一周，我们每个人都去真诚和晨晨说一句话，比如：'你真是一个好孩子，你今天认真排队了。''你真是一个好孩子，你上课没有做小动作。'……语气要坚定，每个人都要说一句。"

"老师，可是，如果我没的说怎么办？"

"每个人身上都有闪闪发光的优点啊，那说什么呢？"

"可以说，你的生字写得真漂亮，你真是个好孩子。"一个反应很快的孩子补充道。

"老师，我原来说过，他不听的！"

"那就注意自己的语气，温和一些，坚定一些，这周再试试？晨晨，如果这周有同学提醒你，你愿意听进去吗？"

晨晨慢慢站起身，小脸红红的，却坚定地向质疑他的同学点了点头。我从未在他身上见到过这个气势。

"孩子们，如果你平时和晨晨说话少，这一周你就认真地冲他笑一笑，把最美的笑脸送给他！如果他一不小心要犯什么错误，你就说：'晨晨你是好孩子，你不会……'"

这是给晨晨的挑战，也是给同学们的挑战。

阳光从窗外洒进教室，给每个孩子身上都镀上了一层薄薄的金纱。

七彩梦成真

这一周，对于每个孩子来说，都很重要；对于晨晨来说，意义非凡。

课间，我塞给晨晨一个又小又软的香囊，告诉他："孩子，愤怒的时候，想动手的时候，你就用力捏一捏它，你的愤怒会顺着手掌传到小香囊里，化成阵阵香气。愤怒不用压抑，但冷静更令人欣赏。"

我从网上看到过这种化解愤怒的方法，就在前一周买了香草，亲手给晨晨缝了一个香囊。香囊缝得粗糙，但是心意满满。

"晨晨，你是个好孩子，你打自助餐时，不会插队的！"要挤人的身影往后退缩了一下，默默走到了队尾。

"晨晨，你是个好孩子，不会在课桌上做算术题的！"他的同桌"变"出了一张草稿纸，塞给了他。

"晨晨，你真棒，游戏玩输了，没动手。"他的小黑手不知什么时候早就洗得干干净净。右手紧紧地攥着校服裤子的口袋，里边大概藏着个小香囊吧！

早些时候，我便和晨晨的父母沟通了这个"变身计划"。妈妈在和我聊的过程中几度哽咽。我委婉地指出了晨晨家庭教育中存在的问题，也提出了一些可行的建议，比如让晨晨参与家庭劳动、多用鼓励的话肯定孩子……只有家校合作，才能帮助孩子取得进步。

各科老师也在这一周密切关注晨晨，发现一个优点就立刻给予肯定。我让同学们带晨晨去七彩乐园的门口，讲述里面各种有趣的游戏……

一周过去了，班里少了一个爱捣乱、让我经常提心吊胆的孩子，多了一个有责任心、能够自我约束自我管理的孩子。

终于，晨晨获得了七彩乐园的"通行证"。

教育的光芒

其实这一周，改变的岂止晨晨一个人，还有他的父母、班里的每个孩子以及我和我的同事们。送人玫瑰，手有余香。晨晨的父母给了孩子更多的夸奖，孩子们给了晨晨更多的宽容和理解，各科老师和我见证了一个孩子短短一周的变化。

晨晨通过考核的那天下午，我拉着在"七彩乐园"玩了一圈的他，再次去了四合院。不知何时，树梢的海棠争相怒放，花瓣轻轻飘落在肩头。

"孩子，恭喜你，你战胜了自己，得到了大家的认可。现在是不是感觉很棒？"

"是的，胡老师！"充满自信的他终于不再沉默，给了我一个响亮的回答。

"可是啊，坏毛病不是一朝一夕就能改掉的，它们会在你意志力薄弱的时候悄悄侵袭你，给你个措手不及，'通行证'也不是一直都有，表现不好可能它又不

属于你了呀!"

"老师,我一定会努力保持的!"

几年过去了,现在的晨晨马上要离开民族小学,成为一名中学生了。我时常回想起那两个早晨、那个洒满阳光的四合院、那一树怒放的海棠花和承载了孩子们太多快乐的"七彩乐园"。几年间,越来越多的孩子获得了"通行证",甚至有的班级,全班同学都获得了"通行证"。在"七彩乐园"里孩子们学会了遵守规矩,行为举止得体,对人有礼貌讲谦让。相信未来有一天,他们走出校园,走入社会,依然是一个守规矩、懂礼仪的文明人。"让教育像呼吸一样自然,让教育像光芒一样照射","把有意义的事情做得有意思,让有意思的事情变得有意义",这就是民小的教育之光,照得孩子们心灵的花朵,美丽可爱。

本文作者:胡思齐

(语文老师、班主任)

多元融合课程   让学生在实践中成长 >>>>>>>>

民族小学的课程体系中有一项多元融合课程,就是将多学科学习进行融合,通过一个主题实践活动实现育人的目标。这一课程关注学生学习方式的变革,关注道德层面的引领,关注思想品质的提高,关注创新意识的培养。让孩子们在实践中学习,成为未来社会的合格公民。

"爱心义卖实践课程"缘起于二年级数学课中"认识人民币"的学习。最初的学习都是在教室中进行,停留在课本中的学习,仅限于用样币模拟生活中的购物场景。

老师们希望学生们在真实的情境中学习,在实践中学习,这样的学习才有意义。爱心义卖就是一个不错的主意,热烈讨论中的老师们一拍即合。但是,一个活动怎样才能发挥出更多的教育价值呢?

为此,老师们专门召开了讨论会。会议上,校长表示,学校对即将要举办的活动大力支持!我们就是要把有意思的事情做得有意义,把有意义的事情做得有意思。同时要求老师们也要好好设计，如何让每一个环节都对孩子有教育的意义。

德育主任建议，爱心义卖的款项可以捐给贫困地区手拉手的学校，让学生们在传递爱心、传递温暖的过程中受到教育；语文老师觉得，可以让学生们写宣传标语，写新闻稿，将语文学习融入其中；美术老师提出，可以让学生们绘制海报，学会宣传；英语老师说，学生可以选择用英语交流，购物时的口语对话就运用上了……让学生在玩中学，在体验中获得教育，多有意义！

爱心义卖的实践活动自2012年起，至今已开展了8个年头！爱心义卖年年开展，创意层层升级，爱心代代相传！

每年的爱心义卖都像孩子们的节日一样。伴随着主持人"开市了！"的喊声和敲锣声，义卖活动正式开始。

体育馆内，早已布置好各个小商铺，商品琳琅满目：有孩子们最爱玩的玩具，有各类书籍，有精美的手工艺品，有各种文具，还有学生在义演……

为了尽可能地多卖些钱，同学们真是使尽浑身招数。"买赠促销"已经不是新鲜事儿！第一届的爱心义卖中，就有同学借此招揽顾客。后来几届活动的赠品是越来越讲究！赠小玩具的，赠积分卡的，还有赠砸金蛋的……各种打折也花样翻新！开张第一单必须打折，为讨个好彩头；用英语对话购买商品能打八折；再后来，解一款数学游戏、对几句古文诗词都可以有优惠！再瞧瞧，现在的爱心义卖不仅卖商品，还"卖艺"呢！唱一首歌、跳一支舞、奏一支曲、下一盘棋、拍一张合影都能换来真金白银！

学生们在活动中还学习到了与人交流的礼仪，体验到了不同的社会角色。

为了举办好爱心义卖活动，老师们还特别邀请家长一起参与筹备活动。

"爱心义卖"中的商品，全部来源于同学们的捐赠。提前几周，老师们就组织学生们将家里比较新且闲置的物品进行整理。让那些摆在家里不用、不看、不玩的物品，发挥出最大的价值。既物尽其用，又献一份爱心！

孩子们把闲置的物品拿来了，怎么办？

于是，班主任又邀请家长和学生代表开了一次小型讨论会。

家长们一走进教室，看到讲台前边堆满的物品就主动要求帮忙整理。

班主任老师说："我就是和大家商量这个事。其实，我可以自己来整理，家长也可以整理，这样分类整理的结果肯定咱们特满意。但是我一直在思考，这样做对孩子的教育意义在哪儿呢?"这话引起家长们的反思和讨论。的确,大家都只想着把事情干得又快又好,却剥夺了孩子们锻炼的机会。

这时,一个小朋友说:"老师,我特别愿意整理物品,只是不知道该怎么做,怕整理不好!"对呀,这也是个问题。又是一番讨论,大家一致决定,放手让孩子们做吧!虽然孩子们年龄小,但是总要自己经历才能成长啊!至于怎么做,老师家长都可以教。

班主任老师说:"我们可以做张表,孩子们只要按照表格的各项整理就不会太差!"家长们都认为这个主意不错,并建议再准备几个大箱子,不同类的物品放在不同的箱子里。于是,孩子们在老师、家长们的指导和帮助下,开始整理物品。

有了整理物品的经验,接下来的活动中,孩子们参与的积极性就更高了。筹备阶段,总能在校园里看到孩子们忙碌的身影:放学后,他们也要默默地留下来,一起设计商店的小展板;节假日也不休息,一起策划营销方案,在班级群里讨论得热火朝天。

虽然为了准备活动,大家都牺牲了一些休息时间,但是孩子们觉得爱心义卖太有意思了,感觉自己长大了!

爱心义卖活动给孩子们一个走进社会的机会。在活动中,孩子们不再是学生,他们扮演着不同的社会角色。

都有哪些职业可以让孩子们体验呢?老师们组织同学们召开了班会。同学们纷纷发表意见:商店里有售货员、收银员、促销员,还有整理物品的叫理货员……哪种职业比较累?哪种职业费脑子?哪种职业要口才?顾客是不是买东西就行?带着种种问题,孩子们经历了一次奇妙的职业体验之旅。

有的孩子说:收银员要认真仔细会算账,理货员要有力气,售货员和促销员要有一副好口才!有的孩子说:买东西也不是给钱就拿那么简单了,能买到好东西也是有学问的!除了货比三家以外,还要及时下手。

活动中还有这样的一群孩子,他们脖子上挂个小牌子。仔细看:小记者、小小市场管理员。他们可是提前经过培训才上岗的哦!

活动前,老师组织小小市场管理员进行培训。小管理员们要先了解这项工作的职责,明确既要监管商品摆放,还要巡视文明购物。活动时,他们要提醒"卖家"及时整理商品,还要检查环境卫生。每一名小管理员都拿着小本本认真记录……这样的小管理员，将来长大了无论在哪行哪业都是栋梁之材啊！

培训小记者们也要做大量准备工作。老师指导小记者提前想好采访对象，写好采访提纲，还要模拟练习使用文明用语等。他们的采访过程也是有模有样！

学生在体验各种职业的同时，更加了解了社会，懂得了劳动的价值和意义。

每年义卖结束后，孩子们都将善款捐给贫困地区的孩子们，为他们购买图书、学习用品等；每年，我们都会接到来自远方的感谢，或是一封信，或是一段视频，或是一声问候，或是一句谢谢……每年，我们都收获满满的幸福，被自己感动，体会到了"赠人玫瑰，手有余香"的幸福。

2018年，同学们用爱心义卖款为内蒙古兴安盟科右前旗哈拉黑的小伙伴们购买了图书；2019年，我们迎来了远道而来的客人——哈拉黑小学的德育主任王老师，他给我们带来了哈拉黑小学孩子们的感谢之情！同学们听着远方小伙伴一句句感谢的话语，看着他们坐在明亮的教室里畅快地阅读，责任感、成就感、自豪感油然而生！

这样的课程充分发挥了育人的作用，实现了各学科知识的整合。学生在真实情景中深度参与、实践，学会了劳动、懂得了感恩，更将大爱传递！

本文作者：毛海岩

（数学老师）

社团把育人放在首位 >>>>>>>>

六年，对一个人的一生是短暂的，在小学这短暂的六年中，学校的社团都给了孩子什么？一门技能？几首歌？几场比赛？……如果这样定位民族小学的社团，那你就想得简单了。在社团的发展上，学校一直倡导育人为先，育人为首，社团的活动，不单单让学生学会演奏乐器，学唱歌曲，学习足球技能，更重要的是在社团的活动中，引导学生练就坚毅的品质，学会和他人协作、包容、谦让，学会感恩他人……

什么是真正的高水平

2007 年学校建立了民乐团，作为当时艺术发展落后的学校来说，这支乐团给学校注入了新的血液，也让孩子、家长看到了更多的希望。于是，在家长的支持下，孩子们纷纷加入乐团，开始民族乐器的学习。我作为乐团负责人，也满怀着激动的心情，计划着如何让乐团孩子们的演奏水平快速提升。

一次，放学后排练时，校长突然敲门走进排练教室，把我叫出了排练场。我满脸疑问地看着校长。原来，校长是让我到排练教室外看看。我满脸的问号，心想：排练室的外边有什么好看的？怎么了？我跟着校长沿着排练教室的外墙转了一圈，校长问我发现了什么。

我站在那，不解地看着校长。外边除了孩子们的书包，没有人，也没发生什么事，难道是让我到外边听听孩子们演奏的音准？正在我一头雾水的时候，校长开口了："你觉得排练室外，孩子们书包摆放得怎么样？"

我的目光瞬间转移，天哪！我真的没有注意这个问题。孩子们的书包扔得到处都是，歪七扭八地堆在排练室门外，毫无章法，还有的衣服、学具袋扔得离书包八丈远，乐器的包装袋打开随意扔在地上，就像打了败仗的战场，一片狼藉。我意识到了问题，瞬间脸红了起来。我赶忙承诺，一会儿课间就带着学生收拾。

马校长语重心长地说："你们指导学生很辛苦，演奏水平提高了很多。但是以后出去参加比赛或者到专业音乐厅里演出，孩子们给别人展现的可不光是台上的演奏，还有他们自身的素养。美育应该是由内而外的。你肯定不希望带着像逃兵一样的小演员吧？你一定不能只关注演奏技术的提高，更要注重学生习惯的培养。"

在那之后，我开始注重学生习惯的培养，在排练教室外和学生一起规划了书包与用具摆放的位置，并在墙上贴好标签，帮助学生区分。分声部告诉学生，书包如何放，衣服学具袋如何摆，乐器包装怎么搁，一步步训练学生。每次排练时，都监督、检查、纠正。一个月过去了，孩子们已经养成了合理、整齐摆放自己用品的习惯了。排练教室外物品摆放整齐有序，我们排练的心情都变得格外好了。

在这个基础上，我们还把规范的要求从教室外延伸到教室内。每次排练后，声部长都会带领同学整理教室，将座位下废弃的弓毛、指甲布等打扫干净，座椅谱台摆放整齐，让排练教室恢复到排练之初的状态。

我们民乐团将这个好习惯坚持了好几年。2011 年，孩子们迎来了中山音乐堂"首都学生演出季的专场音乐会"。上午彩排、下午演出。后台等候时的教室有限，孩子们不得不在地下一层的过道候场。孩子们进入休息区，依旧像在学校一样，区分物品摆放区，像在学校排练时一样有条不紊地准备乐器、摆放物品。

彩排演出非常顺利，当我们在等候区收拾物品离场前，孩子们又都安安静静地把自己所在区域的卫生收拾干净，恢复原貌。

负责剧场卫生的工作人员看到学生们的行为纷纷竖起大拇指。我们深深地感受到：精彩的演出加上美好的品行，才是真正高水平的展示。

他，在社团中成长

新学期，乐团招募新成员了，一个小男孩走进了我的视野，这个孩子活泼可爱、好动好说，他的名字叫冠颐。上课没有几次，他就成了唢呐声部的领头人，他很喜欢学习唢呐，练习也认真。但是，在这之外，表现得可就不尽如人意了。

在班里，他上课不听讲，下课和同学打架，班主任经常接到本班同学以及其他班同学的投诉，说冠颐又欺负人了。直到有一天，班主任贾老师担心孩子在乐团也这样淘气，特意来找我沟通。

我想了半天，调皮捣蛋、排练时随意说话的孩子中的确没有冠颐。

贾老师不敢相信自己的耳朵："你没记错吧？好多老师都跟我说，他上课影响课堂纪律和同学打闹，我找他谈了好几回了，就怕他给你惹事。"

"真没有，这个孩子话是多，但是排练很认真，挺好的，您放心吧！"

"嘿，没想到，还真有一样是他想学的。"

我们发现，冠颐只有在民乐团吹唢呐时才变了一个人似的。随后，我和贾老师就找到了绝招。如果他在班里淘气，不遵守纪律，就停止参加乐团训练。一开始，还真管用。但是，慢慢地，就又发生过几次淘气事件，打扰上课的纪律，以至于这件事惊动了校长。马校长了解情况后跟我说："孩子喜欢乐团，喜欢学习唢呐，这是一件多好的事呀！你们应该给予他更多的正向激励，让他得到他人的认可，这样他才会往更好的方向发展。乐团的专家都是德艺双馨，他不是崇拜他的专业老师吗？你应该让孩子看看他的专业老师平时怎么做事，怎么待人，这才是

真正的学习。不让他排练不能真正解决问题，你应该给他机会，让他多干事，让他多展示。"

就这样，我拉着冠颐走进了校长办公室。作为一个四年级的学生，他还是有些怕的，不知道校长要和他说什么。"冠颐，我听说过你，你在民乐团和王老师学唢呐？"

冠颐不知所措，结结巴巴地回答是。

"听赵老师说，你学得非常好，快赶上声部长了，小伙子，可以呀！"

一进门，校长的第一句话让他紧张，那么这第二句话就彻底把他的话匣子打开了，冠颐立刻展现出了能说能聊的本性。

"校长，我学得一般，比楚薇还差着点，不过师父说了，我是男孩，我的气比女孩足，多练习就能超过她。我每天都练习，从来不停的……"这话题一打开，就开始滔滔不绝。校长肯定他有毅力，并问他是否能坚持学下去，冠颐拍着胸脯说没问题。

"说说你师父，王老师，你很崇拜他？崇拜他什么？"

"唢呐吹得好！"冠颐随口答道。

"不止吧？我看每次排练时，你的师父都会提早到排练教室给你们准备哨片，排练后和你们一起收拾卫生。他在学校也和其他老师相处非常融洽，见到学校的老师不管是否认识都会打招呼，非常热情，作为演奏家没有一点架子。"

"嗯，我师父，特别好，我的事他都管。"

…………

"可不是，我觉得你要是只和他学唢呐，可就亏了，他待人处事的态度，你都应该学呀！以后，你就能成为像他那样德艺双馨、令人敬佩的艺术家了。"

…………

"你是男孩子，在社团里要帮助比你小的同学，这样他们一定非常喜欢你，你的唢呐还吹得好，他们肯定佩服你。你还要多帮帮赵老师，你看赵老师多瘦，那么多乐器，她搬不动，你得帮她。另外，你在班里也要多帮助老师和同学，他们都会特别喜欢你的！"

简单的闲聊，就给孩子找到了目标，谈话后的冠颐两眼闪烁着光芒。马校长用朋友般的语言告诉孩子可以怎样做，让孩子对未来的人生都有了美好的目标。

我的内心无比钦佩，这是怎样的教育智慧，帮助孩子从迷茫中走出来，找到自己发展的方向，让孩子重新燃起希望呀！

从那之后，冠颐在一点点发生变化，虽然偶尔还会小淘气，但总是在向好的方向发展。他开始主动承担任务，帮助音乐老师整理音乐书、摆凳子；社团排练时，他主动帮助比他年级低的同学摆谱台，指导他们一起跟乐团合练；休息时，叮嘱声部同学看好时间，准时参加排练，俨然一副小声部长的模样。

冠颐六年级时，已经长成一米七多的小伙子，被同学们亲切地称为"乐团一哥"，在学校小有名气。毕业前，他迎来了小学生涯最后一场音乐会。在舞台上，他演奏唢呐协奏曲《黄土情》，用自己精彩的演奏为小学画上一个圆满的句号。演奏后，他给作为指挥的我一个大大的拥抱，并在我耳边轻声地感谢我。

随后他拿出一张自己和师父的照片，那是一张比赛候场的照片，他站着，师父盘腿坐在他脚边，弓着身子在帮他修理哨片。冠颐将这张照片赠给了他的师父，并深深鞠躬由衷感谢他六年的教导。台下的观众们眼含着热泪鼓起掌来。

直到现在，冠颐毕业很多年了，已经长成一米九多的大小伙子了。他仍心怀感恩，经常回到民族小学看望老师们。老师说话时，他总会微笑着、谦逊地弯下腰，安静倾听。很难想象，如今彬彬有礼的孩子，原来竟那么淘气。

在民族小学，各个社团都成绩斐然，但是我们更将社团作为育人的沃土。足球社团培养孩子们坚毅的品质、乐观向上的精神，网球社团培养孩子们规则意识、吃苦耐劳的精神，科技社团培养孩子们不断探索、不怕失败的科学品质……每一个社团都将育人放在了首位。

本文作者：赵志敏

（艺术主任）

学英语　做中华文化传播的小使者 ≫≫≫≫≫≫≫

当今社会，随着中华民族的伟大复兴，英语逐渐成为展现传统文化的重要渠道。民族小学一直倡导：学生不能只用英语学习西方的文化，更重要的是教会孩子如何用英语讲好中国故事，传播中华民族的优秀文化。

"寻找美丽校园双语标志" 讲校园故事

2017 年年末，英语组老师们聚在一起讨论下学期的学期实践活动如何开展，可都觉得现有这些方案缺少了一些民族小学自己的特色。正当大家都陷入沉默的时候，党主任提醒大家："孩子们每天学习生活在这里，这里是他们最熟悉的地方，学校就是最大、最好的资源库。"

是啊！美丽的校园就是最好的资源，民族小学的校园如诗如画，孩子们可以在这里汲取营养，可以和伙伴尽情欢笑嬉戏；校园中的建筑更是雕梁画栋，美不胜收。于是，老师们一拍即合，决定以学校的这些建筑为素材，开展"双语标志"的活动，邀请全校学生和家长为这些建筑起一个好听的英文名字！英语老师的这个想法得到了领导的一致认可和支持，"双语标志"学科实践活动如火如荼地开展起来啦！

经过全校孩子们一个寒假的酝酿，"寻找美丽校园双语标志"的学生作品如初春一般，暖暖地到来，以五彩缤纷的色彩、不拘一格的形式惊艳呈现。作品尽显民小孩子们的风采，展示了民小校园好一番时光美景。校领导看到孩子们的作品也特别高兴，并为我们提出了更好的建议："能不能再想想，让孩子们的作品动起来，英语是一门语言，我们也应该让孩子们说起来，用起来！"

在校领导的启发和引领下，英语组的老师们经过了多次会议和商讨，决定将校园文化双语标志作为系列活动继续延伸下去，即课堂渗透、实地讲解、海报绘制、当小翻译家、当小讲解员。

在课堂中，英语老师们用英文讲解校园文化，带领孩子们一起学习双语标志。在课下，老师带着孩子们一起在校园中边参观边学习，实地感受学校的每一寸土地、每一栋建筑。孩子们都感叹，校园可真美，背后还有这么多故事，现在的他们真是太幸福了！课后，孩子们又变身成为一个个小翻译家，为校园的建筑起一个更好听的英文名字。孩子们还争当英语小讲解员，用英文撰写引导词，并为伙伴们热情介绍底蕴深厚的校园。

有一次，我和孩子们讨论学校七彩乐园的英文翻译。

"老师，七彩乐园我翻译成 Seven Colors Playground 好不好？"

"老师，我觉得咱们学校已经有了一个 Playground，这样可能会让客人们产生疑惑。"

"同学们，七彩乐园是学校为大家精心准备的一处游乐园，它不同于咱们的操场，你们想，七彩乐园是不是更有休闲娱乐的味道在里面呢？"

"嗯……您说的有道理，那我想到一个词！Recreation，有休闲娱乐的意思。正好符合七彩乐园的特点，一走进七彩乐园，我就整个人都放松下来了！"

"那我们查一查词典，一定要用最准确的词！"

慢慢地，学校每一处建筑都有了属于它自己的名字和含义。孩子们更理解校园中每一处建筑的意义和价值了。接着，又一个好消息让孩子们全都振奋了起来。

"孩子们，学校决定把大家的学习成果展示出来，做成双语标志指路牌，你们介绍建筑而绘制的英文手抄报、讲解的音频做成二维码都呈现在指路牌上，等我们学校接待外宾时，他们扫一扫二维码就能通过你们的介绍，了解我们学校的文化和历史了。"

"哇！真是太棒了！我一定要多练习，把每一个单词句子都读得特别流畅。"

双语标志活动提高了学生学习英语的热情，英语不再只是课本上的单词对话，而是在生活中灵活地运用。在这个过程中，学校为学生搭建展示自我的平台，也为家长提供参与的机会。家长们认可学校文化，积极建言献策，在繁忙的工作中和孩子们一起绘制宣传海报；利用周末休息时间到学校实地指导孩子，孩子们讲解起来更加生动自然了。漂亮的双语标志指路牌亮相校园时，大家都迫不及待地来到校园同自己的活动成果拍照留念。

双语主持　做文化传递的小使者

双语标志活动开展的过程中，班里有一个孩子进步特别大，那就是小文同学，一个可爱的男孩。在前期的活动中，他都积极地参与，学习起来比以前更专注认真了。同年12月，在各方的支持下，学校举办了"全国中小学校园双语标志活动启动仪式"。我决定邀请小文来担任这次启动仪式的双语主持人。"小文，咱们学校马上要举办双语标志活动启动仪式，需要一位同学进行双语主持，你愿意试试吗？"

"雷老师，我……我担心我会完成不好这个任务。"

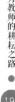

"小文，你要相信自己，这次双语标志活动你翻译的那些建筑名字都很不错，雷老师相信你来做主持，也一定很优秀！"

"好！雷老师，我一定加油，好好认真地准备！"

"老师，这是我昨天回家写的主持词，您帮我看看，这样我就能提前去熟悉每一句话了。"

"老师，我又练习了我的声调还有表情，有了一些进步。"

就这样，小文精心准备着活动当天的主持任务，功夫不负有心人，在活动当天，他完美完成了这次挑战，展示出了民族小学学生的风采！更让人惊喜的是，英语学界泰斗、北京外国语大学年近96岁高龄的陈琳教授也参与到这个活动中来了！陈琳爷爷在启动仪式上做了热情洋溢的讲话，他语重心长地对孩子们说："民族小学的孩子们，大家好！你们知道吗？现在国内外文化交际越来越频繁了，具有符合国际规范的校园双语标志也越来越重要。这次全国中小学校园双语标志活动能够落地到民族小学，这是学校学科教育融合的一次创新实践，希望通过此次活动，你们能够有所得、有所乐，能够感受到中华文化的博大精深，能够激发你们传播中华文化的信心和热情。"陈爷爷的话鼓舞了所有孩子，话音刚落，会场内就响起了热烈的掌声。

同学们在舞台上落落大方地把校园文化介绍给在场的每一位参与者，小文也是其中之一，他还分享了校园双语标志翻译过程中的故事和学习英语的体会。他的精彩表现迎来赞许的目光和阵阵掌声。他还说："现在我能用英语介绍校园，在大街上已经能流利地用英语为外国朋友指路，外出旅游在景点遇到外宾，也能很自信地打招呼和介绍中国传统文化。我特别骄傲！"

通过这次双语标志活动，小文再次体验到了语言的魅力。校园双语标志活动中，孩子们将校训"和而不同，快乐成长"翻译成"Harmony in diversity, grow up happily"。Harmony 就是和谐，diversity 就是多样化多元化，Harmony in diversity 就是多样化多元化中有和谐！英语帮助他们深刻地理解了校训的含义！

小文激动地跟我说："雷老师，我发现不管是中国古代的文言文、现在的白话文，还是英文，都能如此贴切地表达同一个观点！原来文化与文化是相通的！原来学习英语是这么的有趣！"

学校为同学们提供了宽广的学习平台，小文也下定决心继续好好地学习中国传统文化，继续好好地学习英语，做中英文化交流的小大使！

小文的妈妈对双语标志活动非常认可，她在活动结束后这样说道："雷老师，感谢学校组织的这次活动，孩子特别喜欢，在老师的指导下，制作海报的过程就是双语学习很好的体验。能感觉到，通过这个活动，孩子对校园更熟悉了，了解也更多了，而且现在特别乐于用英语给我们介绍学校，学习兴趣一下就激发出来了。我们做家长的看到孩子这么喜欢学英语、说英语，别提多高兴了！"

随着课程的不断推进和完善，学校内出现了一批"宣传大使"，每到学校来了参观的客人，校园文化英语大使们就会为客人们介绍砺学楼、和乐壁、葡廊、七彩乐园、鸡兔同笼等校园景点的文化。这些从全国各地来到民族小学参观的老师、领导们，都会惊讶于孩子们的精彩表现。他们落落大方的举止，清晰流利的解说给每一位老师都留下了深刻的印象。客人们热情的掌声和认可是对孩子们英语学习最大的鼓励和肯定，那颗传播优秀中华文化的种子也会慢慢在他们的心中生根发芽，茁壮成长。

习近平总书记提出，要讲好中国故事，传播好中国声音，向世界展现真实、立体、全面的中国。作为基层外语教育工作者，引导孩子们学会用英语讲好中国故事是我们的使命和责任。让我们的下一代都能够从优秀的中华文化中汲取中国智慧、弘扬中国精神、传播中国价值，真正获得与世界沟通、对话的能力，成为中国故事的创造者和讲述者。

本文作者：雷蕊

（英语老师）

传承优秀传统文化 >>>>>>>

民族小学建校于 1890 年，是一所百年老校。悠久的历史和古建赋予了学校深厚的文化底蕴，修复后的四合院古香古色，散发着浓郁的文化气息。散落于校园各处的石碑，诉说着学校沧桑的历史。校园内古香古色、雕梁画栋，学生置身于其中，感受到的是浓浓的传统文化的味道、中国的味道。学校还开设了多门中华传统文化课程，经常举办多彩的活动，学生浸润其中，汲取精神的力量，受到潜移默化的教育，培养了文化自信。

大国"小工匠"

艺术收藏界有这样一句话：家中没有景泰蓝，藏尽天下也枉然！景泰蓝又称"铜胎掐丝珐琅"，历史悠久、工艺精湛，被称为最具中国民族特色的手工艺品之一，被人们称为"国礼重器"，立于世界手工艺品之林。

2016年5月31日至6月14日，正逢六一儿童节及我国第十一个文化遗产日，民族小学的小小艺术家们亲手制作的"童趣景泰蓝"亮相国家大剧院！这背后是怎样的一次学习体验呢？

民族小学作为北京市非物质文化遗产传承示范学校、北京民艺家协会小小艺术家分会受邀参加了北京市"走近非物质文化遗产"系列活动，可以组织10位学生体验制作景泰蓝的全过程，作品还能在国家大剧院进行展出。听到这个好消息后，我激动极了。经过一段选拔筹备工作，10名"小艺术家"脱颖而出。

"同学们，你们是从全校1800名学生之中选拔出的10位小小艺术家！不仅代表个人，更代表了民族小学，你们光荣进入了'传统工艺振兴计划'首发行列。"这10位学生激动地鼓起掌来，十分期待这次难忘的学习经历。

在带学生参观珐琅厂之前，我想还是先让学生带着思考和初步的印象去开启学习之旅，所以，我先在学校给他们播放了影像资料，讲解了景泰蓝工艺的历史文化。"由于历史原因，当景泰蓝工艺于中华人民共和国成立初期濒临退出历史舞台的时候，你们知道是谁挽救了濒危的传统景泰蓝工艺吗？就是我国著名女建筑师、诗人林徽因和她的建筑师丈夫梁思成，以及他们的学生钱美华等人。"

"为什么要挽救？"我进一步追问，并给学生们读了林徽因为挽救景泰蓝传统工艺组建专门美术小组，不畏病痛折磨而献出了她最后心血的故事。学生们听后纷纷感叹不已，甚至眼神中流露出一丝感伤。

"景泰蓝是国宝，她不希望传统工艺在新中国失传。"一位六年级的男生第一个回答。

"她是一位对传统艺术有情怀的人，更是爱国的人！"

…………

同学们从对景泰蓝历史文化的懵懂，到对挽救景泰蓝故事的有感而发，大家相互感染振奋不已。其实，学生们已经在不知不觉中领悟到了中华传统文化的宝贵，心生了对优秀传统文化保护与传承的责任与担当。

带着这样的感悟和使命，我带着学生正式开启了"景泰蓝艺术之旅"。我们参观了珐琅厂亲临艺术，与技工师傅开展访谈与学习。回到学校时，我又精心地指导学生设计绘画图稿，制作环节于家、校、珐琅厂交替进行。

小艺术家们在每个阶段都有学习感悟。

起稿掐丝环节

本次我们主要完成设计绘图、掐丝和点蓝工序！前期，傅老师先带领我们学习并设计纹样，我们不仅要把图画在纸上，还要复制在铜盘上，我每一笔都画得小心翼翼，生怕画错了位置。在掐丝过程中，一不小心手就有可能被铜丝的毛刺给扎一下；剪刀用久了，手也磨得很疼；眼睛一直盯着这些细小的铜丝组件，也经常酸涩难忍……把掐好的丝用白芨做成的胶一点点地粘在纸上。看似简单的图案，我竟然用了10小时，当粘好的掐丝图案完成后，我除了沉浸于成功的喜悦之情外，最大的感慨就是——艺术家们好辛苦。

掐丝纹样粘贴铜盘环节

当怀着激动心情去艺和工作坊领取烧制好的铜丝时，我顿时就傻眼了，只见托盘上的铜丝乱七八糟，作品的人物及牡丹花都看不见了……如果作品不是我亲手做出来的，还真看不出这是一幅画呀！旁边的同学都说这回我肯定做不出来了！这么乱，能拼出来就神了！我站在一旁沉默不语，有了想放弃的想法。傅老师微笑地鼓励我说一定有办法，我想到傅老师的鼓励和信任，想到了这是代表我的班级和学校，妈妈也一直在鼓励我，我就又振作起来，养足了精神，利用清明小长假日夜战斗，克服困难，一鼓作气。我回忆掐牡丹花铜丝的过程，铜丝长短及形状……思路越来越清晰，越做越兴奋。就这样，我一点点地接近成功，果然在我的坚持下拼组好了全部铜丝。我信心大增，继续更难的挑战，把不可能变成可能……

点蓝环节

点蓝环节看似简单，实际操作起来也并不容易，主要的难点就在于填充颜料时，要从吸管里挤出适量的颜料，不能挤少了填不满，也不能挤多了溢出来，有些颜色还需要自己配比出来，想要更生动还需要做出渐变效果。我右手拿吸管吸颜料挤颜料，左手拿着一团棉花随时准备吸走挤多了的颜料，这看似简单的工艺也让我忙得不亦乐乎，不敢有一丝分心。自从经历了这次体验之后，我便开始佩服起了那些叔叔阿姨们。不是每一件事都很容易，也不是每一件事都能做好，它取决于你是否尽全力去做了。

就这样，每名学生克服了这样或那样的困难，一路走来都有各自的感悟与成长。历时两个半月的辛苦付出，学生们亲手设计、制作的景泰蓝作品终于华丽转身为一件件精美、端庄的景泰蓝工艺品！这群 10 岁左右的学生用自己的方式，为振兴传统手工艺付出努力，从眼到手，从手到心，勇往直前，精雕细琢，精益求精，阐释了世代相传的"工匠精神"！

最终，10 个精美的出自民小学生之手的景泰蓝艺术品与其他展品在国家大剧院展出了。当天，马校长在欣赏了孩子们的艺术品后，给孩子们写下了这段温暖的寄语："孩子们，非物质文化遗产凝结着中华祖先的智慧与创造精神，是中国文化一笔宝贵的财富。看到你们怀揣一颗真挚的心，用你们灵巧的双手，缔造出一件件精美的艺术品，我仿佛看到中华文化的气脉在你们手中流淌、传递，传统文化后继有人，我感到无比欣慰。传统文化博大精深，有取之不尽、用之不竭的精神财富，愿你们在这条路上坚定信念，锲而不舍，未来一定会有丰厚的收获！"

作为老师，我带着学生们历经了难忘的学习经历，一次次参观学习，一次次修改，一次次克服困难坚持到底。学生们不仅学习了景泰蓝的制作，还体验到传统工艺艺人们的坚守，这些都是学生在课堂中学不到的。

蒙以养正，翰墨书香

走进民族小学的校园总会被浓浓的传统文化气息所深深吸引，校园各处都悬挂着师生书法作品。一幅幅书法作品笔酣墨饱，朴实无华。每年春天来临，书院中的海棠花下，都会举办学校海棠雅集书法笔会活动。书法家、老师、学生、家长共同挥毫泼墨，以书会友。

多年来，民族小学将写字作为学生每天的必修课，学校除了每周一节书法课外，每周三下午一小时是全校"师生共写"书法练习时间，全员普及书法，让书法艺术成为民小人的文化烙印。我们围绕"技法训练、审美能力、文化理解"三方面内容，提高学生汉字书写表现能力，引导学生认识书法的文化内涵及其独特艺术魅力，习书修文，蒙以养正，传承民族文化基因。

一次英国的中学生来到学校开展交流活动，我们就在立人书院中组织学生间的书法体验交流。

"How to use this?"很多英国的中学生问我们的小同学毛笔如何运用。

民族小学学生作为"小小书法家"一边展示，一边认真细致地教外国大同学如何执笔用墨。学生们书写着"中国""和""友善""格物""致知""正心"等汉字，他们笔势雄健洒脱，诗文酣畅浑厚，看得英国大同学们目不转睛，赞叹不已。英国的学生也忍不住握笔尝试在宣纸上写一写毛笔字，民小的学生们就像小老师一样教他们。

课堂上，我们还邀请了几位高年级的"小翻译家"翻译并讲解书写的字意，传播中国文化。

"Do you have Chinese name?"一名小书法家友好地问着身旁的大同学。

"Yes，can you teach us to write our Chinese name?"英国同学非常高兴能够用书法写出自己的名字。

民族小学的小书法家们一笔一画地教英国朋友书写着，练习着，相互交谈彼此的姓名和含义，让他们进一步了解了中国文化。

"You are a good teacher!"外国学生纷纷伸出大拇指夸赞我们的小书法家们，小书法家们还特意将自己现场书写的作品制作成书签送给了外国大朋友们。

民族小学的小书法家们就这样成了搭建中英文化桥梁的小使者，展现出中华少年的风姿。

历年毕业季，民族小学都会举办六年级学生书法作品展。经过几年的努力，六年级的学生从稚嫩到成熟，从不知纸笔到初识规矩，书写水平取得了长足的进步。他们依托经典，深入法帖，一张张习作已然小有规模。在这里，每一幅作品都能让我们感受到一个个鲜活的生命，虽稚气未脱，但笔墨黑白间挥洒的是对中华文脉的传承。

有的毕业生这样说：

三年级时，我被选入书法社团，慢慢地了解和学习了很多书法的历史和知识，欣赏到名家的作品，看到同学们勤奋练习，不断进步，逐渐让我对学习书法有了新的认识，对练习书法有了兴趣和动力，也知道了学好书法必须要细心、耐心、

有恒心。现在，练习书法已经成为我每天必做的事情，我会一直坚持下去。（刘桐歌）

我学习书法三年半了，一直练习隶书《曹全碑》。隶书庄重，略宽扁，横画长而直画短，呈长方形状，讲究"蚕头雁尾""一波三折"。我喜欢《曹全碑》的秀逸多姿和结体匀整。每当开始练习，墨香纸香令我兴奋不已，秀美字体令我心旷神怡。在书法艺术中徜徉，需要真正的热爱、更多的认真和坚持不懈，我相信自己会在这"无言的诗，无行的舞，无图的画，无声的乐"中享受到更多乐趣。（闫量齐）

民族小学的传统文化课程是丰富多彩的，除了非遗课程、书法课程外，我们还拥有国乐飘香的馨星民族乐团、国粹传唱的京剧社、扬我国威的武术社团、数学传统游戏嘉年华课程、立人书院课程……我们希望通过优秀传统文化的熏陶，在学生幼小的心灵里深深地植根下传统文化的种子。这些种子将会在他们的生命中生长，开出美丽的花！

本文作者：傅若乔

（艺术副主任）

家长的必修课 >>>>>>>

成功的教育离不开学校、家庭的合力，家校在教育思想与方法上同频共振，教育才能真正发挥1+1＞2的效果。在民族小学这个大家庭中，学生、教师、家长都要成为学习者。家长们的必修课就是学习如何成为一名遵循教育规律、懂得正确教育方法的智慧家长。

怎样做家长也是一门课

看着身边不少"虎妈虎爸"把孩子送进各种课外辅导班，而自己还在为自家"熊孩子"辅导作业嘶吼的小冰妈妈犯起了愁。她曾和我聊过，既不想让孩子在成长过程中失去乐趣，又不想让孩子输在起跑线上，但不知如何破解。听着她的焦虑，我明白，这不是一位家长的困惑，而是很多家长苦恼的问题。

没过多久，学校的家长学校又要开课了，这次主讲人是马校长，主题恰巧是"开启家庭教育密码 做智慧幸福的家长"。马校长将针对家长们的迷茫、焦虑给出智慧方案，引导家长学会如何从容应对。我赶忙联系了小冰妈妈，邀请她一定来听一听，也许能找到答案。

这次家长学校的开课时间是 12 月底，寒风凛冽。小冰妈妈早早就来到了体育馆，坐在了最前边，拿出了笔和本打算认真地学习。在讲座中，马校长以民族小学"大家长"的身份，用风趣幽默的语言向家长朋友们分享了他作为一名资深教育工作者的思考与建议。

马校长讲道："报班可以，但不在多；要有所选择，不要盲目跟风，更不要人云亦云。不要报许多班，把孩子所有业余时间都占满。更不要做这样的家长——把孩子丢进辅导班，转脸自己逛商场、公园里遛弯儿休闲去了。我们学历高、素质高——应该多跟孩子一块学习，增进了解，又增进感情……学习是终身的，知识虽然重要，但不是最重要的，更不是全部。小学阶段最重要的四件事应该是：人格养成、习惯培养、身体素质、学习兴趣。错过了小学这个重要的阶段，再到中学、大学去培养就太晚了。这四点做好了，就会开启和点亮孩子心中的光芒，并受益终生。家长不能在小学阶段只关注学习，而忽略了这些最重要的教育，不能做舍本逐末的事情。"

校长还通过生动的小故事表达这样的观点："家长必须管得到位，做孩子的榜样，要约法三章，不过度包办，不过度控制，不过度呵护……"

小冰妈妈十分认同学校的理念，会后，她给我发来了短信："感谢！感恩！珍惜！民小的家长和孩子们一样幸福！马校长的讲座真诚，亦师亦友，把教育的本质娓娓道来，让我这颗浮躁的心得到些许沉淀。把孩子培养成合格的公民，为幸福人生奠基，感谢并珍惜学校提供给我们家长二次成长的学习机会，真好，深深地感谢！"

她还告诉我，以后的家长学校课程，她一定坚持来学习。在之后的沟通中，小冰妈妈告诉我，她紧紧追随校长的引导，开始把育儿重心逐渐转移到对孩子习惯培养、人格塑造、身体素质的养成等方面，和孩子一起成长。她意识到，上好家长必修课，和孩子共进步是一件既紧迫又重要的任务。

家长、孩子、学校就像是咬合在一起的齿轮一样，关系密不可分，只有家校之间相互信任，紧密合作，家长、老师都参与孩子的成长过程，与孩子共同成长，才能形成最好的教育。

交流碰撞中悟真谛

自从民小开展家长学校的课程以来，学校就成了家长和老师交流教育方法、理念，激发和碰撞教育智慧，探讨和摸索教育方法的基地。家长学校的课程丰富多彩，主讲人有时是教育专家，有时是教师，当然有时还可以是家长。

在一次沙龙活动中，家长和老师们围坐在一起，畅谈教育的心得，说出自己的思考。有的家长介绍如何引导孩子养成自律的好习惯，有的家长分享面对孩子的叛逆如何应对，还有的家长针对如何辅导孩子写作业提出了自己的好建议……家长们边听边频频点头，认真记录。

最后一个环节，老师们希望家长给学校提一些建议。这时，一个家长说道："咱们学校各个方面做得都非常好，我们家长都特别认可学校的理念与做法。但是，有一点我觉得还可以做得更好。有时放学赶上下雨，我会看到孩子们排队往出走都被淋着了。从教学楼门口到校门口有20米的距离，应该修一个带顶棚的长廊，赶上下雨时，孩子们放学就不会被淋了。"

老师们听后，正在犹豫怎么回答时，有一位家长当场就反驳道："我不同意你的观点，咱们学校古香古色的，在教学楼到校门口中间建一个长廊不伦不类，而且这里人流特别集中，有个长廊很影响大量人群的进出。"

另外一位家长接着说："我觉得让孩子淋一点雨没有关系呀！如果孩子连一点雨都不能淋，都变得那么娇气，以后还能经得起什么呢？我们现在为孩子挡风挡雨，就是在给他们挡困难。走进社会时，他们会经历更大的人生风雨，那时怎么办呢！"

顿时，现场的家长们都鼓起掌来，那位提出建议的家长也意识到自己的不妥，信服地边点头边鼓掌。

老师们感受到，家长间的讨论学习和相互影响太有意义了。教师要让家长间传递正能量、传递正确的教育观。懂教育的家长应该多在班级、学校中发挥出辐射、带动作用。

让孩子健康快乐地成长，必须要由"我"变成"我们"。家庭能否与学校的教育同频共振，决定了教育能否成功。所以，教师与家长在陪伴孩子成长的路上，学习永无止境！

本文作者：王超

（英语老师）

共同的孩子， 共同关爱 >>>>>>>

　　教育不是关起门来的教育，而是要打开门做教育。学校与家庭、教师与家长，要做到无缝对接，紧密沟通，并以一致的教育观和教育目标为出发点，形成正向合力，这样才会对孩子的成长产生积极作用。

　　对于教师来说，面对的是一个班里的几十名学生；而对于家长来说，几十名学生是他们各自家庭的唯一。孩子每天往返于学校和家庭之中，面对集体和个人这样两种截然不同的环境，在习惯养成、个性发展等方面需要进行不同的调试。这就更需要家校协调一致，加强沟通，实现家校教育的观念一致，步伐一致。教师在搭建家校沟通的桥梁时，要用坦诚换真诚，用爱心换理解，用关怀换支持，将孩子的健康成长放在首位。

家校桥梁，以真诚为根基

　　担任班主任已有二十余年，我深刻地感受到家长对老师工作支持、配合、理解和包容的重要性。只有老师和家长形成合力，才能创建出一个积极向上、充满活力的和谐班集体。真诚，就是家校合力的根基。

　　每次接新班开第一次家长会时，真诚的沟通必不可少。

　　家长朋友们，你们好。作为个人而言，我性格直爽，所以我们之间的沟通应该是简单、直接、明了的。和我聊天时，您不用前思后虑，去猜测老师话语的隐含意义。当然，我也希望您能直接说出您的观点和建议，我们相互之间直接沟通，免去中间的各种猜测和烦琐。这样咱们相处起来就会轻松很多。

　　您是孩子的家长，希望自己的宝贝能够成龙成凤。我是孩子的老师，我希望

幸福地播种——优秀教师的耕耘之路

我的学生能成为优秀的人。我们的目标是一致的，那我们彼此就是战友，就是朋友。所以我们必须拧成一股绳，劲往一处使，这样才能共同教育好我们的孩子。

人无完人，谁都会有犯错误的时候。我们老师也会有事情处理不妥当的时候。这个时候，我希望家长能够理解老师一定是希望孩子好，站在老师角度思考，然后和老师平心静气地交流自己的想法。作为老师，我一定会始终以孩子为重，一切以孩子为中心。

一阵热烈的掌声响起，家长们露出会心的微笑，点头表示赞同。通过发自肺腑的交流，我与家长们建立了畅通无阻的沟通桥梁。在日后的工作中，面对任何问题，都有足够的后盾力量支撑我们彼此共同面对。

面对问题，统一战线共同解决

新带的班级里有个小男孩儿叫小雨，活泼、阳光、善良。但有几位老师反映他不够遵守秩序，上课时甚至会随意在教室里走动，即便老师提醒也丝毫不起作用。有时他还会因为一点小事儿在教室里号啕大哭。

听到这些反映，我课下便与小雨谈心，和他一起重温了我们的课堂纪律，还引导他去思考为什么上课期间不能随意走动。小雨有所触动，偶尔会有意识让自己改正，但成效还是不明显，尤其还是经常使用大哭的方式来达到自己的目的。对于这个问题，我也百思不得其法，只能约来家长共同探讨。

与家长的沟通，必须是平等的，要把家长当作站在同一战壕里的朋友，而不是我说你听高高在上的老师。那天下午放学，我面带微笑地把小雨妈妈请进了一间没有人的教室，一边给她倒水，一边开始闲唠家常。在氛围慢慢变得轻松的时候，我们开始聊孩子。

"小雨妈妈，一直想和您聊一聊咱家孩子在学校的表现，但又总怕耽误您工作。""咱家孩子"几个字，一下拉近了我和她的关系，好像在说着我们共同的孩子一样，使她更加放松了下来。

"刘老师，都是为孩子，我可以请假，工作可以晚上再来补做。"

"小雨很活泼，也很可爱，特别热心，总愿意帮助别人。"

"谢谢老师的表扬，但我知道小雨身上还有一些问题，我也非常头疼。"小雨妈妈不好意思地笑着回答我。

"孩子身上存在一些问题很正常啊，每个小朋友，包括我们，都有各种各样的问题。他们还是孩子，正在成长，这些问题就是促使他们成长的催化剂啊。对于小雨来说，目前的问题就是在规则遵守方面需要再加强一些。比如上课的时候喜欢随意走动，有时需求不能被满足就会大声假哭。我想了解一下孩子在家的时候是什么情况，咱俩一起分析分析孩子的表现，然后一起想个解决办法，帮助孩子改进。"

"刘老师，不瞒您说，我们工作忙，孩子上学前不在我们身边，一直是姥姥和姥爷带。您也知道，这老人都宠着孩子，什么要求都答应，不答应他就哭，老人没办法，只能妥协。对于规矩，老人说的也少，所以孩子没有规则意识。"

"小雨妈妈，您不用着急。现在我们发现了孩子的问题，就可以有针对性地去找解决办法。守纪律、懂规矩，这方面从小就要有意识地培养。我们现在开始也为时不晚。从今天开始，咱们就家校配合，在学习和生活实际的点滴中慢慢帮他树立这种意识。比如，去看电影，就和孩子说说看电影所应该遵守的规则和礼仪，而且要告诉孩子为什么要遵守这些规矩。另外，对孩子提出的要求，要有原则有选择性地去考虑，不可以被孩子牵着鼻子走。孩子都很聪明，他们会揣摩家长，抓住咱们的软肋。而且，现在他的要求我们能满足，等他长大了提出一些不切实际的要求，那个时候我们该怎么办？"

"刘老师，您说得特别对，谢谢您的建议，我们家长一定会改正，与您积极配合。"

后来小雨还发生过号啕大哭的情况，但是那次没有人再去理会他。慢慢地，他自己停止了哭泣。这时，我告诉他："男儿有泪不轻弹，咱可是小小男子汉，这么哭会让人笑话的呀！再说了，哭能解决问题吗？当然解决不了。所以咱得自己想有用的办法来解决。"

一学期后，班级里没有再出现过他在课堂上随意走动的身影，也不再听到他号啕大哭的声音。这得益于家校紧密沟通的合力。

收获成长，向家长报喜

与家长的沟通，除了向家长交流孩子存在的问题，还要及时将孩子在成长过程中的每一次进步与家长分享，让家长收获喜悦的同时更加全面地了解自己的孩子，从而在家校配合的过程中有更多的信心和动力。

年级第一次运动会时，我和孩子们一起为运动员加油。因为孩子们年龄小，所以忙于照看就没敢回班级喝水。这时，小雨悄悄走到我面前，低声告诉我他渴了，想回教室喝杯水。我告诉他快去快回。

"小丽加油！咳咳，咳咳！加油小丽！"嗓子干燥不舒服，我咳嗽了几声。

"老师，"一个装满水的纸杯伸到了我跟前，"您喝杯水吧！"

我惊喜地看着这个贴心的孩子，一时间竟然感动到不知该说什么。我双手接过杯子，大口地喝了这杯水。"小雨，太感谢你了，老师正好口干舌燥，你的这杯水真是'及时雨'啊！"我摸着小雨的头，高兴地对他说。小雨也开心地笑了，还有点小羞涩。

放学时，正好是小雨妈妈来接他。我立刻把今天小雨主动给我送水的事情告诉了小雨妈妈："小雨真的是个特别温暖的孩子，善良、热心，会主动关心他人，这是多么了不起的优点啊！您回家一定要告诉小雨，老师特别感谢他。同时，我也特别感谢您对我工作的支持。"

小雨妈妈听了这话，开心极了，笑盈盈地看着小雨，鼓励孩子继续努力。孩子使劲地点着头。"刘老师，太感谢您了！您总是能发现孩子的点滴进步，还常把这些和我们交流。让我们更明白如何教育孩子。"小雨妈妈感慨不已。

"还有件事儿，那天我中午背着书包去教研，小雨主动和我说再见，然后就跟着我，一直把我送到大门口，直到铁门关上了，他还舍不得离开，趴在铁门处一直摆着手，不停地和我说再见。那时候，我看着孩子的眼神，心里特别感动。"

小雨妈妈听了，也被感动得泪花直打转儿。"刘老师，这孩子是太爱您了！"

此时此刻，没有什么能阻隔老师和家长。因为有对孩子共同的关爱与理解，家校之间会结合得更加紧密。

转眼三年已过，我和这个班级到了要说再见的时候。因为工作安排的调整，我要去一年级组带新生。家长和孩子们听说之后，不舍之情让我深深感动。一位爸爸创作了一首词，让我泪如雨下。

叫一声刘老师，竟无语凝噎。

真个是，

一声知了一声忧，

一点芭蕉一点愁，

三更归梦三更后。

新理教室未用，叹新冠天涯人留。

班上三年事，离愁添别绪，都到心头。

叫一声刘老师，又泪眼婆娑。

真个是，

三度春风化绸缪，情洒讲堂育十班。

身在花丛不知香，临别方觉情更长。

晓镜但愁云鬓改，夜吟应觉月光寒。

它日争得春满季，难及今朝一缕芳。

叫一声刘老师，祝喜笑开颜。

昭明有融，

高朗令终。

登昆仑兮食玉英。

与天地兮比寿，

与日月兮同光。

这就是我与家长们并肩作战、坦诚相待的三年。打开彼此的心扉，站在同一战线，让家校的桥梁更加坚固，我们的孩子会收获更多的成长与进步。

本文作者：刘晓京

（语文老师、班主任）

弘扬正能量　营造和谐教育"场" >>>>>>>

当学生之间不小心发生了碰撞后，家长该以什么心态来解决问题呢？是争执互不相让，还是宽容大度地相互理解原谅呢？我班一名家长的处理方式让人感动，

学校也借助每年评选的"感动民小的人和事"这个平台进行了宣传，将家校共育的理念融入学校活动中，于无形中弘扬了正能量，营造出一个共通、共享、共融的和谐教育"场"。

我们班的教室在操场旁的一层，孩子们出门就可以到操场上尽情玩耍，由于二年级的孩子年龄小、自我保护意识差，即使老师经常对他们进行课间安全教育，也还是难免发生同学间相互碰撞这类事情。

一天，我正在教室判作业，接到体育老师的电话，说我班浩轩被一名六年级的男孩子在跑步时撞倒了。我看孩子摔得不轻，就赶紧联系家长到学校来。浩轩妈妈来到学校了解了事情的经过后，准备带孩子去医院。撞伤浩轩的那个六年级男孩一直没敢走开，这时他对浩轩妈妈说："阿姨对不起，我不是故意撞上这位同学的，听说要去医院拍片子，我非常害怕和担心。"

孩子说完，转过头就哭了。

正在这时上课铃声响了，浩轩妈妈觉得不管自己孩子伤得严不严重，也不能耽误这个孩子上课，于是便对六年级的孩子说："没关系，你别害怕，阿姨原谅你，不生你的气，更不怪你。阿姨带他去了医院，医生看了开点药抹上就好了，你先去踏踏实实地上课。"说完转过头对我说："李老师，您也别担心，先去给孩子们上课，我自己带孩子去医院就行。我会随时跟您联系的。"

我上完课，准备给浩轩妈妈打电话问问孩子的情况时，接到了浩轩妈妈给我的电话，说孩子没大事，拍了片子，医院说孩子鼻梁处轻度骨折，需要静养。她会让孩子休息一下，明天送孩子来上学，还一再嘱咐我不要担心。

我悬着的心终于放了下来，并告诉浩轩妈妈，六年级那个男孩的家长知道这件事了，他们要去看看孩子，表示承担所有的医疗费用，请她留好所有费用的发票。

浩轩妈妈却说："孩子在学校遇到磕磕碰碰这样的事情太正常了，那个孩子也不是故意的，我家孩子买了保险，李老师您就别操心这事了……"

第二天，小浩轩见到我第一句话就是："李老师，我鼻子现在不疼了，您别担心了！您那么忙，除了给我们上课，还要判那么多作业，照顾我们这么多学生，您已经很辛苦了，我会照顾自己的。"

看着眼前这个懂事、阳光的小家伙，我怎么也不会相信一年前，第一天走进学校哭得歇斯底里的那个小男孩就是他。他的妈妈曾在给我的信中写道："李老师，浩轩小时候没跟着我和他爸爸长大，致使他有分离焦虑症，您用智慧、耐心、爱心让他很快适应了学校生活，我们班是个友爱的大家庭，这份爱一定会在孩子心里生根发芽……"浩轩的成长与改变离不开家校合作营造的相互尊重、彼此信任理解的和谐氛围，离不开他的妈妈潜移默化的影响。

之后的几天，浩轩总会跟我说，那个撞倒他的大哥哥来看他了，还一直关心地问他还疼吗。那个大哥哥课间见他都会打招呼呢，他们成好朋友啦……

学期末，民族小学一年一度的"感动民小的人和事"评选活动拉开了帷幕，学校收到了六年级小笑同学的投稿《那位阿姨的宽容大度温暖了我》。

这位小笑同学，就是撞倒浩轩的那个六年级孩子，他在文中写道："我边想边瞟了一眼，是个阿姨，她向我走来，我的心狂跳不止。正当我低着头还在冒冷汗的时候，那个阿姨轻声地、温柔地对我说：'孩子，没事，抹点药就好了，你不用担心。'她边说还边笑着用手摸着我的头，接着说：'你是主动承认错误了，没有逃避，阿姨不怪你，没事儿，快回去上课吧！'听了这番话，我很惊讶，内心无比激动，我强忍着不哭出来，抬起头，望着她，心里充满了感激地点了点头。面对我的错误，阿姨这样包容、大度，真是个善良的人。我无以为报，但是，我一定会把那位小同学当作朋友，在学校中像大哥哥一样照顾他。阿姨用爱和宽容温暖了我，我也会将这份爱传递出去！"

细心的窦主任从这封简简单单的信中窥探到孩子单纯的内心世界。最初误撞同学的内疚与自责，通知家长后的不安与恐惧，得到谅解后的意外和感动，以及事后沉淀出的将感恩之情化作爱的动力，全部跃然纸上，这就是爱的传递啊！做了多年德育教育的她觉得这一个很好的教育契机，希望这位妈妈的友善与宽容点燃更多家长的心，这样的正能量、这样的感动应该与每一个人分享！于是，学校将这封投稿在学校微信公众号进行了广泛宣传。

在之后的年级家长会上，我们安排了浩轩妈妈在会上发言，说说自己的做法，在面对孩子发生矛盾时如何处理，给予家长们正确的引导。浩轩妈妈说道："家长都希望孩子在校期间尽量避免发生磕碰及矛盾。但是如果真的遇到了怎么办，我觉得主要还是看家长的态度和做法。首先，家长稳定情绪，不要急着批评孩子，不管是自己家的还是别人家的孩子，不争论对错，先检查是否有人受伤。弄清事情起因、经过和结果，探究解决问题的办法。巧与对方父母沟通，鼓励孩子正常交往，双方父母诚恳交谈，彼此谅解，友好解决问题。不要因为孩子间发生矛盾和纠纷，就限制孩子与同伴交往，应该让孩子在碰撞冲突中增长与人交往的经验。在我看来孩子都是善良的，都是可教的。父母的一言一行，孩子都看在眼里，并且在他们幼小的心里留下父母的深刻印象，友好地解决问题能使孩子受到感染。"

家长们都对她的发言报以热烈的掌声。浩轩妈妈发挥了榜样示范的作用，在学校、在班级中充分地弘扬了正能量，引导更多家庭形成正确的育人观。

在学校结业仪式上，学校对评选出的"感动民小人和事"年度人物进行了隆重的表彰，浩轩妈妈也在被表彰之列，她站在领奖台发表感言时，激动地说道："我的孩子长得瘦小、性格内向，可是当看到孩子生活在温暖的民小大家庭中日渐开朗，每天嘴里不断念叨老师的关爱、同学的友好，我心里感到格外踏实。孩子间的磕磕碰碰是在所难免的，身为一名家长，我们相互宽容、相互关爱，为孩子做出表率，这也将使我们收获更多的爱与温暖。"

台下的学生们深受教育，从他们聆听时诚挚的眼神中看得出，友善、和谐的种子已在他们的心中悄然发芽。家长们也都感受颇深，纷纷谈道：

"这位妈妈的宽容与谅解温暖了那位大哥哥的心，这个故事折射出了人与人之间的信任、关爱与理解。"

"向这位妈妈学习，这个故事温暖了你我，也温暖了这个冬天！"

"当孩子之间出现矛盾，我们该以怎样的心态来解决呢？这位妈妈为我们做出了表率！"

…………

于细微处见真章，于寻常处见深刻。我们通过浩轩妈妈的这个故事，为所有家庭树立榜样。这些榜样的故事如春风化雨般渗透进孩子的内心，成为深植孩子心灵深处的下意识，形成正确价值观、传递了正能量，更是为其他家长做出了表率，形成了正确的育人导向。

本文作者：李丽

（语文老师、班主任）

　　民族小学的家长常常说，孩子在民小学习成长六年是幸福的，这里有优美的环境、先进的教育理念、丰富多彩的课程，更因为老师们真心爱学生，用心做教育。所以，孩子们对学校和老师都怀有很深的感情。毕业后取得进步、获得优异成绩时，也都不忘打电话或发微信向母校老师报喜。

　　有位毕业生晚上路过民族小学校门时，天已黑，校园里静悄悄的，他想到学校里找老师说说自己的近况。家长劝说太晚了，老师们都已经下班了。孩子站在校门外，久久地望着学校里边，对妈妈说："那我就在这站会儿，看看学校!"这一站，这一望，就是半小时。寒冷的冬夜，半小时的凝望，饱含着他对母校和老师们的无限眷恋……

　　爱是相互的，老师真心爱学生，给予他们成长的力量，学生和家长都会将这份温暖与幸福印刻在心间。

　　爱是要表达出来的，从懵懵懂懂的小孩成长为懂得感恩的少年，他们心中有很多感动，面对像亲人一样的老师，有太多的温暖故事要诉说……

第一节　学生眼中的老师 >>>>>>>

孩子们小小的心灵无比细腻，老师的一个微笑、一次鼓励、一次帮助都在他们的心里埋下一颗善良、懂得感恩的种子。

孩子们眼中的马校长 >>>>>>>

在老师家长的眼中，马校长是北京市劳模，在工作中是个传奇人物，他自2003 年来到民族小学后，带领着全校师生共同改变学校旧貌，使学校焕发出了勃勃的生机。家长们常常说："马校长尽心尽力为学生，鞠躬尽瘁献教育。"

那么，孩子们眼中的马校长到底是什么样呢？

我与马校长的"缘分"

本学期开学不久的一个周六，我头一次去上京剧课，爸爸妈妈把我送到学校就走了。

进了学校，我找呀找，找了好半天，也没有找到上课的地方。怎么办？怎么办？急得我直想哭。

正在这时，一辆汽车停在我面前，马校长走下车来，笑着对我说："孩子，你怎么在这里？遇到什么事了？"

我着急地说："我找不到上京剧课的教室了。"马校长赶紧打电话问老师，然后对我说："上京剧课的教室在北校区，不在这边，你的家长呢？"

我说："他们送了我后，已经走了。"

"没事，我送你过去，不要着急。"

我睁大了眼睛，不敢相信马校长竟然要亲自送我。

在去北校区的路上，马校长和我聊了一路。快进教室时，我感激地说："谢谢您，马校长。"

马校长笑了笑说："不用谢。"

我说："必须要谢。"

马校长笑了："快去上课吧，谢谢你跟我聊天，缘分啊，孩子！"

"缘分"，多美的缘分，我喜欢这缘分！

2017 级 9 班　毛雨竹

笑　容

新学年，我刚刚转到民族小学，一切都是那么新鲜，那么美好。一个下午，我走在校园的小路上，多云的天气，阳光从狭小的云缝中好奇地探出头来，稀疏的阳光照在大地上，显得有些光线不足。

这时，马校长迎面走了过来，他对着遇到的同学微笑着，不时还挥挥手，同学们也向他轻声问好。这时，马校长的目光落到了我这里，我发现他脸上的笑意更浓了，低下头来看着我。

我连忙对马校长说："马校长，您好！"

"你好啊！"马校长说道，"你都适应这里的环境了吗？要不要我再请个同学带你了解一下呀？"

此时，他脸上的笑容充满了温暖和关心。我心里既紧张又高兴，心想：都过去一个多月了，马校长竟然还能记得我，还能这么关心转学的学生！真是名好校长啊！我心里想着，但嘴上却说着："不用了，谢谢您的关心，马校长。我已经适应并喜欢上这里的校园生活了！"马校长又笑了笑，说了声"再见！"就走了。

我继续往前走，觉得周围的光线似乎都亮了许多，亮光中马校长的身影越来越高大、清晰。

2013 级 2 班　张珂瑄

欣赏音乐的"慈父"

在学校教学楼的一层，有一架钢琴。每天早晨那里都会传来悦耳的音乐，可我以前不太注意这音乐，直到有一天……

那一天，与平时一样，我走过了那架正在唱歌的钢琴，然后抬脚准备上台阶时，突然，我听到一句话："呀，今天这么多人来表演。"我往后一看，竟是我们敬爱的马校长在说话。校长平时不是有很多事情吗？校长都在欣赏同学们演奏音乐，我也去看看吧。我这么一想，就又回到钢琴旁。

只见马校长微笑着听一位同学弹琴，这场面让我感觉仿佛是一位慈父在陪着自己孩子练琴。每演奏完一曲，马校长总是带头鼓掌，并向演奏的同学送去赞美。同学们也都跟着一起鼓掌！

自从那次以后，每次进校门，我都会留意去听同学们演奏出来的音乐。每当这时，我就会想起马校长的笑容，也会想起马校长百忙之中利用点滴时间，关注我们的成长。

2014 级 6 班　张楚仪

黑夜中的等待 >>>>>>>

这世上有许多令人感动的人和事，而最让我感动的人是教我不到半年的科学于佼月老师，她的奉献精神令我感动至今。

在她教我的半年里，我们十几位同学在她的带领下参加了海淀区"金鹏"比赛。她指导我们过五关斩六将，在参加初赛的 15 个项目中，有 14 个脱颖而出，"杀入"决赛。大家在开心的同时，也面临着严峻的考验——答辩，这决定着我们的心血能否被认可。大家开始认真准备，一次次的推翻，一次次的修改中完成 PPT 的制作，于老师还指导我们答辩的技巧，无论是从礼貌问好，还是到怎样规范表达自己的研究成果，都一一给我们细致指导，让我们懂得严谨科学的重要性。我们这些同学经历一次次练习后有的想要放弃，而于老师一直在稳定"军心"，不断地鼓励我们。我们心里清楚，这一刻，她才是最紧张的。

有一天放学后，于老师主动加班，要跟我们一个个模拟答辩，帮助我们再次修改完善。我那天因为自身原因去晚了，担心老师已经不在了。可当我走到操场，抬头看见科学教室的灯还亮着，我快走几步，推开教室门，看见于老师疲惫的背影，心里内疚极了。我转身想悄悄溜走，可是，于老师发现了我，用坚定的声音叫住了我："来，来，来，现在还不晚。"

我赶紧放上PPT，不经意间瞥到于老师桌前只放着一碗没有热气的汤，原来她是饿着肚子在等我们啊！于老师认认真真地帮助我修改完PPT后，已经晚上9点了。可是，后面还有两位同学在等老师的指导呢！

那天，我不知道她是几点离开学校的，只记得推开门那一刹那间，她疲惫的身影。后来，妈妈告诉我，老师的宝宝刚满周岁。我想，她一定也很需要妈妈陪伴在身边吧！可是，于老师为了我们，有许多日夜都是这样度过的。老师就像蜡烛，燃烧自己，照亮他人。老师的奉献精神使我至今难忘，铭记于心。

2014 级 7 班　　杜抒宜

一个小伤带给我的大温暖 >>>>>>>

一个冬天的下午，我在武术训练时，一不小心手指受伤了，血顺着手指流下来。当时看到这种情况，我非常紧张害怕，史教练看到后，安慰了我，并赶紧带我去医务室消毒处理。

在医务室处理后，史教练不放心，又立刻带我去社区医院，恰好碰到体育康老师，康老师了解情况后，二话不说，急匆匆地就跟我们一起去了医院。由于伤的是手指，连续跑了两个医院，都不能治疗，我们只好前往积水潭医院。

按照医院要求，我做了一系列的拍片、验血检查，康老师和史教练带着我去检查室，忙前忙后取检查结果。等待的过程中，康老师、史教练一直询问我饿不饿，疼不疼，让我坐着好好休息。此时，我爸爸、妈妈也都已经赶到，并且劝老师们回家，爸爸妈妈陪着我就可以了，老师们却说："我们走了也不放心，一定要

等着检查完毕。"后来我听说，当天康老师的孩子也生病，已经休学两天，史教练家的孩子只有八个月大，等待着爸爸回家。为了我，他们放弃了陪伴自己孩子的时间。在这期间，我也数次听到康老师接到王校长的电话，询问情况如何和检查的进度。

第二天早上，对我来说，一切如常，并无特殊。让我惊讶的是，妈妈很快又接到班主任薛老师的电话，她关心地询问我的伤情，还说："如果孩子落下课了，我会让各科老师给孩子补课的，要以孩子身体为主，有任何问题，可以随时跟我联系。"薛老师还跟妈妈说："马校长、王校长、康老师、窦老师都给我打电话，都非常关注孩子的伤情，让孩子好好休息。"

不过是一个小小伤口，却牵动了学校上上下下各位老师的心，在这寒冷的冬天，一股暖流从心而过。老师，不是父母，关爱却胜似父母。这是一个有爱的学校，有温暖的冬天，我为在这样一个学校感到自豪。一个小伤，带给我的却是全校的关爱。

2016 级 3 班　樊宇轩

雨中的伞 >>>>>>>

在我成长的过程中，有许许多多的事儿让我感动，其中有一件事让我记忆犹新，这件事一直温暖着我……

记得那天，原本阳光明媚，早上一轮红色的太阳升了起来，这怎么会有雨？当然，我没有听天气预报，也没有带伞。但是，到了快放学的时候，忽然天空乌云密布，雷声大作，紧接着就下起了雨。我心里犯起了愁：没带伞，我怎么回家啊？"丁零零……"下课了，同学们收好书包，依次被家长接走了。而我，没带伞，家长也没有及时来接我，我只能困在门口的玻璃房里望着天空哀叹。我心想：别的同学都被接走了，要么就是带了雨伞，我怎么办呀？雨什么时候能停啊？

忽然，一双手拍了拍我，我回头一看，啊！原来是我们班主任赵小波老师，他抖了抖雨伞上的水，收了起来，并亲切地问："你怎么没走？"我无奈地说："我没带伞，家长上班也没法来接我！"赵老师竟然一把把雨伞塞在了我手里说："来，你用我的伞！回家慢点啊！"我还没来得及说一声"谢谢"，赵老师就冒着雨快步走了，渐渐消失在雨幕之中。

我望着赵老师的背影，又看了看手中余温尚存的雨伞，耳边回响着赵老师对我嘱咐的话语，我的心里暖暖的。

如今，这事已过去很久了，但是记忆并没有随着时光而流逝，赵小波老师的背影依旧在我的眼前，仿佛是刚发生的一样……其实，赵老师每天都是这样关心我们，对我们的爱就如同这把伞一样，为我们遮风挡雨，让我们在人生的道路上坚定地前行。

2013 级 4 班　范嘉博

轮椅上的老师 >>>>>>>

9月1日开学了！我们怀着激动的心情准备开始新一学期丰富多彩的学习生活，没想到就在这时发生了一件很不幸的事情——教我们班语文课的朱老师在下班回家的路上不小心把左腿摔骨折了！伤势严重，腿上打着厚厚的石膏，根本无法行走，只能坐在轮椅上。

事情发生了，可朱老师并没有因伤休息，为了不影响同学们的学习进度，朱老师仍旧每天照常给我们上课，她坐着轮椅艰难地穿梭于教室间，因为伤势严重，根本无法站立，所以朱老师只能坐在轮椅上给我们讲课。坐在轮椅上往黑板上写字很费力，可朱老师为了让全班同学能够看得更清楚，最大限度地坐直身体，用尽全力伸长手臂，尽量在黑板上把字写得更高一些。一节课上下来，朱老师写字的手都在微微颤抖，整条手臂一定都是酸胀麻木的。

朱老师不仅要忍受伤腿带来的疼痛，还要承受着上课带来的疲累，汗水顺着朱老师的脸颊流下，浸湿了朱老师的衣服。可就是这样，朱老师依旧面带笑容，耐心地给我们讲解每一个字的笔顺、每一个字的读音、每一个字的用法。

这就是我们的朱梁岩老师！她用自己的行动感动着我们，感动着民小每一位同学！我们能遇到这样优秀的老师是我们的幸运，我们的骄傲！今后我们要更加努力学习，做最好的自己，来回报老师，回报学校！

2017 级 7 班　王梓颖

老师像妈妈 >>>>>>>

小时候，妈妈每天陪我玩儿、给我讲故事、哄我睡觉……我特别爱妈妈！

上学第一天，我很担心，我这么淘气，老师会不会很凶，会不会不喜欢我？

我发现，民族小学的老师们都是那么温柔，像妈妈。

一年级的时候，我上课老忍不住说话，就怕老师当着全班同学点我的名字没面子。有一次上课，我又没忍住乱说话了，老师走到我身边，轻轻地敲了敲我的桌子，我抬头望见了老师的眼睛，就立刻知道错了。老师的爱感动了我，我以后再也不随便说话了。

一天课间，我着急出去玩，跑得太快，腿摔破了，怕老师说我，一直躲着老师。细心的老师发现了，赶紧拉着我的手，给我上药，还问我疼不疼，我觉得老师真像妈妈！

二年级的时候，我发烧了，三天没上学，回来以后，上课听不懂。老师放弃了课间和中午的休息，像妈妈一样耐心地给我补课，直到我学会为止。

一转眼，我都三年级了，学校就像一个温暖的大家庭，老师像爱自己的孩子一样爱我们。我想对全校每一位老师说："老师，我爱您，感谢您的教导！"

2017 级 5 班　宋子珊

遮风挡雨的臂膀 >>>>>>>

时间匆匆而过，转眼间我在民族小学已经度过了五年多时光。雨点般的回忆，有些因为时间的流逝而淡忘，有些因为感动而在我心中留下了不可磨灭的印记……

一天早晨，爸爸开车送我去上学。正值早高峰，再加上又下起了雨，车还没驶到学校附近，就被堵住了。过去了十分钟，车还是纹丝不动。一时间小轿车、自行车、电动车、行人乱作一团，本就狭窄的道路更加被挤得水泄不通。

"这可怎么办呀？马上就要迟到了！"我焦急不安地嘟囔着。正在这时，一位高个子、瘦瘦的老师马上走到路中央，动作熟练地指挥着车辆和行人，大声劝阻赶快离开。终于，在他的努力下，我们的车又缓缓前进了。

这时，阴云越发浓密，雨也越下越大。眼看着就要到校门口了，我打开车门，横下心、豁出去，准备冲过去时，那位高个子老师又一个箭步冲上来。他对爸爸说："孩子交给我，放心吧！"说时迟那时快，他接过书包，将我背起，向学校大门狂奔。

我赶快撑开雨伞，可是伞那么小，雨那么大，只这短短的几十米路就让他浑身湿透。总算到了教学楼前，他缓缓地将我放下来，这时我才看清楚，原来他就是我们学校负责后勤安保工作的杨海建老师。我本来想说声谢谢，可是他却头也不回地又跑入了漫天雨帘中……茫茫大雨中高大的身影留给我深深的感动。

经过这件事后，我更加敬佩学校的老师了。他们教我们知识与做人的道理，我们日复一日，每天在校的时间都离不开老师们的辛苦付出。在这里，我要真挚地道一声："老师们，您辛苦了！"

2015 级 1 班　潘北琪

我们的大朋友 >>>>>>>

今天，我要给大家介绍一位漂亮、热爱工作、疼爱我们的魏老师。她既是我们的老师，又像妈妈一样，更是我们的知心大朋友。

魏老师非常爱我们。每次啦啦操、足球队训练完毕后，魏老师都会自己掏钱给我们买冰棍，生怕我们累着或热着。每次比赛时，魏老师都会为我们使劲喊加油，把嗓子都喊哑了。每当我们取得成绩时，魏老师都会像小朋友一样欢呼雀跃。

我们班在三年级的时候举行过定向越野活动。嘀，魏老师还真厉害，会七十二变！她摇身变成了我的同伴，和我们一起玩耍、比赛，无比开心。

魏老师对我们非常负责。每当我们有不会的题或考试时错了的题，魏老师都会耐心地给我们讲解，直到我们会了为止。作为班主任，魏老师了解我们每个人的特长。为了让我们能像校训说的那样"做最好的我，在我最好的方面"，魏老师会发掘我们的特长和闪光点，想尽办法把我们推荐进学校社团。

在魏老师的帮助下，我们班获得学校颁发流动红旗的次数越来越多，很多老师也都喜欢我们班。

我想对魏老师说："谢谢您，魏老师！感谢您对我们的培育，我希望您能一直陪伴我们到小学毕业。"

2015 级 2 班　钟羽真

感恩良师 >>>>>>>

我们班的程静云老师是大家公认的对工作认真负责、对学生温柔细心的好老师。

程老师像妈妈一样关心我们的身体健康。有一次，我没有吃早点就来到了学校，看到我在早读时无精打采的样子，程老师就悄悄询问我怎么回事。知道原因后，她就悄悄地塞给我一个面包，小声地说："你到办公室踏踏实实地吃完，再回来上课。"那一刻，我的心里感到了阵阵温暖。

程老师的家离学校很远，可是每天她都是第一个来到我们班里安排教学工作。我每天走进教室，都会看到程老师早已在黑板上布置好早读作业，在讲台桌前认真地判起作业了。

程老师特别关注同学们的学习。在一次考试中，有位同学考得不是很好，着急得都快哭出来了。程老师看在眼里，关切地对他说："孩子，别着急，有我呢！每天中午，我给你补补课吧，我相信你一定会有进步的。"这个同学感动极了，眼睛里噙着泪水使劲地点头。午休时间，程老师刚吃完午饭，就耐心地给这位同学讲题、画图、分析题目、写算式……直到他学会了为止。

就这样，一直坚持了两个星期，无论程老师有多忙，补课从未间断。这位同学信心大增，果然在下一次的考试中取得了很大进步。

每一位同学都是这样，得到了程老师的关爱。我们都感到，能遇到这样的良师真是一件幸运的事。

2015 级 7 班　丁也然

谢谢您，我的老师 >>>>>>>

老师，是我们学习的引路人，他们就像蜡烛一样，燃烧自己，为我们照亮人生的旅程。老师，是我最敬爱的人。今天，就来讲讲我最敬爱的老师——我的书法老师。

依稀记得那天下午，天空昏黄昏黄的，阴云密布，空气十分燥热。我在书法教室里写书法作品，准备参加书法比赛。燥热的空气令人心烦意乱，我无法静下心来写字，只好出神地看着窗外发呆。

"啪！"我的左边发出一声巨响，我不禁顺着声音望去，不看不知道，一看吓一跳，只见我对桌的砚台反扣在我快写完的作品上。墨水慢慢渗透到宣纸上，立刻绘成了一幅"世界地图"。

我差点当场晕倒，这可怎么办？我的作品……

"哎呀，对不起，对不起，"我的对桌连忙道歉。

"我！你！"我被气得说不出话来。

"那我帮你收拾一下吧！"她把砚台从"世界地图"上拿起来。"哗——"砚台里最后一点墨汁都洒在了我的集字帖上。

"啊……啊……啊！"我在心中呐喊。但是，我只能压住火气，使劲让自己冷静，并摆摆手，表示没关系。我心想：重写一遍可太累了……要不，放弃参赛吧……不行，我转念一想：老师对我期望那么高，不能放弃比赛，不能辜负老师的期望啊！我当即决定再重写一份作品。可是马上就快下课了，还能完成吗？真是急死我了！

这时老师走过来问我："怎么了？"

我一时无法向老师交代，只好尴尬地笑了笑。

老师见到桌子上的一片狼藉，会心一笑："作品弄坏啦！"说着，便把桌上的"世界地图"拾了起来，转身扔到垃圾桶中。看到我焦急的表情，老师安慰我说："这样吧，我来给你集字，你先收拾桌子。"我连忙对老师说："谢谢老师！"

等我收拾干净，同学们已经放学了，只剩下老师和我。老师还在为我集字，我便悄悄地走到老师旁边，看到老师脸上的汗珠就像断了线的珠串，一个劲往下

掉，印湿了衣裳。

"苏祯熙，来!"老师手指着几个我平时写不好的字，对我说，"你先把这几个字练习一下。"我接过来，认真地练了起来。

当我练习完最后一个字时，老师把集好的字递给我。老师认真看了我写的字，并说道："你看这里，"老师用手指着一个笔画的收尾处，"写这个笔画不能往上提。还有这里可以写一点连带关系……"

老师这么一指导，我立刻就有了信心。要完成一幅书法作品，需要很大的工夫。过了很久我才把作品写完，当我抬头看向老师时，他正在翻看我们的作品。这时我注意到老师脸上一直洋溢着的微笑，那不仅记录着老师在书法上的付出，也记录着对我们的关爱。

谢谢您，我敬爱的老师!

2013 级 4 班　苏祯熙

第二节　家长眼中的老师 >>>>>>>

老师与家长是朋友，是教育路上的同行者。老师对孩子的爱、家长对学校的信任搭建了家校间那座坚固、畅通的桥。

成长的路上，有您，真好 >>>>>>>

当我提笔写这篇文章的时候，内心无比激动。我儿子在民族小学读一年级，虽然只经历了半年的学习生活，但他取得了很大的进步，我们感受到了老师的无比关爱。看着今天的孩子，我最想说的是："老师们，你们辛苦了。"

还记得当我怀着兴奋的心情带着儿子第一次走进民族小学的大门时，眼前的一切令我感到新奇和激动。校园里绿树成荫，花团锦簇，整洁的教学楼，干净的塑胶跑道，宽敞明亮的教室，五星红旗在阳光下迎风飘扬，教室里传出琅琅的读书声，有几名同学在操场上清理卫生，而且个个都懂礼貌，见到我们便主动问好。顿时，我为孩子未来能拥有这样良好的学习环境而感到舒心，能有一个这样好的学习氛围而感到放心。

我习惯于每天放学时间早几分钟去接孩子，每天目睹李颖老师把每个孩子送到家长手里的全过程。从出门安排大家排队、举牌、和老师集体说再见，到一个个被家长接走，李老师对每个细节都无比认真。

有一次，班里一个同学的妈妈让我帮忙接走她的孩子，当时李老师不放心，给对方的妈妈打电话一再确认无误后，才放心让我把孩子接走。还有一次，我看到班里一个男生的妈妈迟迟没有来接孩子，李老师准备带着他回教室等候的路上，那个孩子哭着说："我妈妈怎么总是迟到，到现在还不来接我……"李老师耐心地和孩子说："你妈妈很忙呀，她工作可认真了，有时候下班时间也不是她能左右的，你不知道妈妈有多爱你，她在路上焦急地赶来呢，咱们不着急，等一小会儿就到了，好吗?"听到李老师一席话，我备感温暖。

前几天，我儿子发烧了，病了一个星期，可把我急坏了，担心他的功课落下。没想到，李老师一直惦记孩子，每天发信息问孩子情况，又担心孩子身体、又担心孩子学习。李老师在古诗背诵展示群里看到孩子贴着退烧贴背诗的视频，就赶紧提醒我不要着急赶功课，要让孩子多休息。看到孩子渐渐康复了，她又让同学帮忙带来作业，提醒在家学习，病好了再去上课。李老师通过电话又一再提醒孩子，不要做剧烈的体育活动，要多喝水……

老师对孩子的情感影响到孩子们对世间百态人情冷暖的感受体验，相信他们一定会把这种积极的情感体验转移到对他人的信任、尊敬和热爱上。

教数学的毛老师工作特别细心，对每个孩子的作业都批阅得很仔细，每天在群里督促大家学习，而且针对不同孩子的情况都有不同的批注。孩子们的数学题我们家长有时都搞不清楚具体答案，所以经常会在群里向毛老师请教，不管是否是休息时间，毛老师都一一耐心地回复，直到家长理解为止。

教英语的 Wendy 老师绞尽脑汁提高孩子们的学习兴趣，她一定费了很多心思让孩子们无比喜欢上她的课，就连 Wendy 老师布置的作业，孩子回家都抢着做，不让做都不高兴呢!

在民族小学，像李老师、毛老师、Wendy 老师这样的好老师还有很多，他们无私的奉献让我们非常感动。

我为我的儿子感到庆幸，在他人生旅途的一开始就能在这么好的老师辅导和教育下健康成长，看到他每天点点滴滴的进步，我真的很幸福。

在此，向民族小学的老师们致敬，孩子们成长的路上，遇到您，真好！

2017 级 1 班　家长

于老师说的，我们都愿意听 >>>>>>>

于昊老师是位有思想、心中有爱、教学水平优秀的男老师，他四年级接的我们班。开学的头几个月，儿子几乎每天回来都要说说于老师："妈妈，今天我们于老师……""妈妈，于老师太厉害了……""于老师今天……" 9 岁的儿子像个老太婆一样叨叨叨。

第一次和于老师沟通，本想和老师谈谈学习问题，没想到老师和我说："孩子现在最需要的是关心，他说在家里妈妈骂他、爸爸打他，孩子心里缺少爱啊……"我当时被气得哭笑不得，孩子把我和他爸形容成什么了，怎么就缺少爱啦？于老师还当真了不成！当时我还想不明白，后来我慢慢意识到这件事的重要性：于老师说出这番话，是因为他真的站在了孩子的角度，他选择相信孩子的感受。这对成年人来说并不容易，我们已经习惯了用成熟世故的眼睛看待世界，包括孩子的世界。从此，于老师在我们一家人的心目中就变得无比高大。

于老师教的语文有点不一样，我们有每日基本功"读、摘、批、背、写"：读——每天阅读一段文章；摘——每日摘抄一小段；批——评析摘抄的内容；背——每日背诵一首古诗或者论语；写——每天练字。猛一看，这些和教材没啥关系啊，但是，一学期下来，儿子的语文水平有了明显的提升。"不积跬步，无以至千里；不积小流，无以成江海。"于老师果然是个深谋远虑的老师。

五年级开始，家长们都开始考虑升学问题，家长会上，家长们也希望和老师都聊一聊这个话题。但是于老师一上来就说："大家先把学习问题放一放，我们要好好考虑一下，希望孩子未来成为什么样的人？孩子们已经五年级了，做人问题比学习问题更重要！"

于老师成功把我们从小升初的坑里拉出来，让我们都忽然清醒了很多。于老师说，小学是价值观形成的关键时期，培养孩子一个良好的道德品质非常重要。

然后从"认真""宽厚""有爱好""有合作能力""健康""知错能改"等方面阐述了"培养什么样的人"的问题。我们这些家长都佩服得五体投地，于老师这是真正地在育人啊！

还有好多好多故事，说也说不完啊。"于老师说的"这五个字在我们家就是一道"不可抗咒"，儿子说出来我和他爸服，我们说出来儿子服，于老师亲自说出来我们家三口一起服。

这就是我们班的于昊老师。温暖起来是每个孩子的避风港，严肃起来是超级宇宙小黑洞，操心起来堪比中年老母亲。娃们跌宕起伏的成长路上感恩有于老师的温暖陪伴！

2014 级 3 班　徐楷轶妈妈

一封感谢信 >>>>>>>

尊敬的马校长：

您好，我是一年级 1 班赵一茗同学的妈妈，2019 年夏天，我和孩子一起怀揣着对小学的憧憬，走进了民族小学这所神圣的殿堂，立刻就被古典的建筑、和蔼的教师、有礼貌的学生所吸引，一切都那么井然有序。

9 月 1 日，我们如愿以偿走进了民族小学，看着孩子走进朱红色的大门，求学生涯就此正式开始。入学后，学校所有的一切都给人一种严谨有序的感觉。比如，所有班级的通知都是统一内容、同一时间发布，这一细节就体现了民族小学管理上整齐划一，这与马校长、北校区崔主任及所有教研工作者的努力是分不开的。

今天我要重点感谢我们的班主任杜老师，入学前就听说杜老师带过的班都超级优秀，就很期待见识一下这位传奇老师，经过这一学期的接触，杜老师果然名不虚传。

做让孩子敬畏的老师不难，做让孩子喜欢的老师也不难，做让孩子既敬畏又喜欢的老师真不易，杜老师，做到了！

杜老师的口头语就是："我会竭尽全力带好每一位孩子，因为他们是你们的唯一！"她对每一位学生都很上心，经常将理解能力弱的孩子留下来，利用自己的时间有针对性地给予辅导，为了激励孩子的积极性，杜老师用自己的钱给孩子们买

幸福地播种——优秀教师的耕耘之路

224

奖品，这些默默的付出，她从不跟家长提起，是孩子回家后无意间提起，我们家长才知道的。"带好每一位孩子"，杜老师，做到了！

前几天，迎来了 2020 年第一场大雪，活了三十几年的我都很兴奋，想去雪里打个滚儿，更别说孩子们了。早晨，看着孩子留恋的小眼神儿，我愣是没让孩子玩儿一下就直接送进了校门，就怕迟到，耽误学习。没想到，孩子回家告诉我们，杜老师利用课间休息时间带孩子出来堆雪人、打雪仗，嗨到爆！用杜老师的话来说："莫让考试辜负了这场雪！"是啊，人生是漫漫长跑，达到终点固然重要，更要学会适时、体会生活中的美好。带学生收放有度，杜老师，也做到了！

我们相信杜老师，支持杜老师，理解杜老师，杜老师带领的不是 43 名学生，而是 43 个家庭，为孩子遇见这么好的老师而感到骄傲！

感谢马校长成就了民族小学，给民族小学插上了腾飞的翅膀，为孩子们创造了接受良好义务教育的平台。除了感谢杜老师，我还要感谢崔主任，虽是女子，却不让须眉，带领了这么好的教师队伍，感谢我们默默无闻、兢兢业业的副班主任邢老师，感谢英语刘老师和数学王老师，还有所有任课老师的辛勤付出。

2019 级 1 班　赵一茗妈妈

我们和娃都爱您 ＞＞＞＞＞＞＞

贾锁云老师是民族小学的老教师，曾担任孩子班的代理班主任。我们没有想到，即使是代理班主任，老师都是这样全情投入、尽职尽责，在这短短的日子里，几乎每天都感动着家长和孩子们。

2015年秋，临近开学，贾老师抽出个人时间召集家住附近的家长们座谈，了解班里情况。座谈中，贾老师坦诚与家长交流，认真记下家长们的心声，并语重心长地说："我也是一位母亲，我了解大家的心情，你们把娃放心地交给我，我一定全力以赴，请大家看我的行动。"贾老师的朴实的表白像一缕春风给我们带来温暖的希望。

开学了，贾老师很快发现了我们班孩子的短板，并像中医大夫一样诊脉治疗。她教孩子们制定学期目标，让他们懂得学习要有方向。她引导孩子们学会预习，让他们懂得"预则立，不预则废"的道理。她开始耐心培养孩子们自主阅读摘抄的好习惯，鼓励孩子们不怕出错，大胆表达……

语文教学中，她看到孩子们不会答阅读题，便自己编朗朗上口的儿歌帮孩子们掌握答题技巧。作文训练中，她教孩子细心观察感悟生活，对孩子们的每篇作文都认真批改两到三遍，把好作文让大家打印学习，把最典型的挑出来在电脑上细致批注，让孩子们研读模仿。

最为难得的是她几乎每天下班后都会跟家长通过微信沟通，汇报孩子们在学校的情况，图文并茂，让家长了解孩子的进步和不足，以便相互配合。特别是雾霾休假期间，贾老师让家长把孩子们的作业包括作文用微信拍照上传，在小小的屏幕上一一批改……

当然，我们的贾老师可从不会以成绩论英雄。班里满眼的被贾老师封的暖男、才男、男神、侠女、淑女、才女……孩子们各有各的闪光点。她会鼓励文静好学的男生多玩耍，让乖巧胆小的女生要勇敢表达，她会利用各种机会锻炼孩子们。比如，家长会上，她安排孩子们自己主持，自己做各种总结，向家长展示进步和才艺。我们知道，指导孩子的过程要比自己和家长汇报情况艰辛得多。在课本剧展演中，贾老师为了让全班孩子们都能上台展示，自己创作与主题相关的诗歌，

并让孩子们背诵经典诗词，反复演练。彩排时，有的孩子原本担任主演，但是因为个人原因没能参与排练，只能被临时替换了。贾老师第一时间安慰失落的孩子们，并给家长打电话，嘱咐要好好安抚孩子。贾老师鼓励孩子们：只有流过眼泪，我们才能成长。孩子们的这次经历无疑是珍贵的人生历练，而贾老师用她呵护幼苗的人文关怀，温暖滋润着孩子们的心灵。对于我们家长，这是相见恨晚的感动。

在贾老师看来，学习语文就是学习生活，要教会孩子们拥有感知幸福的能力。金秋，她带孩子们在古色古香的校园里感受阳光，体验收获的幸福；雪后，她带孩子们堆雪人打雪仗，享受大雪给童年带来的快乐。我们深知孩子们的幸福背后是贾老师的体力不支，毕竟她已不再年轻。

令人感动的细节太多太多……可是每当我们表达内心的感激之情，她都会淡然地说："这真没什么，都是我分内的事。"

"老师像蜡烛"似乎已成为约定俗成的比喻。如今贾老师让我们真正感悟了这个比喻的真谛。烛光微弱，她没有烟花的灿烂，却能照亮学生和家长的心房；她更无太阳的光芒，却因其用尽心力，而更能彰显感动的力量。

贾老师，我们和娃都爱您！

2012 级 8 班　吴松遥家长

说出我心中的感动 >>>>>>>

说起民族小学带给我们的感动，似乎时时发生，笔力有限，我就截取几个片段来与您分享！

有一种感动，是被担当感动

今年民小增加了冬季滑雪实践。消息一出，孩子兴奋，家长感动。有过滑雪体验的家长深知，组织一次 7~10 岁的孩子滑雪对于学校是多么重的任务。私下里家长们都讨论，要说安全省事，孩子们就在教室里读书做题最简单，可是以马校长为中心的校领导选择了对学校、对教师队伍最有难度、最有压力的滑雪实践，并且安排得当，让孩子们开心地去，快乐地回。这样的勇于担当，怎不让人感动！

相信，若干年后，孩子们也不会忘记自己的初次滑雪体验，也希望孩子们从中传承民族小学的责任和担当。

有一种感动，是被无私的爱感动

我们的班主任张宇燕老师，私下里家长们都叫她"张女神"，因为我们都觉得张老师对孩子爱得太多，爱得太深！除了紧抓德育和教学之外，张老师还注重孩子的美育。感受美、体会美、爱上美，孩子终生都会享受美。

春天，张老师带着孩子在校园里读书；夏天，张老师会自费给孩子们买冰激凌和西瓜去暑；秋天，张老师领着孩子树荫下拾树叶；冬天，为了防止孩子们上火、咳嗽，张老师还会自费给学生买蜂蜜柚子茶。张老师还经常利用自己的休息时间组织孩子们参加社会活动，春游颐和园，秋游故宫。

班里小女孩的头发如果有些乱，张老师一定会给她梳得整整齐齐，变着花样地扎上漂亮的小辫子。这样的爱，是热爱生活、热爱工作、热爱孩子的老师才能付出的，这样的爱怎不让人感动！

刚上三年级，我的孩子因为不适应新的学习节奏，学习成绩不理想，急坏了的我去找张老师咨询，问她要不要放弃社团多上补习班、多做课外练习。张老师气定神闲地问我："好帅妈妈，您是希望孩子变成刷题机器，还是希望他有情感、有爱好、有应对自己人生挑战的能力？"是的，丰富的人生不能仅靠 100 分搭建，和张老师聊完，我的心莫名安定下来。张老师微信里也不时地提点我："好帅妈妈，我觉得国图少儿馆不错，孩子去那里看书能静心。""好帅妈妈，我觉得他是个有思想的小伙子，您应该多和他平等交流。""好帅妈妈，我觉得奖励不一定是物质的，可以把妈妈陪读本书作为奖励。"

每次和张女神聊完，我都淡定下来。就这样，张老师的爱伴随着孩子和我一起度过了焦虑、成绩不稳定的那个阶段。

有一种感动，是被奔波感动

孩子加入了足球社团，每周跟着教练训练，周末和假期参加比赛。学校有七八支球队，每个球队在假期都要参加各级各类足球比赛，这可忙坏了体育邢老师和各个队的教练。比赛场边，经常看到邢老师匆匆忙忙背着大包赶过来。"今天发

228

挥得怎么样？我刚从四年级那边过来……"

有时，放下背包，他就在场边指导孩子，给孩子们疏导心理、鼓劲。"不要怕，他们8个人，你们8个人，有什么紧张的，比赛是锻炼，要学会配合，不能埋怨队友……"也许只看半小时，邢老师就又背着大包匆匆离开，赶赴下一个赛场，留给孩子的就是满满的正能量。"妈妈，我觉得邢老师挺喜欢我的，邢老师今天给我讲战术了，邢老师鼓励我啦……"孩子每次都骄傲地这样对我们说。

学校足球队每天都要进行训练，每周六都有比赛，寒暑假还有集训。各位教练总是提前赶到学校或是比赛场地，不仅尽心尽力指导，还为孩子们准备各种巧克力和水，鼓励孩子们！

寒来暑往，大家都站在场边摇旗呐喊，为队员们加油鼓劲。家长们还会背着专业照相机，为孩子们拍摄下精彩的瞬间。这样的行色匆匆，这样的奔波怎不让人感动！

2015 级 4 班　彭博文妈妈

温暖的守护 >>>>>>>

11月雾霾最严重的那个周三，我因为堵车，晚上五点四十才赶到校门口，此时，学生基本被家长接走。校门口只有四五个学生，一名年轻的女老师陪在孩子身边一起等待。从五点四十到六点，剩下的这几个孩子也都被家长接走了，而我的女儿却还没有出来，要命的是，女儿的电话手表也关机了。

这时，那位女老师主动问我："您是接孩子的吧，哪个班，叫什么名字？"我说了孩子名字，并补充道："孩子干什么都慢，可能还没出来。""好的，我知道，您别着急，稍等！"话音未落，她就已经匆匆忙忙地向教室方向跑去。大概过了十分钟，她又来到校门口对我说："您别着急！他们班、楼道、操场和乐团排练厅我都找了，还没找到，怕您着急，先跟您说一声儿，我再去她们年级别的班看看！"

又过了十分钟，这位老师和三年级武子夜老师带着孩子出来了。原来孩子上完社团的小课后回班拿书包，结果发现楼道里没亮灯，孩子有点害怕，不敢走了，正好被路过的武子夜老师看到，武老师看雾霾太严重，就把孩子带到办公室让孩子先看书等家长。孩子电话手表没电了，却没注意，还一直等着我的电话，武老师就没下班，一直在办公室陪着她。

二位老师见到我，还没轮上我说话，第一句话就是："让您担心了，您放心，在民族小学，孩子绝对是安全的。"我连忙表示感谢，并问道："老师，您贵姓?"结果对方笑着回答："这是我们应该做的，换成别的老师也是一样的，天儿也不早了，您赶紧带孩子回家吧!"后来，我才知道两位老师的姓名。

看着这两位年轻老师的背影，我心里热乎乎的，孩子在民小真是太幸运了，民小有这样的老师，一定会把民小的优良传统传承下去，民小一定会越来越好!

2016 级 7 班　李雪莱爸爸

老师的爱伴随孩子成长 >>>>>>>

总想说点什么，不知道从何说起，这群"小豆包"去年夏天还在幼儿园无忧无虑地玩着，一下子上了小学有点不知所措，很多规矩没有教，孩子上学前是真真正正玩了六年。

一年级开学初，我们就感受到了班主任张学芹老师的认真，张老师每天都会发消息，告诉大家今天学到的知识，建议回家孩子再复习一下。每天通过微信群，我们都会看到张老师利用课间带孩子户外做活动，平时我们带一个孩子就很辛苦，张老师一下子带着 40 多个"小豆包"玩耍，感觉老师真的太辛苦了。有时候，有的孩子病了，家长们会在班级群里发信息，让老师帮忙提醒孩子吃药，老师都会回复一句："您放心吧!"虽然话语简单，但家长们的心里都是温暖而踏实的。

再说说我自己的孩子吧!很惭愧，孩子注意力不集中，和别的孩子还是有些差距，我估计任课老师们也都有所了解了，我们做家长的也很着急，努力想办法改善。有时候觉得老师很忙，也不太好意思问老师孩子的情况，但是老师经常主动告诉我孩子在学校的情况，让我很感动。

有时候随手翻看和老师的微信沟通，都让我感到温暖。开学初，老师就发现孩子不爱表达，告诉我："您在家练练他大声朗读，我们一起让他和其他孩子一样，大胆表达。"简短的嘱咐，让我感受到了老师对每一个孩子的关注，全班 40 多名孩子，真的很不容易。发现孩子有进步，张老师都会及时表扬，孩子受到了很大鼓舞，越来越自信了。

"今天上课有进步，回答问题我们都听见了，写拼音也有进步。听写不太好，晚上再帮帮他，慢慢来，孩子会有进步的。""昨天上课，他的发言很精彩，我带大家一起给他鼓掌了。"……这样的沟通很多很多，有时候，我读着读着眼泪就流了出来，孩子慢慢在努力，像个小蜗牛，我们等待他慢慢成长。

宝贝也感受到了老师的关心，有时候也经常告诉我，他的小测试成绩不好，老师在他耳边悄悄地说："成绩不好，咱们得继续努力。"老师很关注孩子的感受，做什么都尽可能地保护孩子的自尊。孩子做题慢，有时候进步了，张老师表扬他，还给他一些小奖励，孩子都特别高兴！有时候宝贝和我说："妈妈，我们张老师可好了，我很喜欢她！"

谢谢张老师，相信在您的带领下，我们的孩子会越来越优秀，您辛苦了！

2015 级 6 班　家长

有您的童年　孩子多幸福 >>>>>>>>

感动，就像春天里的朵朵迎春，照亮寒冬，温暖心房；

感动，就像夏天里的婷婷莲花，静静盛开，绽放美好；

感动，就像秋天里的片片枫叶，点缀秋天，抚慰心灵；

感动，就像冬天里的朵朵蜡梅，沁人馨香，回味无穷。

2019 年即将悄然过去，在这一年中，总有一些温暖的人，温暖的事，萦绕在我们心间，给予我们力量，伴随我们前行。今天，我想写写 2017 级 1 班的班主任李丽老师，她用她的敬业、爱心、耐心，感动着我们、温暖着我们、感召着我们，家长和学生在她的指引下，形成了一个温馨友爱的大家庭，家长们尽其所能，帮助学生成长、成人、成才。

在专业学习方面，作为班主任兼语文老师，李老师课堂教学有风格，教学研究有特色，平时的教学工作非常认真负责，循循善诱，因材施教。她非常注重学生的阅读习惯的养成，鼓励学生大胆进行创作，班里的很多孩子书写端正，喜欢阅读，坚持创作，写作水平提升很快，涌现出了一篇篇佳作。在李老师的精心组织下，孩子们通过参加讲故事比赛、编创童话大赛等活动，积累了很多优秀的作品，我们班还出了"雏鹰"系列第一本学生作文集，汇编结集了第一本童话集，李老师还鼓励大家给心目中的偶像童话大王郑渊洁写信呢！这一系列的活动，极大地激发了孩子们的创作热情！

作为班主任，李老师班级管理有特点，班级活动有成效。2019年秋天的全校运动会，我们班第一个入场。家长和同学们齐上阵，展现了2017级一班的风采。接下来的跳绳、仰卧起坐、接力跑等项目，李老师的视线就没有离开过孩子们，时而为孩子们在项目中取得的好成绩欢呼雀跃，时而为孩子们的接力棒不慎掉地而感到惋惜。多项班级活动增加了班级的凝聚力，激发了孩子们的集体荣誉感，起到了"班荣我荣，激励成长"的作用。

李老师还是一位非常有追求，不断完善自己、提高自己的好老师。通过"一枝一叶总关情"学校语文汇报演出，我们认识了不一样的李老师，她的主持风格端庄大方，台风稳健。孩子们看到在台上主持的老师，都激动骄傲极了。李老师家里的二宝还不到3岁，但是她把爱都给了班里的孩子们。她教学任务这么繁重，班级日常管理工作这么琐碎，舞台上成功的背后，她付出了多少心血和努力呀！

李老师用她的专业和敬业获得了家长的尊敬，用她的热情和爱心赢得了家长的感动，班级里发生的一件件细小的事情，串成了一串串美丽的珍珠，组成了一个个温馨的画面，演绎着学生、家长、学校之间最朴素、最真诚而又最珍贵的爱。作为一名家长，我们看在眼里，感动在心。2019年即将过去，祝愿在新的一年里，我们的学校更美好，我们的班级更优秀，孩子们更茁壮！

2017级1班　周钰轩妈妈

孩子说，　您就像妈妈一样！ >>>>>>>

一转眼，孩子已经在民族小学度过了一年半的学习时光。这个古色古香、充满文化氛围和创新活力的学校，不仅深深地赢得了孩子的"欢心"，更妥妥地让我们这些家长无比安心。不仅是因为马校长超级科学、超棒的教育理念，还因为学校严谨认真、活泼自由的学习氛围和严格规范的日常管理，更是因为学校拥有一群把学生当作自己的孩子一样倾心投入的教师。

自从进入民族小学，原本内向害羞的孩子变得越来越自信开朗，回到家说起在校情况都手舞足蹈、滔滔不绝。尤其是说到班主任党春玲老师，言语中更是充满快乐幸福的味道。

"党老师既美丽又温柔，就像妈妈一样！"听到孩子这样说，我一边觉得高兴，一边还有点"吃醋"：真的和妈妈一样好吗？

在这一年的相处中，我被深深地感动了——党老师的确对孩子们太好了，真的不亚于我这个亲妈！

有一次，我去班上做"家长大讲堂"。正值课间休息，我看到所有的孩子都喜欢"腻歪"在党老师身边，七嘴八舌地与她分享自己的小话题。而党老师总是面带微笑，一一耐心地回应，没有一丝不耐烦。这一幕，让一旁的我不由得想，要是自己日复一日面对这样的场面，估计早已心力交瘁了。

前不久，学校召开家长会，我原本以为，党老师会在家长会上告诉我们如何加强孩子学习，可是没想到她一上来就说："家长再忙，也要陪孩子。不仅仅陪伴学习，更要陪伴生活，要与孩子经常沟通，了解孩子在想什么。"

会上，党老师分享了很多孩子们平时在校的点点滴滴："我们4班的孩子，平时纪律好，上课状态积极，行为举止优雅有礼，内心温暖善良！"她毫不掩饰内心的骄傲与感动，就像在夸自己的孩子一样。她还回忆起班里孩子们为她、为同学、为班级做的很多小事，反映出孩子们金子般闪光的心灵。"我要感谢孩子们，他们真的是太可爱了！"

党老师在说这番话的时候，我的眼眶湿润了，作为妈妈，我都不曾这么用心地观察孩子，发现她的小小举动中透露出的内心世界。而一位善于发现孩子的闪光点，及时鼓励孩子，引导孩子积极向上、乐于分享、懂得感恩的老师，不就是灵魂的工程师吗？

会后，很多家长将党老师团团围住，询问自己孩子的在校情况。对于每一个孩子的情况，党老师都熟稔于心、对答如流。有的家长问："我的孩子很内向，不善于与人交流。"她回答说："您可能不太了解，孩子在学校里其实很开朗、很活泼，和同学们玩得很好，很多话也都愿意跟我说。您要多陪陪她，与她多沟通交流。"

我很诧异，也愈加感动。一位班主任，要操心班上39个孩子，还要教4个班的英语课，还要负责一个年级英语兴趣社团，还要搞教学科研……如此繁忙，她却还能关注和记得班上每一个孩子的性格特点、行为表现，愿意用很多时间与孩子交流沟通！除了用心去爱孩子，我想没有别的理由。

然而，把全身心都扑在教学和班里孩子们身上的党老师，却常常没有时间陪伴自己的女儿。我记得有一次，为了布置教室的环境，放学后党老师带领着我们几位家长忙到了晚上 7 点多，才猛然发现忘了去接孩子放学。还有一次放学后，值日的同学正在打扫教室，党老师的女儿也来到了教室里，驾轻就熟地拿起扫帚，帮助弟弟妹妹扫起地来。党老师仿佛也早已习以为常，依旧忙碌着她手头的工作。我诧异地问她："您闺女还要帮助班里打扫卫生？"党老师轻轻一笑："这是她应该做的。"

我很庆幸，当初为孩子选择了民族小学，能遇到党老师这样业务强、素质高、用心爱孩子的班主任。学校还有很多和党老师一样的优秀教师，这是孩子们一生之幸！也是我们全家之幸！

2017 级 4 班　张欣雨妈妈

阳光的您　育就阳光的他们 >>>>>>>

作为家长，我一直逢人就讲，杨奕老师当班主任真是孩子们的幸运，特别是我家孩子。

瀚文 8 月生人，在班里应该是最小的，因为一直没有给孩子开小灶，所以一年级入学时就是个彻底的"白丁"，连 10 以内的加减法都不会，大字也不识几个。入学后，学习压力一直很大，班里的孩子们一个比一个厉害，在其他同学出口成章，回答问题头头是道的时候，瀚文还像一棵未被阳光照耀的小草，在角落里默默成长。

后来，孩子的态度慢慢发生了变化，她会说"只要有努力，就会有收获"，也明白了"每个人都有自己的长处"。她开始渴望"展示自己"，也勇于在课上表现。而这些变化是一位年轻老师带给孩子的，她就是班主任杨奕老师。

杨老师带给孩子无限的阳光，瀚文好像一朵含苞待放的小花，得到了阳光的滋养，努力着想要开放。杨老师工作很忙，可是她还是利用业余时间给孩子开了

"小灶"，班里几个阅读能力差的孩子，每周三放学可以留下跟着老师练习阅读。在杨老师的倡议下，班级群还开通了"晒晒你的声音"，班里所有的孩子每天在18:00—21:00期间可以发朗读及朗读的材料，这个小小的平台不仅锻炼了孩子的阅读能力和审美，还加强了同学间的沟通和感情。特别是杨老师每日在微信群中对孩子们的点评，激励并滋养着孩子们：

"小邵，朗读越来越有男儿本色。虽是写景小诗，却读出了不一样的韵味，实在妙哉！赞一个！"

"宏伟，嗓子有些不舒服吧，记得多喝水哦！读得很好，故事给人启发。"

"昕宇的朗读也逐渐放慢了脚步，留给人思考和回味的空间。朗读渐渐有了故事性，引人入胜了！加油！"

"佳琦的朗读大有长进，渐渐地流畅，融入了自己的理解和感悟，有一种淡然的情感充盈其间。"

"蕊嘉的声音有一种灵动的美，能触动人的心灵，读到人的心里。你对语言文字本身就有很强的感悟力，要相信你自己很棒！"

"鹏杰，选材很好，耐人寻味。朗读声音平和，故事感强！"

"博文的声音，越来越稳重了，读得真好！人物语气把握得很到位，一定下了很多功夫！为你点赞哦！"

"小柏，读得很好呀！淡淡的声音，听来让人心静。好久不见你们，格外想念！"

"瀚文的声音清脆而动听，听你的朗读，仿佛看到了你认真的表情。杨老师欣赏你的努力、认真和勤奋，这比什么都重要！你会越来越棒的"

…………

如今，孩子自信、阳光、热爱学习，这都源自杨老师的激励与爱的教育。在这么有爱的大家庭里，孩子当然会越来越棒的！和孩子一起快乐地成长，是每个家长的心愿，感谢您，杨老师！

2012 级 1 班　毕瀚文妈妈

后记

　　编写伊始，学校组织教师团队挖掘身边的故事以展现学校的教师文化与教育情怀，经过数次研讨与修改，历时数月，最终成稿。

　　本书是集体智慧的结晶。学校多次组织专家研讨会，帮助确立本书的逻辑框架与故事视角。本书的统筹编写团队承担了大量的组织、沟通工作，并对篇章体例、故事选择与书稿修改进行讨论与完善，他们是：王晶、窦丽娜、党琦、王梅、傅若乔、康琳娜、常娜、李敏、赵志敏、关越、杜景芝、卢丹、廖祎、郭宏婧、周静、南俊红、雷蕊、王婷婷、张丽丽、毛海岩、王颖、王晓佳、朱梁岩、唐嘉媛、胡思齐、李丽、刘晓京、郭晓华、王红梅、赵春玲、王超、王海云、李秀娟、于佼月、于昊、盛夏。没有团队的精诚协作、密切配合，本书难以在半年内付梓。

　　这是一本充满温暖、感动和爱的书，每一个故事都是民族小学教师团队在教育教学工作中播种幸福的教育故事，体现了教师团队的教育情怀与追求，是教师团队精神与文化的最好呈现。希望读者们都能从这些小故事中读出感动与温暖，获得一点点启发。